KB145021

텐서플로로 구현하는
딥러닝과 강화학습

Korean edition copyright ⓒ 2017 by acorn publishing Co. All rights reserved.

Copyright ⓒ Packt Publishing 2017.
First published in the English language under the title
'Deep Learning with TensorFlow - (9781786469786)'

이 책은 Packt Publishing과 에이콘출판㈜가 정식 계약하여 번역한 책이므로
이 책의 일부나 전체 내용을 무단으로 복사, 복제, 전재하는 것은 저작권법에 저촉됩니다.

텐서플로로 구현하는
딥러닝과 강화학습

초보자도 쉽게 배우는

잔카를로 자코네 · 레자울 카림 · 아메드 멘시 지음

정사범 옮김

| 지은이 소개 |

잔카를로 자코네 Giancarlo Zaccone

과학 및 산업 분야에서 10년 이상의 연구 프로젝트를 관리한 경험을 보유하고 있다. 미국 국립연구회의National Research Council인 C.N.R의 연구원으로 일하면서 병렬 컴퓨팅 및 과학 시각화와 관련된 프로젝트에 참여했다.

현재 우주 및 방위 분야의 소프트웨어 시스템을 개발 및 유지 관리하는 컨설팅 회사의 시스템 및 소프트웨어 엔지니어다.

『Python Parallel Programming Cookbook』(Packt, 2015)과 『텐서플로 入門』(에이콘, 2016)의 저자다.

https://it.linkedin.com/in/giancarlozaccone에서 팔로할 수 있다.

레자울 카림 Rezaul Karim

알고리즘 및 데이터 구조, C / C ++, 자바Java, 스칼라Scala, R 및 파이썬Python과 스파크Spark, 카프카Kafka, DC/OS, 도커Docker, 메소스Mesos, 하둡Hadoop 및 맵리듀스MapReduce와 같은 빅데이터 기술에 중점을 두면서 연구 개발 분야에서 8년 이상의 경력을 쌓았다. 머신 러닝, 심층 학습, 시맨틱 웹, 빅데이터 및 생물 정보학 분야 연구에 관심을 두고 있다. 팩트 출판사에서 출간한 『Large Scale Machine Learning with Spark』(2016)의 저자다.

현재 아일랜드의 데이터 분석 센터에서 근무하는 소프트웨어 엔지니어이자 연구원이다. 또한 골웨이에 있는 아일랜드국립대학교National University of Ireland의 박사 후보자며, 컴퓨터 공학 학사 및 석사 학위를 취득했다. 데이터 분석 센터에 입사하기 전에는 삼성전자에서

리드 소프트웨어 엔지니어로 일하면서 한국, 인도, 베트남, 터키, 방글라데시 등 전 세계에 분산되어 있는 삼성 R&D 센터에서 일했다. 또한 경희대학교 데이터베이스 연구소의 연구 조교로 근무했다. 한국에 있는 BMTech21 Worldwide에서 R&D 엔지니어로 일했다. 그 전에는 방글라데시 다카의 i2SoftTechnology에서 소프트웨어 엔지니어로 일했다.

내 인생에서 계속 격려와 동기 부여를 해주신 부모님(Razzaque와 Monoara)께 감사드린다. 또한 끝없는 지지를 보내준 아내(Saroar)와 아이(Shadman)에게 감사하고 싶다. 이 책을 제작해준 아메드 멘시와 잔카를로 자코네에게도 특별한 감사의 말을 전하고 싶다. 이들의 공헌 없이는 글을 쓸 수 없었을 것이다. 내 인생에 대한 끝없는 헌신을 제공한 나의 형 맘타즈 우딘**Mamtaz Uddin**(방글라데시 Biopharma Ltd.의 국제 비즈니스 담당 매니저)에게 이 책을 바치고 싶다.

또한 팩트출판사(책에 참여한 다른 사람들)의 자료 수집, 콘텐츠 개발 및 기술 편집자들에게 감사를 전한다. 또한 출판, 강의 및 소스 코드에 대한 전문 지식을 공유해줬던 수많은 연구자 및 딥러닝 학습자가 없었다면 이 책은 출간되지 못했을 것이다. 끝으로, 텐서플로 커뮤니티와 API에 기여한 모든 사람들의 노력에 감사드리며, 이 작업으로 결국 딥러닝을 대중화할 수 있었다.

아메드 멘시Ahmed Menshawy

아일랜드 더블린Dublin의 트리니티 대학Trinity College에서 연구 엔지니어로 근무하고 있다. 머신 러닝 및 자연어 처리NLP 분야에서 5년 이상의 경력을 쌓았고, Advanced Computer Science에서 석사 학위를 취득했다. 이집트 카이로의 헬완대학교Helwan University 컴퓨터 과학과에서 조교로 경력을 쌓기 시작했다. 머신 러닝, 이미지 프로세싱, 선형 대수학, 확률 및 통계, 데이터 구조, 컴퓨터 과학을 위한 필수 수학 등과 같은 몇 가지 고급 ML 및 NLP 과정을 가르쳤다. 다음으로 이집트에 있는 IST 네트웍스^{IST Networks}의 산업 연구 및 개발 연구소에서 연구 과학자로 합류해 연구 업무를 수행했다. 아랍어 텍스트 음성을 위한 최첨단 시스템을 구현하는 데 관여했다. 결과적으로, 그 회사의 머신 러닝 전문가였다. 이후에 골웨이^{Galway}의 아일랜드국립대학교 데이터 분석 센터^{Insight Center for Research}에 예측 분석 플랫폼^{Predictive Analytics Platform} 구축 연구 보조원으로 참여했다. 마지막으로 더블린대학교 트리니티대학 리서치 엔지니어로 ADAPT 센터에 합류했다. ADAPT에서의 주된 역할은 ADAPT 내에서 수행된 연구에 기반을 둔 ML 및 NLP 기술을 사용한 프로토타입 및 응용 프로그램 작성이었다.

책을 만드는 과정에서 도움과 인내심을 보여줬던 부모님, 아내 사라, 딸 아스마에게 감사를 전하고 싶다. 또한 이 책을 제작한 레자울 카림과 잔카를로 자코네에게 진심으로 감사드린다.

| 기술 감수자 소개 |

스왑닐 아쇽 자다브 Swapnil Ashok Jadhav

머신 러닝 및 NLP 애호가다. 새로운 머신 러닝 및 딥러닝 기술을 배우고 흥미로운 데이터 과학 문제를 해결하는 것을 즐긴다. 그리고 이 분야에서 약 3년 정도의 직장 경험을 갖고 있다.

현재 Haptik Infotech Pvt에서 머신 러닝 과학자로 일하고 있다. NIT Warangal에서 정보 보안 석사 학위, VJTI Mumbai에서 학사 학위를 받았다.

링크드인 사이트(https://www.linkedin.com/in/swapnil-jadhav-9448872a)에서 팔로할 수 있다.

체탄 카트리 Chetan Khatri

연구 및 개발 분야에서 총 5년의 경험을 쌓은 데이터 과학 연구원이다. Accionlabs India에서 기술 리더로 일하고 있다. 그 전에는 나자라 게임즈 Nazara Games에서 게임 및 텔레콤 비즈니스의 주요 데이터 엔지니어로 데이터 과학 실무를 이끌었다. 선도적인 데이터 회사 및 빅 4 Big 4 회사와 협력해 데이터 과학 실무 플랫폼과 빅 4 회사의 리소스 팀 중 하나를 관리했다.

KSKV Kachchh에서 컴퓨터 과학 학사 학위와 및 부전공으로 데이터 과학 석사 학위를 취득했다.

이 대학은 1등 성과를 달성해 구자라트 주지사가 금메달을 수여했다.

대학교 2학년 학생들과 자주 대화하고 데이터 과학, 머신 러닝, 인공 지능, 학술 회의 및 각종 컨퍼런스에서 다양한 분야의 강의를 하는 등 다양한 방법으로 사회에 기여하고 있다. 또한 학술 연구 및 업계 모범 사례에 대한 뛰어난 지식을 보유하고 있다. 그러므로 항상 성과가 좋은 산업계와 학계 간 격차를 좁히기 위해 왕성하게 활동하고 있다. 카치치 Kachchh대학의 PG / UG 과정에서 데이터 과학, IoT, 머신 러닝 / AI, 분산 데이터베이스와 같은 다양한 코스의 핵심 공동 저자기도 하다. 따라서 카치치대학은 구자라트에서 파이썬을 첫 번째 프로그래밍 언어로 가르치는 최초의 국립대학이 됐다. 또한 2016년 파이콘Pycon 인도 컨퍼런스의 학과 과정에서 데이터 과학, 인공 지능, IoT 과정 교육에 대한 성공 사례로 체탄이 발표한 인도 첫 번째 국립대학이기도 하다. 파이썬 커뮤니티인 파이쿠치PyKutch의 창립 멤버 중 하나다.

현재 딥러닝, 강화학습 및 다양한 현대 아키텍처의 분산 컴퓨팅을 갖춘 지능형 IoT 장치를 연구하고 있다. Apache HBase 및 Spark HBase 커넥터를 사용하고 있다.

올바른 길로 안내하고 데이터 과학 연구 분야에서 귀중한 지침을 주신 카치치대학의 컴퓨터 과학 학과장인 데비지 찬가Devji Chhanga 교수님께 감사드린다.

또한 유전자 알고리즘과 신경망을 처음으로 가르쳐주신 스웨타 고라니아Shweta Gorania 교수님께 감사드린다. 마지막으로, 사랑하는 가족에게 감사의 말을 전하고 싶다.

| 옮긴이 소개 |

정사범(sabumjung@hotmail.com)

산업공학을 전공했고, 의사 결정과 최적화 방법론에 관심이 많다. 다양한 데이터를 R과 파이썬으로 분석해본 경험이 있다. 세상에 존재하는 다양한 데이터를 이용해 여러 가지 문제를 해결하는 일을 하고 있다. 다양한 책과 현장 경험을 통해 데이터 수집, 정제, 분석, 보고 방법에 대한 지식을 얻는 것에 감사하고 있다. 에이콘출판에서 출간한 『RStudio 따라잡기』(2013), 『The R book(Second Edition) 한국어판』(2014), 『예측 분석 모델링 실무 기법』(2014), 『데이터 마이닝 개념과 기법』(2015), 『파이썬으로 풀어보는 수학』(2016), 『데이터 스토리텔링』(2016), 『R에서 객체지향 프로그래밍 사용하기』(2016), 『파이썬 프로그래밍 개론』(2016), 『산업인터넷(IIOT)과 함께하는 인더스트리 4.0』(2017)을 번역했다.

2016년 알파고의 등장과 더불어 인공지능, 신경망과 관련된 내용이 인터넷은 물론 미디어를 통해 회자되고 있습니다. 특히 딥러닝, 강화학습은 전문가가 아니라도 어떤 의미를 갖는지 알 수 있을 정도로 일반적인 용어가 돼버렸습니다. 당연히 이러한 분야의 책들도 다양하게 출간돼 여러 독자들에게 환영받고 있는 것 같습니다.

초기에 딥러닝, 강화학습과 같은 최신 인공지능 분야에 대한 정보는 해외 원서나 저널, 웹사이트를 통해 접할 수 있었기 때문에 일반인들이 정보를 접하기에는 한계가 있었을 것입니다. 다행히도 최근에는 이 분야에 계신 분들의 노력으로 한글로 저술된 책이나 인터넷 매체를 통해 관련 정보를 좀 더 쉽게 접할 수 있게 됐습니다. 그만큼 우리나라에서도 이 분야에 대한 관심이 높아졌고 중요하게 생각하고 있다는 방증이 아닐까 생각합니다.

이 책은 딥러닝, 강화학습 등을 다루고 있습니다. 다만 이론적인 내용을 다루기보다는 텐서플로를 이용해 구현하는 방법을 주요 내용으로 하고 있습니다. 따라서 이론적인 설명을 기대하고 이 책을 선택하는 독자보다는 간단한 이론을 포함한 구현을 배우고 싶어하는 독자들에게 좀 더 유용할 것이라고 생각합니다. 원서의 초기 버전이 출간되었을 때에는 현 텐서플로 버전인 1.4가 공개되기 이전이었지만, 깃허브github에 최신 버전에 대한 코드가 올라와 있어서 이를 반영해 수정했습니다. 또한 오류로 의심되는 일부분에 대해서는 원저자에게 문의해 확인한 내용을 실었습니다.

여러모로 원저자가 의도한 내용을 정확하게 반영하고자 노력했지만, 오류가 있다면 모든 책임은 번역자인 저에게 있다고 할 수 있습니다. 책을 읽는 도중에 질문사항이 생기면 이메일이나 에이콘출판사 편집 팀으로 연락주시면 고맙겠습니다.

| 차례 |

머신 러닝은 원시 데이터를 정보로 변환해 실행할 수 있는 지능으로 변환하는 알고리즘과 관련이 있다. 이러한 사실로 인해 머신 러닝은 큰 데이터의 예측 분석에 매우 적합하다. 따라서 머신 러닝이 없다면 이러한 거대한 정보의 흐름을 따라잡는 것이 거의 불가능할 것이다. 반면 딥러닝은 여러 수준의 표현을 학습하는 머신 러닝 알고리즘의 한 분야다. 지난 몇 년 동안 이미지, 자연 언어 처리를 인식하고 무수히 많은 복잡한 작업을 수행하는 강력한 딥러닝 알고리즘이 개발됐다. 딥러닝 알고리즘은 복잡한 신경망을 구현하는 것 이상으로 많은 양의 데이터 분석을 통해 학습을 실행할 수 있다. 이 책에서는 최신 버전의 텐서플로를 사용한 딥러닝의 핵심 개념을 소개한다. 텐서플로란, 2011년에 출시된 수학, 머신 러닝 및 딥러닝 구현을 위한 구글의 오픈 소스 프레임워크다. 이후 텐서플로는 학계와 연구에서 업계로 널리 채택돼 최근에는 가장 안정적인 버전 1.0이 통합 API로 출시됐다. 텐서플로는 첨단 아키텍처를 구현하고 연구하는 데 필요한 유연성을 제공하는 동시에 사용자가 수학적인 세부 사항이 아닌 모델 구조에 집중할 수 있도록 한다. 독자는 실습 모델 구축, 데이터 수집 및 변환 등을 통해 딥러닝 프로그래밍 기술을 배우게 될 것이다.

독서를 즐기길 바란다!

▌ 이 책의 내용

1장, 딥러닝 시작하기에서는 2~10장에서 찾아봐야 하는 몇 가지 기본 개념에 대해 설명한다. 1장에서는 머신 러닝과 딥러닝 아키텍처에 대해 소개할 것이다. 마지막으로 소위 Deep Neural Networks라고 불리는 딥러닝 아키텍처를 소개한다. 딥러닝 아키텍처는 망의 깊이 측면에서 일반적으로 알려진 단일 은닉층 신경망과는 다르다. 즉, 패턴 인식의 다

단계 프로세스에서 데이터가 통과하는 노드 계층의 수가 많다. 1장에서는 딥러닝 아키텍처에 대한 비교 분석을 한다. 여기에는 대부분의 딥러닝 알고리즘이 진화한 모든 신경 네트워크가 요약돼 있다.

2장, 텐서플로 살펴보기에서는 텐서플로 1.x의 주요 기능 및 내용을 다룬다. 계산 그래프, 데이터 모델, 프로그래밍 모델 및 텐서보드TensorBoard로 시작한다. 2장의 마지막 부분에서는 단일 입력 뉴런Single Input Neuron을 구현해 텐서플로가 실제로 작동하는 것을 볼 수 있다. 마지막으로 텐서플로 0.x에서 텐서플로 1.x로 업그레이드하는 방법을 살펴본다.

3장, 순방향 신경망에 텐서플로 사용하기에서는 피드 포워드 뉴럴 네트워크에 대해 자세히 설명한다. 3장은 기본 아키텍처를 사용해 많은 응용 프로그램 예제를 구현하므로 매우 실용적이다.

4장, 컨볼루션 신경망에 텐서플로 사용하기에서는 딥러닝 기반 기반 이미지 분류기의 기본 블록인 CNN 네트워크를 소개한다. 우리는 CNN 네트워크의 두 가지 예를 개발해볼 것이다. 첫 번째 예제는 고전적인 MNIST 숫자 분류 문제이며, 두 번째 예제는 일련의 얼굴 이미지를 입력받아 감정을 분류하는 문제다.

5장, 텐서플로 오토인코더 최적화하기에서는 입력 패턴을 변형하기 위해 설계하고 학습시킨 오토인코더autoencoder 네트워크를 설명한다. 따라서 입력 패턴의 성능 저하나 불완전한 버전이 있는 경우, 원래 패턴을 얻을 수 있다. 5장에서는 몇 가지 응용 프로그램 예제로 작동하는 오토인코더 프로그램을 볼 수 있다.

6장, 순환 신경망에서는 다양한 길이의 데이터를 처리하도록 설계된 기본 아키텍처를 설명한다. 순환 신경망은 다양한 자연어 처리 작업에 널리 사용된다. 텍스트 처리 및 이미지 분류 문제는 6장에서 구현한다.

7장, GPU 연산에서는 GPU 컴퓨팅을 위한 텐서플로 기능을 보여준다. 이 장에서는 텐서플로를 사용해 GPU를 처리하는 몇 가지 기술을 살펴본다.

8장, 고급 텐서플로 프로그래밍에서는 Keras, Pretty Tensor, TFLearn과 같은 텐서플로 기반 라이브러리에 대한 개요를 설명한다. 각 라이브러리에 관련된 응용 프로그램 예제를 통해 주요 기능을 설명할 것이다.

9장. 텐서플로를 이용한 고급 멀티미디어 프로그래밍하기에서는 텐서플로를 사용해 멀티미디어 프로그래밍의 일부 고급 기술 및 새로운 측면을 다룬다. 텐서플로를 사용해 안드로이드에서 확장할 수 있는 객체 탐지 및 심층 학습을 위한 심층 신경망을 예제를 들어 설명한다. 논의를 보다 구체화하기 위해 예제로 XLA$^{Accelerated\ Linear\ Algebra}$와 케라스^{Keras}를 논의할 것이다.

10장. 강화학습에서는 강화학습의 기본 개념을 다룬다. 가장 보편적인 강화학습 알고리즘 중 하나인 Q-러닝 알고리즘을 경험할 것이다. 더욱이 텐서플로에서 사용할 수 있는 강화학습 알고리즘을 개발하고 비교해보기 위한 툴킷인 OpenAI gym 프레임워크를 소개한다.

▌ 필요한 학습 도구

모든 예제는 텐서플로 라이브러리 버전 1.10을 포함한 Ubuntu Linux 64비트에서 Python 2.7(및 3.5)을 사용해 구현됐다. 그러나 이 책에 나오는 모든 소스 코드는 Python 2.7과 호환된다. 또한 Python 3.5 호환 소스 코드와 Python 3.5+ 호환 소스 코드는 팩트 저장소에서 다운로드할 수 있다.

또한 다음 최신 버전의 파이썬 모듈이 필요하다.

- Pip
- Bazel
- Matplotlib
- NumPy
- Pandas
- mnist_data

8, 9, 10장에서는 다음과 같은 프레임워크가 필요하다.

- Keras
- XLA
- Pretty Tensor
- TFLearn
- OpenAI gym

가장 중요한 점은 텐서플로의 GPU 지원 버전에는 64비트 Linux, Python 2.7(또는 Python 3의 경우 3.3+), NVIDIA CUDA 7.5(Pascal GPU의 경우 CUDA 8.0 필요) 및 NVIDIA cuDNN v4.0(최소) 또는 v5.1(권장)과 같은 몇 가지 요구사항이 있다는 것이다. 보다 구체적으로 텐서플로의 현재 구현은 NVIDIA 툴킷, 드라이버 및 소프트웨어만으로 GPU 컴퓨팅을 지원한다.

▍이 책의 대상 독자

이 책은 개발자, 데이터 분석가 또는 복잡한 수치 계산에 대한 배경 지식이 부족하지만, 딥러닝이 무엇인지 알고 싶어하는 딥러닝 애호가를 위해 만들었다. 이 책은 딥러닝으로 실제 경험을 쌓기 위한 빠른 가이드를 원하는 초보자에게 큰 도움이 될 것이다. 컴퓨터 하드웨어 및 알고리즘에 대한 기본 인식을 비롯해 컴퓨터 과학 기술 및 기술에 대한 기본 지식이 있는 것으로 간주하고 하나의 언어로 프로그래밍하는 초보적인 수준을 전제로 한다. 초급 선형 대수학 및 미적분학 수준의 수학 능력이 필요하다.

▍편집 규약

이 책에서는 다양한 종류의 정보를 구별하는 다양한 텍스트 스타일을 찾을 수 있다. 다음은 이러한 스타일의 예와 그 의미에 대한 설명이다.

텍스트로 된 코드 단어, 데이터베이스 테이블 이름, 폴더 이름, 파일 이름, 파일 확장명, 경로 이름, 더미 URL, 사용자 입력 및 트위터^{Twitter} 핸들의 코드 단어는 다음과 같이 표시된다.

"모델을 저장하려면 Saver( ) 클래스를 사용한다."

코드 블록은 다음과 같다.

```
saver = tf.train.Saver()
save_path = saver.save(sess, "softmax_mnist")
print("Model saved to %s" % save_path)
```

모든 명령행 입력과 출력은 다음과 같다.

```
$ sudo apt-get install python-pip python-dev
```

예를 들어 메뉴나 대화상자에서 화면에 표시되는 단어는 다음과 같이 텍스트에 표시된다.

"GRAPH 탭을 클릭하면, 보조 노드가 있는 계산 그래프를 볼 수 있다."

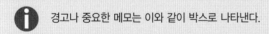
경고나 중요한 메모는 이와 같이 박스로 나타낸다.

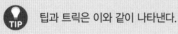
팁과 트릭은 이와 같이 나타낸다.

▌ 독자 의견

독자 여러분의 의견은 언제나 환영한다. 이 책에 대해 어떤 부분이 좋고 또는 싫은지 알려주면 좋겠다. 독자의 피드백은 우리가 정말로 최대한 활용할 수 있는 책을 만드는 데 있어

도움이 되므로 매우 중요하다.

일반적인 피드백을 보내려면 feedback@packtpub.com으로 이메일을 보내고, 메시지의 제목에 책의 제목을 언급한다.

전문 지식이 있고 책을 쓰거나 출간하는 의견을 보내는 데 관심이 있다면 저자 안내서 (www.packtpub.com/authors)를 참조한다.

█ 고객 지원

이제 여러분은 팩트출판사 도서의 자랑스러운 소유자가 됐으므로 구매를 통한 혜택을 최대한 누릴 수 있도록 여러 가지 방법을 제공한다.

예제 코드 다운로드

http://www.packtpub.com에서 이 책의 예제 코드 파일을 다운로드할 수 있다. 만약, 이 책을 다른 곳에서 구매했다면 http://www.packtpub.co/support를 방문해 해당 소스 파일을 여러분에게 직접 이메일로 보낼 수 있다.

여러분은 다음 단계를 이용해 해당 코드를 다운로드할 수 있다.

1. 이메일 주소와 암호를 사용해 웹 사이트에 로그인하고 등록한다.
2. 상단의 SUPPORT 탭에 마우스 포인트를 올려놓는다.
3. Code Downloads & Errata를 클릭한다.
4. Search 박스 내 책 이름을 입력한다.
5. 해당 코드 파일을 다운로드하기 위해 여러분이 찾고 있는 책을 선택한다.
6. 드롭다운 메뉴에서 구매한 위치를 선택한다.
7. Code Download를 클릭한다.

파일을 다운로드했다면 가장 최신 버전을 사용해 해당 폴더에 압축을 푼다.

- WinRAR / 7-Zip for Windows
- Zipeg / iZip / UnRarX for Mac
- 7-Zip / PeaZip for Linux

이 책의 코드는 깃허브(https://github.com/PacktPublishing/Deep-Learning-with-Tensor Flow)에 보관하고 있다. 또한 https://github.com/PacktPublishing/에서 다양한 종류의 책과 비디오의 다른 코드를 구할 수 있다.

에이콘출판사의 도서정보 페이지 http://www.acornpub.co.kr/book/deep-learning -tensorflow에서도 예제 코드를 내려받을 수 있다.

컬러 이미지 다운로드

우리는 여러분에게 이 책에서 사용한 스크린샷의 컬러 이미지를 갖는 PDF 파일을 제공한다. 해당 컬러 이미지는 여러분이 결과물의 변경사항을 보다 잘 이해하는 데 도움이 될 것이다.

여러분은 이 파일을 https://www.packtpub.com/sites/default/files/downloads/ DeepLearningTensorFlow_ColorImages.pdf에서 다운로드할 수 있다.

에이콘출판사의 도서정보 페이지 http://www.acornpub.co.kr/book/deep-learning -tensorflow에서도 컬러 이미지를 내려받을 수 있다.

오탈자

콘텐츠의 정확성을 기하기 위해 많은 노력을 기울였지만, 실수는 항상 발생한다. 텍스트 또는 코드의 실수를 신고해주면 좋겠다. 그렇게 함으로써 다른 독자를 혼동시키지 않을 것이며, 이 책의 후속 판을 제작할 때 개선할 수 있을 것이다. 수정사항이 있다면 http://

www.packtpub.com/submit-errata를 방문해 대상 책을 선택하고, 정오표^{Errata} 제출 양식 링크를 클릭한 후 해당 세부 정보를 입력한다. 수정 내용이 검증되면 제출물을 수락하고, 정오표는 웹 사이트에 업로드되거나 해당 정오표 섹션 아래에 있는 기존 정오표 목록에 추가된다.

이전에 제출한 정오표를 보려면, https://www.packtpub.com/books/content/support로 이동해 검색 필드에 책의 이름을 입력한다. 필요한 정보가 정오표 섹션^{Errata section}에 나타난다.

한국어판은 에이콘출판사의 도서정보 페이지 http://www.acornpub.co.kr/book/deep-learning-tensorflow에서 찾아볼 수 있다.

저작권 침해

인터넷상의 저작권 자료의 불법 복제는 모든 미디어에서 진행되고 있는 문제다. 팩트출판사는 저작권 및 라이선스 보호를 매우 중요하게 생각한다. 인터넷상의 어떤 형태로든 우리 작품의 불법 복제물을 발견하면, 구제 조치를 취할 수 있도록 위치 주소나 웹 사이트의 이름을 즉시 알려주기 바란다.

저작권 침해가 의심되는 자료에 대한 링크를 알고 있다면 관련 정보를 copyright@packtpub.com으로 보내주기 바란다.

저자를 보호하고 귀중한 콘텐츠를 제공할 수 있도록 협조해준 것에 감사한다.

▌ 질문

이 책의 어떤 부분에 문제가 있다면, questions@packtpub.com으로 연락한다. 해당 문제를 해결하기 위해 최선을 다하겠다. 한국어판에 관한 질문은 이 책의 옮긴이나 에이콘출판사 편집 팀(editor@acornpub.co.kr)으로 문의할 수 있다.

01

딥러닝 시작하기

1장에서는 딥러닝의 기본 개념과 구조를 설명한다. 이 개념은 책에서 설명하는 내용을 이해하는 데 기본이 되는 중요한 내용이다. 이 책에서는 머신 러닝에 대한 간단한 정의부터 빅데이터를 분석해 자동으로 정보를 추출하고 신규 데이터에 예측 적용한 부분까지 구현해본다. 다음으로 데이터의 고차원 추상화를 모델링하기 위해 머신 러닝의 일부분인 딥러닝에 대해 설명한다.

마지막으로 딥러닝 구조를 갖는 딥 뉴럴 네트워크Deep Neural Networks, DNN를 소개한다. 딥 뉴럴 네트워크는 깊이 측면에서 1개의 은닉층hidden layer을 갖는 신경망과 구별할 수 있다. 즉, 패턴을 인식하기 위해 입력 데이터가 통과하는 노드층의 수가 다르다. 1장에서는 딥러닝 알고리즘이 사용된 모든 신경망 구조를 차트로 요약해 설명한다.

1장의 마지막 부분에서는 대표적인 딥러닝 프레임워크에 대해 개발 언어, 멀티 GPU 지원 여부, 활용도와 같은 여러 특징을 비교해본다.

1장의 구성은 다음과 같다.

- 머신 러닝 소개
- 딥러닝이란 무엇인가?
- 신경망
- 인공 신경망의 학습 방법
- 신경망 구조
- DNN 구조
- 딥러닝 프레임워크 비교

▌ 머신 러닝 소개

머신 러닝은 입력으로 제공된 예제를 컴퓨터가 학습할 수 있도록 시스템과 알고리즘을 개발하는 방법을 다루는 컴퓨터 과학이다. 머신 러닝의 목표는 컴퓨터가 복잡한 패턴을 자동으로 인식하고 스마트한 결정을 내리는 방법을 배울 수 있도록 하는 것이다. 이를 위해 전체 학습 과정에서 두 가지 형태의 데이터 집합이 필요하다.

- **훈련 집합**Training set : 머신 러닝 알고리즘을 훈련시키는 데 사용되는 데이터knowledge base다. 훈련 과정에서 머신 러닝 모델의 파라미터(하이퍼파라미터)는 얻고자 하는 모델 성능에 따라 조정할 수 있다.
- **테스트 집합**Testing set : 모델을 훈련시키는 데 활용하지 않은 데이터로서 모델 성능을 평가하는 목적으로만 사용한다.

학습 이론Learning theory은 확률론probability theory과 정보론information theory에 근거한 수학적 도구를 이용한다. 여러분은 학습 이론을 이용해 다른 방법에 비해 몇몇 방법의 최적성을 평가할 수 있다.

기본적으로 학습 패러다임은 다음과 같이 세 가지로 구분할 수 있다.

- 지도학습Supervised learning
- 비지도학습Unsupervised learning
- 강화학습Learning with reinforcement

각각에 대해 상세히 살펴본다.

지도학습

지도학습은 상대적으로 단순하면서 잘 알려진 학습 방법이다. 이 학습 방법은 사전에 분류된 많은 사례를 이용해 학습한다. 이 경우 핵심사항은 일반화 문제problem of generalization다. 즉, 종종 작은 규모의 예제 샘플을 분석해 가능한 모든 입력에 대해 정확히 예측, 분류하는 모델을 만들어야 한다.

학습 대상 집합은 레이블이 설정labeled된 데이터로 구성돼야 한다. 따라서 사전에 레이블 처리된 예제 집합은 훈련 집합training set이 된다.

대부분의 지도학습 알고리즘은 손실 또는 비용 함수의 최소화를 목표로 학습을 실행하는 공통점을 갖는다. 손실 또는 비용 함수란, 훈련 집합이 원하는 결과를 제공하고자 할 때 목표로 하는 출력과 실제 시스템이 제공한 출력간 오차를 계산하는 함수이다.

다음으로 시스템은 오차 함수error function를 최소화하기 위해 내부에서 변경할 수 있는 파라미터인 가중치를 조정한다. 모델의 적합도는 레이블이 설정된 두 번째 예제 집합(테스트 집합)을 사용해 정분류correctly classified된 비율과 오분류misclassified된 비율을 계산한다.

지도학습에는 분류classifier도 있지만, 값을 예측하는 회귀regression 학습도 있다. 회귀 문제에서 훈련 집합은 하나의 객체 및 이와 연관된 출력값으로 이뤄진다. 분류classification와 회귀에 대한 학습 알고리즘에는 여러 가지가 있다. 모두 의사결정 나무, 의사결정 규칙, 신경망, 베이지안 네트워크 중에서 분류 또는 예측predictor 기능을 실행하는 데 사용하는 수식으로 그룹화할 수 있다.

비지도학습

비지도학습은 입력은 제공되지만, 지도학습과 달리 각 객체의 분류 결과class에 해당하는 레이블label이 제공되지 않는다. 인간의 두뇌 활동은 비지도학습이 지도학습보다 일반적이기 때문에 중요하다고 할 수 있다.

비지도학습의 유일한 학습 대상은 관측한 입력 데이터이며, 대부분 미지의 확률 분포를 따르는 독립 샘플이라고 가정한다.

비지도학습 알고리즘은 주로 군집화clustering 문제에 사용되며, 이 문제의 목표는 객체 집합이 주어지면 해당 관계를 이해하고 가시화하는 것이다. 군집화의 절차는 두 객체 간에 유사도 계산 방법을 정의한 후 다른 군집의 객체와 비교해 상대적으로 더 유사한 객체 군집을 찾아내는 것이다.

강화학습

강화학습은 환경과의 상호 작용을 통해 시스템을 학습시키는 과정에 초점을 두는 인공 지능 방법이다. 강화학습은 환경으로부터 피드백을 받아 해당 파라미터를 조정하고 다음에 보다 개선된 의사결정을 실행할 수 있도록 한다. 예를 들어, 이전 단계preceding steps 경험을 이용해 성능을 개선하는 체스 플레이어를 모델링한 시스템은 강화를 통해 학습하는 시스템이다. 현재 강화학습은 학제적interdisciplinary으로 다양하게 연구되고 있으며, 유전 알고리즘genetic algorithm, 신경망neural network, 심리학 및 제어 공학 분야에서 연구되고 있다.

[그림 1]은 세 가지 유형의 학습과 관련된 적용 분야다.

그림 1 머신 러닝 유형 및 관련 적용 분야

▌ 딥러닝이란 무엇인가?

딥러닝은 특정 유형의 학습 메커니즘을 기반으로 하는 머신 러닝 분야다. 이 방법은 상대적으로 깊은 수준에서 이전 수준의 결과를 입력받아 변환하고 추상화하는 작업을 수행하고, 이와 같은 작업을 여러 수준에 걸쳐 반복하는 작업을 수행하는 학습 모델이다. 수준별 학습에 대한 통찰력은 뇌가 정보를 처리하고 학습하며 외부 자극에 반응하는 방식에서 영감을 얻는다.

각 학습 수준은 대뇌 피질cerebral cortex을 구성하는 여러 영역 중 하나에 대응한다.

인간의 뇌는 어떻게 작동하는가?

영상을 인식하기 위해 시각 피질visual cortex은 1개의 계층에 순차적인 섹터로 배치된다. 개별 섹터는 다른 섹터와 연결하는 흐름 신호를 이용해 입력값을 수신한다.

이러한 계층의 각 수준은 다양한 수준의 추상화 결과를 표현하며, 가장 추상화한 특징features은 상대적으로 하위에 있는 수준의 용어로 정의한다. 예를 들어, 모서리를 감지하거나 다양한 형태를 인지(초기 상태에서 점점 더 복잡해짐)하는 과정에서 인간의 뇌는 여러 단계를 거쳐 입력 이미지를 받아들인다.

인간의 뇌는 여러 가지 시도와 경험을 통해 학습함으로써 새로운 뉴런을 활성화한다. 이와 동일한 방법으로 딥러닝 구조는 추출 단계stages나 계층layers이 수신한 입력 정보를 이용해 변화한다.

[그림 2]는 이미지 분류 시스템으로, 각 블록은 이전 블록에서 사전 처리한 데이터를 처리하고 점차 추상적인 이미지 특성을 추출해 입력 이미지의 특징을 서서히 추출한다. 따라서 딥러닝 기반 시스템에서 이용하는 [그림 2]와 같은 여러 계층을 만든다.

- 계층 1: 시스템이 어두운 픽셀과 밝은 픽셀을 식별한다.
- 계층 2: 시스템이 모서리와 여러 가지 모양을 식별한다.
- 계층 3: 시스템은 보다 복잡한 모양과 객체를 학습한다.
- 계층 4: 시스템은 인간의 얼굴 객체를 학습한다.

다음은 각 계층의 실행 과정에 대한 시각적인 표현이다.

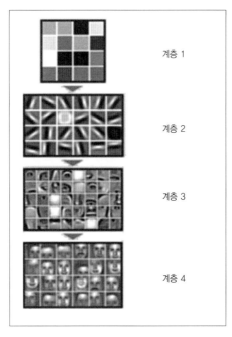

계층 1

계층 2

계층 3

계층 4

그림 2 얼굴 분류 문제에 대한 딥러닝 시스템

딥러닝의 역사

딥러닝은 인공 지능, 특히 신경망 연구와 동일한 과정을 거쳐 발전했다. 신경망은 1950년대 초반에 생겨난 이후 제프 힌턴Geoff Hinton과 함께 연구한 머신 러닝 전문가의 역할로 인해 1980년대에 큰 발전을 이뤘다. 당시에는 컴퓨터 기술이 충분히 발전하지 못해 최근에야 신경망 성능의 실질적인 개선이 가능하게 됐다.

적용 분야

딥러닝은 음성 인식 시스템, 패턴 검색 특히 이미지 인식에 사용되며, 여러 수준별로 학습하는 특성으로 인해 이미지의 다양한 영역을 처리하고 대상 이미지를 정확하게 분류할 수 있다.

▌ 신경망

인공 신경망ANN은 딥러닝의 개념을 이용하는 주요 툴이다. 신경망은 축색돌기axons라는 연결을 통해 서로 전달하는 여러 뉴런을 갖는 신경계의 추상적 표현이다. 최초의 인공 신경 모델은 1943년에 맥컬럭McCulloch과 피츠Pitts가 신경 활동에 대한 계산 모델computatioinal model of nervous activity로 제안했다. 이후에 존 폰 노이만John von Neumann, 마빈 민스키Marvin Minsky, 프랭크 로젠블랫Frank Rosenblatt이 제안한 퍼셉트론과 다양한 모델이 개발됐다.

생물학적 뉴런

[그림 3]에서 볼 수 있듯이 생물학적 뉴런은 다음과 같은 항목으로 구성된다.

- 세포체cell body 또는 소마soma
- 하나 이상의 수상돌기dendrites : 다른 뉴런의 신호를 수신하는 역할을 한다.
- 축색돌기axon : 동일한 뉴런이 만든 신호를 연결된 다른 뉴런으로 전달하는 역할을 한다.

생물학적 신경 모델의 모습은 [그림 3]과 같다.

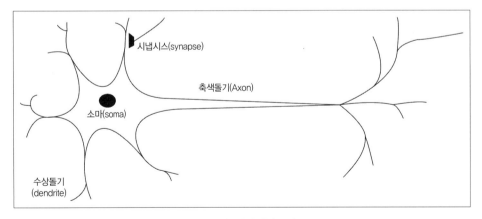

그림 3 생물학적 신경 모델

36

뉴런 활동은 신호(활성 상태)를 송신, 휴식, 다른 뉴런(비활성 상태)으로부터 신호를 수신하는 교대 활동이다.

한 단계에서 다른 단계로의 전이^{transition}는 수상돌기^{dendrites}가 감지한 신호 형태의 외부 자극에 의해 유발된다. 각 신호는 자극과 관련된 가중치로 표현되는 흥분이나 억제 효과가 있다. 휴식^{rest} 상태의 뉴런은 활성화를 위한 임계값^{threshold}에 도달할 때까지 수신한 신호를 모두 누적한다.

인공 신경 세포

생물학적 신경 세포와 같이 인공 신경 세포는 다음과 같이 구성된다.

- 1개 이상의 입력 연결: 신경 세포^{neuron}로부터 신호를 수집한다. 각 연결은 전송된 신호에 가중치를 할당한다.
- 1개 이상의 출력 연결: 다른 뉴런에 대한 신호를 운반한다.
- 활성화 함수: 입력 연결에서 획득한 신호에 대해 가중치를 적용하고, 활성화 함수를 적용한 후 임계값에 근거해 출력 신호의 값을 최종 결정한다.

인공 신경 세포 모델의 모습은 [그림 4]와 같다.

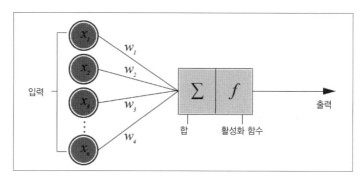

그림 4 인공 신경 세포 모델

뉴런이 활동을 외부로 전송하는 신호인 출력은 입력값의 가중 합에 전이 함수$^{transfer\ function}$라 부르는 활성화 함수를 적용해 계산한다. 이 함수는 −1과 1 사이 또는 0과 1 사이의 값을 갖는다.

복잡도와 출력값이 다른 활성화 함수는 다음과 같다.

- **계단 함수**$^{Step\ function}$: 이 함수는 임계값 x(예: $x = 10$)를 고정한다. 입력의 수치적 합이 임계값^{threshold} 이상이거나 이하인 경우 0 또는 1을 반환한다.
- **선형 조합**$^{Linear\ combination}$: 임계값을 관리하는 대신 입력값의 가중합을 기본 설정값에서 뺀다. 2개의 값만으로 구성된 결과를 갖지만, 뺄셈 연산의 양수(+ b)나 음수(- b) 출력으로 표현된다.
- **시그모이드**^{Sigmoid}: 이 함수는 S자 경향을 갖는 시그모이드 곡선을 생성한다. 종종 시그모이드 함수는 로지스틱 함수의 특별한 사례로 언급된다.

활성화 함수는 인공 신경의 프로토타이핑에 사용되는 가장 간단한 형태에서 시작해 뉴런의 기능을 보다 특성화할 수 있는 복잡한 함수까지 다양하다. 다음은 몇 가지 활성화 함수의 예제다.

- 하이퍼 볼릭 탄젠트 함수$^{Hyperbolic\ tangent\ function}$
- 방사형 기저 함수$^{Radial\ Basis\ Function}$
- 이차 곡선 함수$^{Conic\ Seciton\ Function}$
- 소프트맥스 함수$^{Softmax\ function}$

신경망 학습이란, 네트워크와 활성화 함수의 가중치를 훈련시킨다는 것을 알고 있어야 한다. 네트워크 구조를 만드는 과정에서 중요한 작업은 활성화 함수의 선택이다. 훈련 단계가 적절히 잘 수행된다면 출력의 차이는 거의 없다는 연구 결과도 있다.

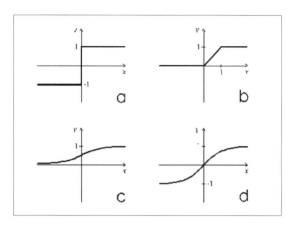

그림 5 가장 많이 사용되는 전이 함수(transfer function)

위와 같은 활성화 함수를 다음과 같이 호칭한다.

- a: 스텝 함수
- b: 선형 함수
- c: 0과 1 사이의 값을 갖는 시그모이드 함수
- d: −1과 1 사이의 값을 갖는 시그모이드 함수

▌ 인공 신경망은 어떻게 학습하는가?

신경망의 학습 과정은 가중치를 최적화하는 과정을 반복 수행하므로 지도학습이다. 가중치는 훈련 데이터를 이용해 신경망의 성능을 향상시키기 위한 방향으로 수정한다. 가중치 수정 목표는 신경망의 동작이 원하는 동작에서 벗어나는 정도를 계산하는 손실 함수를 최소화하는 것이다. 가중치 훈련 이후에는 훈련 데이터 이외의 개체(예: 이미지 분류 문제의 이미지)로 구성된 테스트 집합을 이용해 신경망의 성능을 확인한다.

역전파 알고리즘

사용된 감독 학습 알고리즘은 역전파 알고리즘이다.

훈련 절차의 기본 단계는 다음과 같다.

1. 신경망을 랜덤 가중치로 초기화한다.
2. 모든 교육 사례 :
   - 순방향 경로: 네트에 의해 커밋된 오류, 원하는 출력과 실제 출력 간의 차이를 계산한다.
   - 역방향 경로: 모든 계층에 대해 출력 계층부터 시작해 입력층 쪽으로 진행한다.
3. 올바른 입력으로 네트워크 계층 출력을 표시한다(오류 함수).
4. 오류 함수를 최소화하기 위해 현 계층의 가중치를 조정한다. 이는 역전파 backpropagation를 최적화하는 단계다. 네트워크 과적합over-fitting 단계의 시작을 표시할 수 있기 때문에 유효성 검사 집합의 오류가 증가하기 시작하면 훈련 과정을 종료한다. 즉, 과적합이란, 신경망이 일반화 능력을 희생하면서 훈련 데이터를 보간하는 경향이 있음을 의미한다.

가중치 최적화

최적의 가중치를 계산하기 위한 효율적인 알고리즘의 사용은 신경망 구축에 필수적인 도구다. 이 문제는 경사 하강법gradient descent, GD이라는 반복적인 수리 기법으로 해결할 수 있다.

이 기법의 구체적인 알고리즘은 다음과 같다.

1. 모델의 파라미터에 대한 일부 초깃값을 무작위로 선택한다.
2. 모델의 각 파라미터에 대한 오차 함수의 경사 G를 계산한다.

3. 오류를 줄이는 방향, 즉 −G 방향으로 움직이도록 모델의 파라미터를 변경한다.

4. G 값이 0에 가까워질 때까지 단계 2와 3을 반복한다.

> 수학에서 스칼라 필드의 경사(gradient)는 여러 변수의 실수값 함수이며 2개, 3개 또는 그 이상의 차원에서는 공간의 한 영역에 정의된다. 함수의 그레이디언트(gradient)는 함수의 편미분에 대한 카르테지안 구성 요소가 있는 벡터로 정의된다. 이 그레이디언트는 n개 변수로 구성된 함수 f(x1, x2, ..., xn)의 최대 증분 방향을 나타낸다. 그레이디언트는 다양한 파라미터의 함수로 물리량을 나타내는 벡터 양이다.

오차 함수 E의 그레이디언트 G는 현재 값의 오차 함수가 가파른 기울기를 갖는 방향을 제공하므로 E를 줄이려면 반대 방향인 −G로 약간의 단계를 만들어야 한다([그림 6] 참조).

이 작업을 여러 번 반복하면, 함수 E의 경사gradient가 최소화되는 방향으로 이동한다([그림 6] 참조)

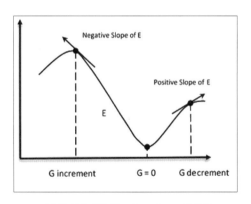

그림 6 경사 하강(Gradient descent) 절차

위와 같이 함수 E의 그레이디언트 G가 최소화되는 방향으로 이동한다.

확률적 경사 하강

경사 하강 최적화 과정에서 전체 훈련 집합training set을 이용해 비용 경사cost gradient를 계산한다. 이 방법을 배치 경사 하강batch GD이라고 부른다. 대규모 데이터 집합을 대상으로 경사 하강 방법을 적용할 경우, 최적점을 찾기 위해 이동할 때마다 실행해야 하는 계산이 많아지기 때문에 많은 비용이 소모된다.

따라서 훈련 집합training set이 클수록 가중치 업데이트가 느려지고, 글로벌 비용 최솟값에 수렴하는 데 보다 많은 시간이 걸린다.

이와 같은 문제에 대응하기 위한 대안으로 DNN에서는 가장 빠른 경사 하강 방법인 확률적 경사 하강Stochastic Gradient Descent, SGD을 사용한다.

SGD에서는 특정 반복에서 파라미터에 대한 업데이트를 수행하기 위해 훈련 집합에서 1개의 학습 샘플만 사용한다. 여기에서 확률적stochastic이라는 용어는 단일 훈련 표본을 기반으로 한 경사gradient가 실제 비용 경사의 확률적 근사라는 사실에서 비롯됐다.

확률적 특성으로 인해 GD에서와 같이 글로벌 비용 최솟값에 대한 경로는 직접적이지 않지만, 2D 공간에서의 비용 표면으로 시각화할 경우 지그재그 형태로 나타날 수 있다([그림 7]의 (b) 참조).

[그림 7]과 경사 하강([그림 7]의 (a) 참조)을 통해 최적화 절차를 비교해 가중치의 개별 갱신이 올바른 방향(비용 함수 최소화)으로 수행될 수 있도록 보장할 수 있다. 데이터 집합이 크고 각 단계의 계산이 복잡하다면, SGD를 사용하는 것이 좋다. 여기에서 가중치에 대한 갱신 작업은 각 샘플이 처리될 때 사용하며, 후속 계산에서는 이미 향상된 가중치를 사용한다. 그러나 이러한 이유로 인해 오차 함수를 최소화하는 데 있어 잘못된 방향으로 나아갈 수도 있다.

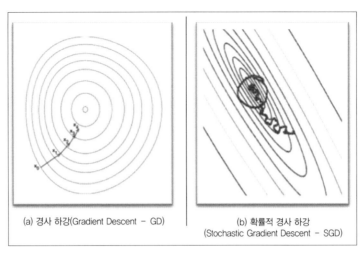

그림 7 경사 하강(GD)과 확률적 경사 하강(SGD)

신경망 구조

노드 연결 방법, 존재하는 계층 수에 해당하는 입력과 출력 사이의 노드 수준, 계층별 뉴런의 수를 알면 신경망 구조를 정의할 수 있다. 신경망 구조는 매우 다양하지만, 이 책에서는 크게 두 가지 대표적인 구조에 중점을 두고 설명한다.

다층 퍼셉트론

다층 네트워크에서 다음과 같은 계층의 인공 뉴런을 식별할 수 있다.

- 각 뉴런은 다음 계층의 모든 뉴런과 연결된다.
- 동일한 계층의 뉴런 사이에는 연결이 없다.
- 인접하지 않은 계층에 속한 뉴런 사이에는 연결이 없다.
- 계층 수와 계층당 뉴런 수는 해결 대상 문제에 따라 다르다.

입출력 계층은 입력 및 출력을 정의한다. 신경망은 은닉층이 복잡해 다양한 행동을 실행할 수 있다. 마지막으로, 뉴런 간의 연결은 많은 행렬들이 인접한 층의 쌍과 같이 표현된다. 각 배열은 인접한 두 계층의 노드쌍 사이의 연결 가중치를 포함한다. 순방향망feed-forward network은 계층 내에서 루프loop가 없는 네트워크다.

[그림 8]은 다층 퍼셉트론 구조를 그림으로 표현한 결과다.

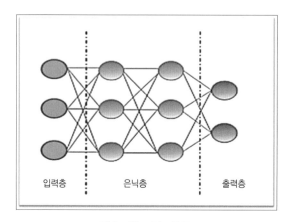

그림 8 다층 퍼셉트론 구조

DNN 구조

딥 뉴럴 넷Deep Neural Networks, DNNs은 딥러닝에 중점을 둔 인공 신경망이다. 처리할 데이터의 복잡성으로 인해 일반적인 분석 방법을 적용할 수 없는 경우, 해당 네트워크는 훌륭한 모델링 도구가 된다. DNN은 우리가 논의한 것과 매우 유사한 신경망이지만, 모든 머신 러닝 문제(지도학습)에 적용되는 학습 원리를 따르더라도 더 복잡한 모델(많은 수의 뉴런, 은닉층 및 연결)을 구현해야 한다.

구축된 DNN은 병렬로 작동하므로 많은 데이터를 처리할 수 있고, 정교한 통계 시스템이므로 오류에 큰 영향을 받지 않는다.

신경망에서 단계별로 출력 결과를 검사할 수 있는 알고리즘 시스템과 달리, 매우 신뢰할 수 있는 결과를 얻을 수 있지만 그 결과에 대한 이유를 이해할 수 없는 경우도 있다. 최적 신경망을 생성할 수 있는 이론은 없다. 좋은 네트워크를 만들 가능성은 모두 인공 지능 개발자에게 있고, 이들은 통계 개념을 잘 알아야 하며, 특히 예측 변수를 선택하는 데 주의해야 한다.

 다른 신경망 구조 및 관련 출판물에 대한 간략한 설명은 아시모프 기관(Asimov Institute)의 웹 사이트(http://www.asimovinstitute.org/neural-network-zoo/)를 참조한다.

마지막으로, 생산성을 높이기 위해 딥 뉴럴 넷이 해당 가중치를 적절하게 조정하는 훈련이 필요하다는 점을 확인했다. 최적 결과를 원할 때와 같이 검사할 데이터와 관련 변수가 많으면 학습에 많은 시간이 걸릴 수 있다. 이 섹션에서는 본문에서 다루게 될 딥러닝 구조를 소개한다.

컨볼루션 뉴럴 네트워크

컨볼루션 뉴럴 네트워크Convolutional Neural Networks, CNN는 이미지 인식을 위해 특별히 설계된 신경망 구조다. 학습에 사용되는 이미지는 소형 토폴로지 부분으로 나눠지며, 각 부분은 특정 패턴을 찾아내기 위해 필터 처리를 실행한다. 공식적으로 각 이미지는 픽셀 단위의 3차원 행렬(폭, 높이 및 색상)로 표시하며, 모든 하위 부분은 필터 집합과 함께 컨볼루션된다. 즉, 이미지를 따라 각 필터를 스크롤하면 동일한 필터와 입력의 내적inner product이 계산된다. 이 절차는 다양한 필터에 대한 일련의 특징 맵feature maps인 활성화 맵activation maps을 생성한다. 이미지의 동일한 부분을 대상으로 다양한 특징 맵에 겹쳐 출력 볼륨을 얻어낸다. 이러한 유형의 계층을 컨볼루션 계층convolutional layer이라 한다. [그림 9]는 일반적인 CNN의 구조를 보여준다.

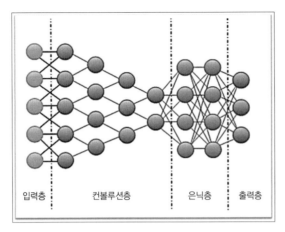

그림 9 컨볼루션 신경망 구조

제약 볼츠만 머신

제약 볼츠만 머신Restricted Boltzmann Machine, RBM은 가시층과 은닉층 노드로 구성되지만, 제약 조건에 따라 가시층visible–가시층 연결과 은닉층hidden–은닉층 연결은 없다. 이러한 제약은 보다 효율적인 네트워크 훈련(지도 또는 비지도 훈련)이 가능하도록 하는 장점이 있다.

이러한 신경망 유형은 작은 크기의 네트워크로 많은 양의 입력 특징을 표현할 수 있다. 실제로 n개의 은닉 노드는 최대 $2n$개의 특징을 나타낼 수 있다. 네트워크는 1개 질문(예/아니오)에 응답하도록 훈련될 수 있으므로 총 $2n$개의 질문까지(다시 말하면 2진수) 학습할 수 있다. RBM은 [그림 10]과 같으며, 대칭적인 이분할 그래프에 의해 뉴런이 배치되는 구조다.

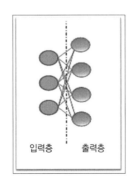

그림 10 제약 볼츠만 머신의 구조

오토인코더

누적 오토인코더 장치Stacked autoencoder는 일반적으로 데이터 압축에 사용되는 DNN이다. 이러한 특별한 모래 시계 구조는 입력 데이터가 압축되는 프로세스의 첫 번째 부분과 압축이 시작되는 병목bottleneck까지 명확하게 보여준다.

출력은 입력의 근삿값이다. 이러한 네트워크는 사전 훈련(압축) 단계에서 지도하지 않으며not supervised, 미세 조정(압축 해제) 단계에서 지도한다.

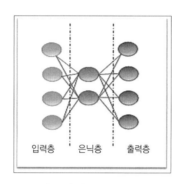

그림 11 누적 오토인코더 구조

순환 신경망

순환 신경망의 기본 특징은 네트워크에 적어도 하나의 피드백 연결이 포함돼 있어 활성화가 루프 내에서 진행될 수 있다는 점이다. 이것은 네트워크가 시간 처리를 수행하고 순차 학습을 가능하게 한다. 예를 들어, 순차 인식/재생 또는 시간적 연관/예측을 가능하게 한다. RNN 구조는 다양한 형태를 갖는다. 일반적인 유형 중 하나는 표준 멀티 퍼셉트론MLP과 추가 루프로 구성된다. 이러한 유형은 MLP의 강력한 비선형 매핑 기능을 활용할 수 있으며, 몇 가지 형태의 메모리를 갖도록 할 수 있다. 다른 유형은 잠재적으로 모든 다른 뉴런과 연결된 보다 균일한 구조를 갖고, 확률적 활성화 함수를 갖는다. 간단한 구조와 결정론적 활성화 함수의 경우, 유사한 경사 하강 절차를 사용해 순방향 네트워크의 역전파 backpropagation 알고리즘을 유도하는 학습을 실행할 수 있다.

[그림 12]는 RNN의 가장 중요한 유형과 특징이다.

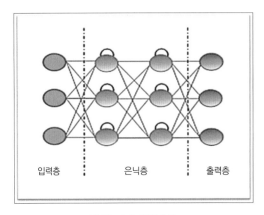

그림 12 순환 신경망 구조

▌ 딥러닝 프레임워크 비교

이 섹션에서는 딥러닝과 관련해 인기 있는 프레임워크를 살펴본다. 간단히 말해, 거의 모든 딥러닝 라이브러리는 GPU를 사용해 학습을 가속화할 수 있으며, 공개 라이선스로 배포되고 있다. 이 라이브러리는 주로 대학교에서 연구용으로 개발한 성과물이다. 각 라이브러리를 비교하기 전에 최근까지 개발된 거의 모든 신경망을 다루는 차트인 [그림 13]을 참조하자. 해당 URL과 논문을 보면, 신경망 아이디어가 꽤 오래된 결과임을 알 수 있다. 다음에 비교할 딥러닝 소프트웨어 프레임워크도 개발 과정에서 유사한 구조를 채택한다.

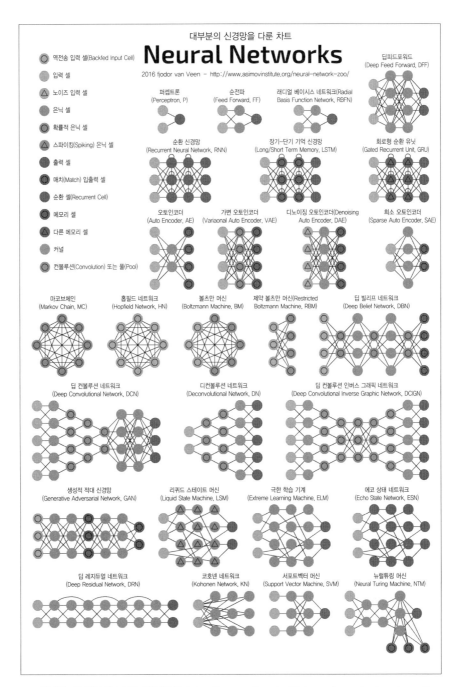

그림 13 신경망 구조 설명 차트(출처: http://www.asimovinstitute.org/neural-network-zoo/)

- **Theano**: 가장 널리 알려진 라이브러리다. 머신 러닝과 텐서플로에서 많이 사용하는 언어인 파이썬으로 만들었다. CPU의 성능을 24배로 끌어올리는 GPU 계산을 할 수 있도록 지원한다. 다차원 배열과 같은 복잡한 수학 표현식을 정의, 최적화 및 계산할 수 있다.

- **Caffe**: Berkeley Vision and Learning Center[BVLC]에서 개발한 표현력, 속도 및 모듈성 면에서 뛰어난 프레임워크다. CPU 계산에서 GPU로 쉽게 전환할 수 있도록 해주는 구조는 실제 응용과 효율에 있어 개선 효과를 제공한다. 사용자 커뮤니티가 크기 때문에 상당한 개선이 이뤄졌다. 파이썬으로 작성됐지만 많은 지원 라이브러리로 인해 설치 시간이 오래 걸린다.

- **Torch**: 머신 러닝을 위한 광범위한 생태계로, 오디오 및 비디오 데이터와 같은 다양한 유형의 멀티미디어를 심층적으로 학습하고 처리하는 알고리즘과 기능을 포함해 병렬 컴퓨팅에 중점을 뒀다. C 언어를 위한 인터페이스를 제공하며, 사용자 커뮤니티가 넓다. Torch는 스크립팅 언어인 Lua를 확장한 라이브러리로, 머신 러닝 시스템을 설계하고 교육하기 위한 환경을 제공한다. Torch는 각 플랫폼(예: Windows, Mac, Linux 및 Android)에서 독립적인 이동이 용이한 프레임워크이며, 스크립트는 수정하지 않고 이러한 플랫폼에서 실행할 수 있다. Torch 패키지는 다양한 응용 프로그램에 유용한 많은 기능을 제공한다.

마지막으로, 다음 표는 텐서플로를 포함해 각 프레임워크의 주요 기능을 요약한 결과다. 텐서플로에 대해서는 2장부터 설명한다.

	텐서플로(TensorFlow)	토치(Torch)	카페(Caffe)	시아노(Theano)
사용된 프로그래밍 언어	파이썬과 C++	루아(Lua)	C++	파이썬
GPU 카드 지원	예	예	예	아니요(기본 설정)
좋은 점	• Theano처럼 계산 그래프를 추상화할 수 있다. • Theano보다 빠른 컴파일 시간으로 처리할 수 있다. • 시각화를 위한 텐서보드를 제공한다. • 데이터 및 모델 병렬 처리를 할 수 있다.	• 설치가 간편하다. • 유용한 오류 메시지를 제공한다. • 많은 양의 샘플 코드 및 자습서가 있다.	• 순방향 네트워크 및 이미지 처리에 적합하다. • 기존 네트워크 미세 조정에 적합하다. • 파이썬 인터페이스는 매우 유용하다.	• 표현식 파이썬 구문을 사용한다. • 상위 수준의 스핀-오프 프레임워크다. • 많은 양의 샘플 코드 및 자습서를 구할 수 있다.
나쁜 점	• 다른 프레임워크보다 느리다. • 사전 훈련된 모델이 많지 않다. • 계산 그래프는 순수한 파이썬이므로 속도가 느리다. • 문제 발생 시 지원하지 않는다.	• CentOS에서 설정하기가 다소 어려울 수 있다.	• 오류 메시지가 이상한 경우도 있다. • 새로운 GPU 계층에 C++/CUDA를 작성해야 한다. • 반복적인 네트워크에는 좋지 않다. • 문제 발생 시 지원하지 않는다.	• 오류 메시지는 도움이 되지 않는다. • 대형 모델은 컴파일 시간이 오래 걸릴 수 있다.

딥러닝 프레임워크 비교

▌ 요약

1장에서는 딥러닝의 기본 내용을 설명했다. 머신 러닝 시스템이 여러 수준의 계층적 데이터 표현을 획득할 수 있도록 하는 다양한 방법을 설명했다. 이것은 간단한 유닛을 결합해 실행되며, 각 유닛은 입력 수준의 표현을 상대적으로 높은 수준의 표현으로 변환해 추상화한다.

최근 몇 년 동안 이러한 기술은 이미지와 음성 인식과 같은 분야에서 월등한 결과를 보여줬다. 이 기술이 보급될 수 있었던 이유 중 하나는 GPU 개발로, 이를 통해 DNN 학습에 소요되는 시간을 상당히 단축시킬 수 있었다.

DNN 구조는 매우 다양하며, 각각의 신경망 모델은 특정한 문제를 해결하기 위해 개발됐다. 이에 대해서는 2장부터 텐서플로를 이용해 작성한 프로그램 예제를 이용해 하나씩 설명한다.

1장은 딥러닝 프레임워크를 간략히 소개했다.

2장에서는 딥러닝과 텐서플로 소프트웨어 라이브러리를 본격적으로 학습한다. 텐서플로의 주요 특징을 설명하고 설치 방법과 첫 번째 작업 세션을 설정하는 방법을 살펴본다.

02

텐서플로 살펴보기

텐서플로는 구글 브레인 팀[Google Brain Team]이 기계 지능을 위해 2011년에 개발한 개발한 수학용 소프트웨어와 오픈 소스 라이브러리다. 텐서플로의 초기 목표는 머신 러닝과 딥 뉴럴 넷에 대한 연구다. 하지만 이 시스템은 다른 영역에도 다양하게 사용할 수 있다.

텐서플로라는 이름은 모델을 표현하는 데이터 흐름 그래프[data flow graph]와 텐서[tensors]로 표현하는 데이터 모델에서 비롯됐다. 구글은 2015년에 텐서플로와 참조할 만한 모든 구현 내용을 오픈 소스로 제공했으며, 아파치 2.0 라이선스에 근거해 깃허브[GitHub]에 모든 소스 코드를 공개했다. 이후 텐서플로는 학계 및 산업계 연구에 사용됐으며 최근에는 가장 안정적인 1.10 버전이 통합 API로 출시됐다.

여러분의 요구사항과 텐서플로 1.x의 최신 기능 및 흥미로운 기능을 바탕으로 2장에서는 텐서플로의 주요 기능을 설명한다. 2장의 구성은 다음과 같다.

- 일반 개요
- 텐서플로 설치 및 시작하기
- 계산 그래프
- 프로그래밍 모델
- 데이터 모델
- 텐서보드
- 단일 입력 뉴런 구현하기
- 텐서플로 1.x로 마이그레이션

일반 개요

텐서플로는 머신 러닝 엔지니어가 대용량 데이터를 대상으로 집약적인 계산을 할 수 있도록 하며, 데이터 흐름 그래프를 사용할 수 있도록 지원하는 수치 계산용 오픈 소스 라이브러리다. 텐서플로는 널리 사용되는 딥러닝 알고리즘을 손쉽게 구현할 수 있도록 도와준다. 흐름 그래프^{flow graph} 노드는 수학 연산을 의미하고, 엣지^{edges}는 엣지와 노드 간의 연결을 보장하는 다차원 텐서를 의미한다.

텐서플로는 단일 API를 사용해 데스크톱, 서버 또는 모바일 장치에 1개 이상의 CPU 또는 GPU에 계산을 분배할 수 있는 유연한 구조를 제공한다.

텐서플로 1.x의 새로운 기능은 무엇인가?

텐서플로 1.0의 API는 모두 이전 버전과 호환되지 않는 방식으로 변경됐다. 즉, 0.x 버전에서 작동하는 텐서플로 프로그램은 1.x 버전에서 작동하지 않는다. 내부적으로 일관성 있는 API를 보장하기 위해 해당 API가 변경됐다. 따라서 구글은 1.x 수명주기 전반에 걸쳐 후속 변경 사항을 만들 계획은 없다.

최신 텐서플로 1.x 버전에서 Python API는 보다 NumPy처럼 돼 버렸다. 이로 인해 현 버전은 배열-기반 계산을 하는 데 있어 보다 안정화됐다. 자바와 GO를 위한 2개의 실험적인 API도 도입됐다. 이 점은 Java 및 GO 프로그래머에게 매우 좋은 소식이다.

tensorflow debugger(tfdbg)라는 새로운 도구가 도입됐다. tfdbg는 라이브 텐서플로 프로그램을 디버깅하기 위한 명령행 인터페이스와 API다. 객체 감지와 현지화 및 카메라 기반 이미지 디자인을 위한 새로운 Android 데모(https://github.com/tensorflow/tensorflow/tree/r1.0/tensorflow/examples/android)가 제공됐다.

텐서플로는 아나콘다와 텐서플로의 도커 이미지를 이용해 설치할 수 있다. 마지막으로 가장 중요한 점은 CPU 및 GPU 컴퓨팅을 목표로 한 텐서플로 그래프를 위한 새로운 도메인 전문 컴파일러가 도입됐다는 점이다. 이를 가속 선형 대수^{XLA}라고 한다.

텐서플로는 사람들이 사용하는 방식을 어떻게 변화시켰는가?

텐서플로의 최근 공개 버전에서 제공하는 주요 기능은 다음과 같다.

- **빠른 컴퓨팅**: 텐서플로 1.0의 주요 버전 개선사항으로 인셉션 v3[1]은 8 GPU에서 7.3x 속도 개선, 분산 인셉션(64GPU상에서 v3 훈련)은 58x 속도 개선과 같이 속도 기능을 향상시켰다.
- **유연성**: 텐서플로는 딥러닝이나 머신 러닝용 소프트웨어 라이브러리뿐만 아니라 다른 문제까지도 해결할 수 있는 수학 함수 기능을 갖고 있는 라이브러리다. 데이터 흐름 그래프를 사용하는 실행 모델은 간단한 하위 모델로 매우 복잡한 모델을 구현할 수 있다. 텐서플로 1.0은 tf.layers, tf.metrics, tf.losses 및 tf.keras 모듈과 함께 텐서플로용 고급 API를 도입했다. 텐서플로는 높은 수준의 신경망 컴퓨팅에 매우 적합하다.

---

1 구글의 딥러닝 모델- 옮긴이

- **이식성**: 텐서플로는 윈도우, 리눅스, 맥 컴퓨터와 모바일 컴퓨팅 플랫폼(즉 안드로이드)에서 실행할 수 있다.

- **디버깅 용이성**: 텐서플로는 개발 모델을 분석할 수 있는 텐서보드 도구를 제공한다.

- **통합 API**: 텐서플로는 단일 API를 사용해 데스크톱, 서버 또는 모바일 장치에서 1개 이상의 CPU나 GPU 계산을 배정할 수 있는 매우 유연한 구조를 제공한다.

- **GPU 사용 가능**: 동일한 메모리 및 사용 데이터의 관리 및 최적화를 자동화한다. 이제 NVIDIA, cuDNN 및 CUDA 툴 키트를 사용해 대용량 및 데이터 집약적인 GPU 컴퓨팅으로 컴퓨터를 사용할 수 있다.

- **사용 용이성**: 텐서플로는 모든 사람을 대상으로 한다. 학생, 연구원, 딥러닝 학습자는 물론, 이 책을 읽는 독자를 위한 딥러닝 모델링 개발 도구다.

- **확장 가능**: 최근 텐서플로는 기계 번역을 위한 신경망으로 사용됐다. 텐서플로 1.0은 Python API의 안정성을 보장하므로 기존 코드 위반을 걱정하지 않고도 새로운 특징을 쉽게 선택할 수 있다.

- **확장성**: 텐서플로는 새로운 기술이며 여전히 활발하게 개발 중에 있다. 깃허브(https://github.com/tensorflow/tensorflow)에서 사용할 수 있는 소스 코드로 공개됐기 때문에 확장할 수 있다. 그리고 필요한 저수준 데이터 연산자가 없다면, C++로 작성해 프레임워크에 추가할 수 있다.

- **커뮤니티 지원**: 텐서플로 개선을 위해 함께 노력하는 개발자와 사용자로 구성된 커뮤니티가 있으며, 주로 피드백을 제공하고 소스 코드에 적극적으로 기여하고 있다.

- **광범위한 적용 사례**: 수많은 기술 관련 대기업이 텐서플로를 사용해 비즈니스 인텔리전스를 향상시키고 있다. 예를 들어, ARM, Google, Intel, eBay, Qualcomm, SAM, DropBox, DeepMind, Airbnb, Twitter 등이 있다.

텐서플로 설치 및 시작하기

Linux, Mac OSX 및 Windows와 같은 다양한 플랫폼에서 텐서플로를 설치하고 사용할 수 있다. 텐서플로의 최신 깃허브 소스에서 텐서플로를 구축하고 설치할 수도 있다. 또한 윈도우 컴퓨터가 있는 경우, 가상 컴퓨터가 있는 경우에만 텐서플로를 설치할 수 있다(최근에는 윈도우에서도 설치할 수 있다). 텐서플로 Python API는 Python 2.7 및 Python 3.3+을 지원하므로 파이썬을 설치한 후에 텐서플로를 설치해야 한다. 또한 Cuda Toolkit 7.5 및 cuDNN v5.1+도 설치해야 한다. 이 섹션에서는 텐서플로를 설치하고 시작하는 방법을 설명한다. 또한 리눅스에 텐서플로를 설치하는 방법에 대한 자세한 내용도 표시한다. 이 밖에 윈도우 버전에 대해 간략하게 설명한다.

 2장을 포함한 나머지 장에서는 파이썬 2.7에서 실행할 수 있는 소스 코드를 제공한다. 하지만 팩트출판사의 웹 사이트에서는 Python 3.3 이상에서도 실행할 수 있는 코드를 제공한다.

 Mac OS에서의 설치는 Linux와 비슷하다.
자세한 내용은 URL(https://www.tensorflow.org/install/install_mac)을 참조한다.

▌ 리눅스에서 텐서플로 설치하기

이 섹션에서는 우분투 14.04 이상에 텐서플로를 설치하는 방법을 설명한다. 여기서 설명한 지침은 다른 Linux 배포판에도 적용할 수 있다.

플랫폼에 어떤 텐서플로를 설치해야 하는가?

공식 설치를 하기 전에 플랫폼에 설치할 텐서플로를 선정해야 한다. 텐서플로는 GPU 및 CPU에서 데이터 집약적인 텐서 응용 프로그램을 실행할 수 있도록 개발됐다. 따라서 플랫폼에 설치한 후 텐서플로의 유형 중에서 선택해야 한다.

- **CPU만 지원하는 텐서플로**: 컴퓨터에 NVIDIA와 같은 GPU가 시스템에 설치돼 있지 않으면, 이 버전으로 설치한다. 이 버전은 5 ~ 10분만에 설치할 수 있다.
- **GPU 지원이 가능한 텐서플로**: 일반적으로 딥러닝 응용 프로그램은 매우 강력한 컴퓨팅 리소스가 필요하다. 따라서 GPU에서 데이터 계산 및 분석 속도를 보다 개선시킬 수 있다. NVIDIA GPU 하드웨어가 있다면 이 버전을 설치해 사용한다.

경험상 NVIDIA GPU 하드웨어가 컴퓨터에 통합돼 있더라도 처음에는 CPU만 설치해 운영하고 필요할 경우에만 GPU로 전환할 것을 추천한다.

▎ NVIDIA에서 GPU로 텐서플로를 실행하기 위한 필요 요건

텐서플로의 GPU 지원 버전에는 64비트 Linux, Python 2.7(또는 Python 3의 경우 3.3+), NVIDIA CUDA 7.5(파스칼 GPU의 경우 CUDA 8.0 필요) 및 NVIDIA, cuDNN v4.0(최소) 또는 v5.1(권장)과 같은 몇 가지 요구사항이 있다. 보다 구체적으로 현 텐서플로는 NVIDIA 툴킷과 소프트웨어를 사용하는 GPU 컴퓨팅만을 지원한다. 이제 다음 소프트웨어가 컴퓨터에 설치돼 있어야 한다.

단계 1: NVIDIA CUDA 설치

NVIDIA GPU에서 텐서플로를 사용하려면 CUDA 툴킷 8.0 이상 및 CUDA 툴킷 8 이상이 장착된 NVIDIA 드라이버를 설치해야 한다.

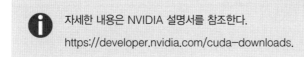

자세한 내용은 NVIDIA 설명서를 참조한다.

https://developer.nvidia.com/cuda-downloads.

이제 다음 스크린 샷과 같이 https://developer.nvidia.com/cuda-downloads에서 필수 패키지를 다운로드해 설치한다.

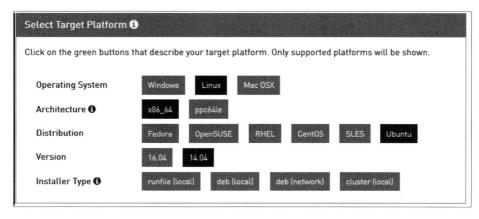

다양한 플랫폼에 기반을 두고 사용할 수 있는 CUDA 패키지

또한 Cuda 설치 경로를 LD_LIBRARY_PATH 환경 변수에 추가했는지 확인한다.

단계 2: NVIDIA cuDNN v5.1+ 설치

CUDA 툴킷이 설치되면 다음 스크린 샷과 같이 Linux용 https://developer.nvidia.com/cudnn에서 cuDNN v5.1 라이브러리를 다운로드한다.

cuDNN Download

NVIDIA cuDNN is a GPU-accelerated library of primitives for deep neural networks.

☑ **I Agree To the Terms of the** cuDNN Software License Agreement

Please check your framework documentation to determine the recommended version of cuDNN.
If you are using cuDNN with a Pascal (GTX 1080, GTX 1070), version 5 or later is required.

Download cuDNN v5.1 (Jan 20, 2017), for CUDA 8.0

cuDNN User Guide

cuDNN Install Guide

cuDNN v5.1 Library for Linux

cuDNN v5.1 Library for Power8

cuDNN v5.1 Library for Windows 7

cuDNN v5.1 Library for Windows 10

cuDNN v5.1 Library for OSX

cuDNN v5.1 Release Notes

cuDNN v5.1 Runtime Library for Ubuntu14.04 (Deb)

cuDNN v5.1 Developer Library for Ubuntu14.04 (Deb)

cuDNN v5.1 Code Samples and User Guide (Deb)

cuDNN v5.1 Runtime Library for Ubuntu16.04 Power8 (Deb)

cuDNN v5.1 Developer Library for Ubuntu16.04 Power8 (Deb)

cuDNN v5.1 Code Samples and User Guide Power8 (Deb)

Download cuDNN v5.1 (Jan 20, 2017), for CUDA 7.5

플랫폼에 따라 사용할 수 있는 cuDNN v5.1 라이브러리

다운로드가 완료되면, 파일 압축을 풀고 CUDA 툴킷 디렉터리(여기서는 /usr/local/cuda/)
에 복사한다.

```
$ sudo tar -xvf cudnn-8.0-linux-x64-v5.1.tgz -C /usr/local
```

cuDNN v5.1 라이브러리를 설치하려면 https://developer.nv idia.com/accelerated-computing-developer에서 Accelerated Computing Developer Program에 등록해야 한다.

cuDNN v5.1 라이브러리를 설치했으면, CUDA_HOME 환경 변수를 작성했는지 확인한다.

단계 3: CUDA 컴퓨팅 기능 3.0+ 이 있는 GPU 카드

단계 1과 2에서 이전 라이브러리와 툴을 사용하려면 CUDA 컴퓨팅 기능 3.0+이 있는 GPU 카드가 컴퓨터에 제공되는지 확인해야 한다.

단계 4: libcupti-dev 라이브러리 설치

마지막으로 여러분의 컴퓨터에 libcupti-dev 라이브러리가 설치돼 있어야 한다. 이것은 NVIDIA CUDA가 제공하는 고급 프로파일링 지원이다. 이 라이브러리를 설치하려면 다음 명령을 실행해야 한다.

```
$ sudo apt-get install libcupti-dev
```

단계 5: Python(또는 Python 3) 설치

Python 또는 텐서플로를 처음 사용하는 사용자는 pip를 사용해 텐서플로를 설치하는 것이 좋다. Python 2+와 3.3+는 우분투에 자동으로 설치돼 있다. 다음 명령을 사용해 pip 또는 pip3가 설치돼 있는지 확인한다.

```
$ python —V
Expected output:
Python 2.7.6

$ which python
Expected output:
/usr/bin/python
```

파이썬 3.3 이상에서는 다음을 실행한다.

```
$ python3 —V
Expected output:
Python 3.4.3
```

보다 구체적인 버전을 원한다면 다음을 실행한다.

```
$ sudo apt-cache show python3
$ sudo apt-get install python3=3.5.1*
```

단계 6: PIP(또는 PIP3) 설치 및 업그레이드

일반적으로 pip 또는 pip3 패키지 관리자는 우분투와 함께 제공된다. 다음 명령을 사용해 pip 또는 pip3가 설치돼 있는지 확인한다.

```
$ pip -V

Expected output:
pip 9.0.1 from /usr/local/lib/python2.7/dist-packages/pip-9.0.1-py2.7.egg
(python 2.7)
```

파이썬 3.3 이상에서는 다음과 같이 사용한다.

```
$ pip3 -V
```

예상되는 결과는 다음과 같다.

```
pip 1.5.4 from /usr/lib/python3/dist-packages (python 3.4)
```

더 나은 결과와 원활한 계산을 위해서는 pip 버전 8.1+ 또는 pip3 버전 1.5+를 강력히 권장한다. pip용 8.1+ 및 pip3용 1.5+가 설치돼 있지 않으면 최신 pip 버전을 설치하거나 업그레이드한다.

```
$ sudo apt-get install python-pip python-dev
```

파이썬 3.3 이상인 경우에는 다음 명령을 사용한다.

```
$ sudo apt-get install python3-pip python-dev
```

단계 7: 텐서플로 설치

CPU 전용 텐서플로 최신 버전과 NVIDIA cuDNN 및 CUDA 컴퓨팅 기능을 갖춘 GPU 지원을 설치하는 방법에 대한 단계별 지침은 다음 섹션을 참조한다.

▌ 텐서플로 설치 방법

텐서플로는 여러 가지 방법으로 컴퓨터에 설치할 수 있다. virtualenv, pip, Docker 및 Anaconda를 사용해 설치할 수 있다. 그러나 Docker와 Anaconda를 사용하는 것은 약간 편리한 방법이므로 이 방법 대신 pip와 virtualenv를 사용한다.

 관심 있는 독자는 https://www.tensorflow.org/install/에서 Docker 및 Anaconda를 사용해볼 수 있다.

pip로 텐서플로 설치하기

단계 1에서 6을 완료했으면 파이썬 2.7과 CPU 지원만 가능한 경우, 다음 명령 중 하나를 실행해 텐서플로를 설치한다.

```
$ pip install tensorflow
```

파이썬 3.x와 CPU 지원만 가능한 경우, 다음 명령을 실행한다.

```
$ pip3 install tensorflow
```

파이썬 2.7과 GPU 지원이 가능한 경우, 다음 명령을 실행한다.

```
$ pip install tensorflow-gpu
```

파이썬 3.x와 GPU 지원이 가능한 경우, 다음 명령을 실행한다.

```
$ pip3 install tensorflow-gpu
```

단계 3 실행에 실패한 경우, 다음 명령을 수작업으로 실행해 텐서플로의 최신 버전을 설치한다.

```
$ sudo pip install --upgrade TF_PYTHON_URL
```

파이썬 3.x에 대해서는 다음 명령을 실행한다.

```
$ sudo pip3 install --upgrade TF_PYTHON_URL
```

두 경우 모두 TF_PYTHON_URL은 다음 URL에서 제공되는 텐서플로 파이썬 패키지의 URL을 나타낸다.

https://www.tensorflow.org/install/install_linux#the_url_of_the_tensorflow_python_package

예를 들어, CPU 지원만 가능한 최신 버전(이 책을 저술할 당시는 v1.0.1)을 설치하려면 다음 명령을 사용한다.

```
$ sudo pip3 install —upgrade
https://storage.googleapis.com/tensorflow/linux/cpu/tensorflow-1.0.1-cp34-c
p34m-linux_x86_64.whl
```

---

virtualenv로 설치하기

여러분의 시스템은 이미 파이썬 2+(또는 3+)와 pip(또는 pip3)가 설치돼 있다고 가정한다. 이와 같은 경우, 다음은 텐서플로를 설치하기 위한 단계다.

1. 다음과 같은 virtualenv 환경을 생성한다.

```
$ virtualenv --system-site-packages targetDirectory
```

targetDirectory는 virtualenv 트리의 루트다. 기본 설정값은 ~/tensorflow이다(그러나 여러분은 임의의 디렉터리를 선택할 수 있다).

2. virtualenv 환경을 다음과 같이 활성화한다.

```
$ source ~/tensorflow/bin/activate # bash, sh, ksh, or zsh
$ source ~/tensorflow/bin/activate.csh # csh or tcsh
```

위의 명령을 실행하면 여러분은 터미널에 다음과 같은 결과를 볼 수 있다.

```
(tensorflow)$
```

3. 텐서플로를 설치한다.

다음 명령 중에서 하나를 사용해 활성화 중인 virtualenv 환경에 텐서플로를 설치한다. CPU만 지원하는 파이썬 2.7의 경우에는 다음 명령을 사용한다.

```
(tensorflow)$ pip install --upgrade tensorflow
```

4. CPU만 지원하는 파이썬 3.x의 경우에는 다음 명령을 사용한다.

```
(tensorflow)$ pip3 install --upgrade tensorflow
```

5. GPU를 지원하는 파이썬 2.7의 경우에는 다음 명령을 사용한다.

```
tensorflow)$ pip install --upgrade tensorflow-gpu
```

6. GPU를 지원하는 파이썬 3.x의 경우에는 다음 명령을 사용한다.

```
(tensorflow)$ pip3 install --upgrade tensorflow-gpu
```

앞의 명령이 성공하면, 단계 5를 생략한다. 만약, 앞의 명령이 실패하면 단계 5를 실행한다.

단계 3이 실패하면, 다음 형식으로 명령문을 실행해 텐서플로를 활성화 중인 virtualenv 환경에 설치한다. 파이썬 2.7의 경우에는 CPU 또는 GPU를 지원하는 적합한 URL을 선택한다.

```
(tensorflow)$ pip install --upgrade TF_PYTHON_URL
```

파이썬 3.x에 대해 CPU 또는 GPU를 지원하는 적합한 URL을 선택한다.

```
(tensorflow)$ pip3 install --upgrade TF_PYTHON_URL
```

CPU/GPU를 지원하는 파이썬 2.7에 대해 **TF_PYTHON_URL**의 적합한 값을 선택한다. 두 경우 모두 **TF_PYTHON_URL**은 다음 URL에서 제공되는 텐서플로 파이썬 패키지의 URL을 나타낸다(https://www.tensorflow.org/install/install_linux#the_url_of_the_tensorflow_python_package).

예를 들어 CPU만 지원하는 최신 버전(v1.0.1)을 설치하려면 다음 명령을 사용한다.

```
(tensorflow)$ pip3 install —upgrade
https://storage.googleapis.com/tensorflow/linux/cpu/tensorflow-1.0.1-cp34-cp34m-
linux_x86_64.whl
```

단계 3에서 설치를 확인하려면, 가상 환경을 활성화해야 한다. 만약, virtualenv 환경이 현재 활성화 단계가 아니라면, 다음 명령 중 하나를 실행한다.

```
$ source ~/tensorflow/bin/activate # bash, sh, ksh, or zsh
$ source ~/tensorflow/bin/activate.csh # csh or tcsh
```

텐서플로를 제거하려면, 간단히 생성한 트리를 제거하면 된다. 예를 들어 다음과 같다.

```
$ rm -r targetDirectory
```

▌ 윈도우에서 텐서플로 설치하기

리눅스 기반 시스템을 사용할 수 없다면 우분투Ubuntu를 가상 시스템에 설치해야 한다. VirtualBox라는 무료 응용 프로그램을 사용하면 윈도우에 가상 PC를 만들고 우분투를 설치할 수 있다. 텐서플로는 윈도우용 Python 3.5.x 버전만 지원한다. Python 3.5.x는 pip3 패키지 관리자와 함께 제공된다. 이 관리자는 텐서플로를 설치하는 데 사용할 프로그램이다. 텐서플로를 설치하려면 명령 프롬프트를 시작한 후 해당 터미널에서 적절한 pip3 install 명령을 실행한다. 텐서플로의 CPU 전용 버전을 설치하려면 다음 명령을 입력해야 한다.

```
C:\> pip3 install --upgrade tensorflow
```

텐서플로의 GPU 버전을 설치하려면 다음 명령을 입력해야 한다.

```
C:\> pip3 install --upgrade tensorflow-gpu
```

소스를 이용해 설치하기

Pip를 설치할 때는 텐서보드를 사용하는 데 문제가 발생할 수 있다. 자세한 내용은 https://github.com/tensorflow/tensorflow/issues/530을 참조한다.

다양한 문제 발생 가능성 때문에 소스를 이용해 직접 텐서플로를 설치할 것을 추천한다. 설치 과정은 다음과 같다.

1. 전체 텐서플로 저장소를 복사한다.

```
$git clone --recurse-submodules
https://github.com/tensorflow/tensorflow
```

2. 자동으로 소프트웨어 빌드와 테스트를 해주는 툴인 Bazel을 설치한다.

이제 텐서플로를 소스로부터 설치하려면, Bazel build 시스템이 여러분의 PC에 설치돼 있어야 한다. 미설치된 경우에는 다음 명령을 실행한다.

```
$ sudo apt-get install software-properties-common swig
$ sudo add-apt-repository ppa:webupd8team/java
$ sudo apt-get update
$ sudo apt-get install oracle-java8-installer
$ echo "deb http://storage.googleapis.com/bazel-apt stable jdk1.8" |
sudo tee /etc/apt/sources.list.d/bazel.list
$ curl https://storage.googleapis.com/bazel-apt/doc/apt-key.pub.gpg | sudo
apt-key add —
$ sudo apt-get update
$ sudo apt-get install bazel
```

플랫폼에 Bazel을 설치하는 방법(http://bazel.io/docs/install.html)에 대한 지침과 가이드에 따른다.

1. Bazel 인스톨러를 실행한다.

```
$ chmod +x bazel-version-installer-os.sh
```

2. 다음 명령을 실행한다.

```
$ ./bazel-version-installer-os.sh --user
```

3. 파이썬 종속 패키지를 설치한다.

```
$ sudo apt-get install python-numpy swig python-dev
```

4. 다음 명령을 이용해 설치옵션(GPU 또는 CPU)을 설정한다.

```
$ ./configure
```

5. bazel을 이용해 텐서플로 패키지를 생성한다.

```
$ bazel build -c opt //tensorflow/tools/pip_package:
$ build_pip_package
```

6. GPU 지원으로 빌드하려면 다음 명령을 사용한다.

```
$ bazel build -c opt --config=cuda
//tensorflow/tools/pip_package:build_pip_package
```

7. 마지막으로 텐서플로를 설치한다.

다음은 파이썬 버전별로 구분한 실행 코드다.

파이썬 2.7의 경우:

```
$ sudo pip install --upgrade /tmp/tensorflow_pkg/tensorflow-1.10.0-*.whl
```

파이썬 3.4의 경우:

```
$ sudo pip3 install --upgrade /tmp/tensorflow_pkg/tensorflow-1.10.0-*.whl
```

.whl 파일의 이름은 여러분의 플랫폼(OS)에 따라 다르다.

윈도우에 설치하기

리눅스 기반 시스템을 구할 수 없는 경우, 가상 머신에 우분투를 설치해야 한다. 버추얼 박스라는 무료 응용 프로그램을 사용해 윈도우상에 버추얼 PC를 생성한다. 그리고 cudnn-8.0-linux-x64-v5.1.tgz 파일 이후 버전의 우분투를 설치한다.

- 텐서플로 최신버전 설치하기(Nightly버전)

  최신버전은 다음과 같은 명령을 이용해 설치한다.

  $pip install tf-nightly

  $pip install tf-nightly-gpu

텐서플로 설치를 테스트하기

파이썬 터미널을 열고 다음 코드를 입력한다.

```
>>> import tensorflow as tf
>>> hello = tf.constant("hello TensorFlow!")
>>> sess=tf.Session()
```

설치를 확인하려면 다음 명령을 입력한다.

```
>>> print sess.run(hello)
```

설치가 잘됐다면, 다음과 같은 결과를 볼 수 있을 것이다.

```
Hello TensorFlow!
```

▌ 계산 그래프

신경망 훈련이나 두 정수의 합과 같은 계산을 실행할 때, 텐서플로는 내부적으로 데이터 흐름 그래프(또는 계산 그래프)를 사용해 계산을 표현한다.

이것은 다음과 같이 구성된 방향성이 있는 그래프 directed graph 다.

- 노드 집합, 각 노드는 계산을 표시한다.
- 방향성 있는 아크 집합, 각 아크는 계산을 실행하는 데이터를 표시한다.

텐서플로는 두 종류의 엣지 edge 를 갖는다.

- 일반 Normal: 이러한 종류의 엣지는 두 노드 간 데이터 구조의 캐리어 carrier 다. 1개 노드의 연산 결과는 또 다른 연산의 입력값이다. 두 노드를 연결하는 엣지는 값을 이동시킨다.
- 특수 Special: 엣지는 값을 이동시키지 않는다. 엣지는 두 노드 A와 B 간의 제어 종속 관계 control dependency 를 표현한다. 즉, 데이터 연산 관계 전에 A 연산이 종료돼야 노드 B가 실행된다.

텐서플로 실행은 최대 메모리 사용을 제어하는 방법으로, 이 밖의 다른 독립적인 연산 간 순서를 조정하기 위해 제어 종속 관계를 정의한다.

기본적으로 계산 그래프는 순서도와 같다. 다음은 간단한 계산을 위한 계산 그래프다.

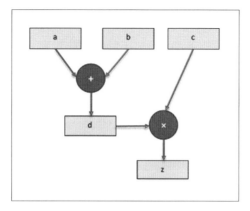

매우 간단한 실행 그래프

위 그림에서 그래프 내 여러 원들은 연산을 의미하고, 직사각형은 데이터를 의미한다.

▌ 왜 계산 그래프가 중요한가?

텐서플로의 또 다른 주요 아이디어는 지연된 실행deferred execution이다. 이것은 계산 그래프의 상태를 빌드하는 동안 여러분은 매우 복잡한 표현(고차원 구성)을 구성할 수 있도록 한다. 세션단계에서 해당 표현을 실행할 때, 텐서플로는 가장 효율적인 방법으로 실행을 스케줄링한다(예를 들어, GPU를 사용해 코드의 독립적인 부분을 병렬로 실행한다).

이와 같은 방법으로 만약 어떤 사람이 수많은 노드와 층을 포함한 복잡한 모델을 다뤄야 한다면 그래프는 계산 부하를 분산시키는 데 도움을 준다.

마지막으로, 신경망은 각 네트워크망을 함수로 표현할 수 있는 복합 함수에 비교할 수 있다.

다음 섹션에서는 이러한 고려사항을 설명한다. 이 섹션에서는 신경망을 구축하는 데 있어 계산 그래프의 역할을 설명한다.

계산 그래프로 신경망 표현하기

앞에서 설명한 그림의 순방향 신경망을 고려해보자. 예를 들어, XOR 게이트에 대한 모형을 표현해보자.

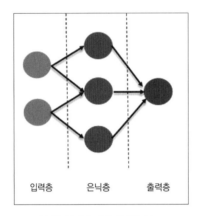

XOR 문제에 대한 신경망 구조

신경망을 구현하고 싶다면 다음 구조 표현은 가중치weight와 바이어스bias 벡터를 고려하지 않기 때문에 유용하지 않다. 가중치와 바이어스는 역전파 알고리즘을 실행하는 과정 중 훈련 단계에서 주요한 역할을 한다. 이러한 이유로 인해 데이터 관점에서 신경망을 계산 그래프로 표현하는 것은 편리하다.

설명을 위해 다음 그림을 살펴보자.

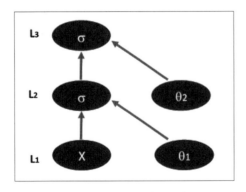

XOR 신경망 계산 그래프 구현

L3는 출력층, L2는 은닉층 그리고 L1은 입력층이다. 동일한 방법으로 θ2는 계층 2와 계층 3 간의 가중치이며, θ1은 계층 1과 계층 2간의 가중치다. σ는 시그모이드 연산으로, 이 노드 내에서 실행된다. 하지만 이 노드의 출력은 L 표기법, 즉 L1, L2 그리고 L3을 사용해 표시한다.

이 표현에서 각 노드는 단일 뉴런이 아닌 연산을 나타낸다. 반면, 화살표는 연결이 아니라 네트워트 간의 정보 흐름을 나타낸다.

이 계산 그래프는 우리에게 어떤 함수가 실행됐으며, 해당 함수의 입력이 무엇인지를 보여준다.

L2층의 함수는 2개의 입력값인 출력 L1층(벡터)과 가중치 벡터 θ1을 대상으로 연산을 실행한다. 반면, L2 및 L3 함수는 θ을 대상으로 연산을 실행할 수 있으며 결과는 최종 출력값이 된다.

이와 같은 고려 사항은 프로그래밍 모델인 텐서플로의 또 다른 독특한 특징이다.

▌ 프로그래밍 모델

텐서플로 프로그램은 일반적으로 3단계로 구분된다.

- 계산 그래프의 구성
- 그래프에 정의된 연산을 실행하는 세션 실행
- 결과 데이터 수집 및 분석

이와 같은 3단계로 텐서플로로 프로그래밍 모델을 정의한다.

다음과 같이 두 숫자를 곱하는 예제를 살펴보자.

```
import tensorflow as tf
with tf.Session( ) as session:
    x = tf.placeholder(tf.float32,[1],name="x")
```

```
y = tf.placeholder(tf.float32,[1],name="y")
z = tf.constant(2.0)
y = x * z
x_in=[1]
y_output=session.run(y,{x:x_in})
print(y_output)
```

간단한 연산임에도 텐서플로에서 많은 코드를 실행했다. 하지만 예제 코드를 이용해 가장 단순한 수준부터 복잡한 수준까지 모든 코드를 구조화하는 방법을 알아보는 차원에서 사용했음을 알아주기 바란다.

더욱이 예제 코드는 이 책에서 제공되는 다른 모든 예제에서 찾아볼 수 있는 몇 가지 기본 사항을 갖고 있다.

나머지 장에서는 파이썬 2.7에서 실행할 수 있는 모든 소스 코드를 제공한다. 파이썬 3.3+과 호환되는 소스 코드는 팩트출판사의 웹 사이트에서 다운로드할 수 있다.

첫 번째 행은 텐서플로 라이브러리를 tf로 가져오는 명령이다.

```
import tensorflow as tf
```

텐서플로 연산자는 tf, 점(.) 그리고 사용 대상 연산자의 이름으로 구성한다. 다음 행은 tf.Session( ) 명령을 사용해 객체 session을 구성한다.

```
with tf.Session( ) as session:
```

이 객체는 앞에서 설명한 연산에 해당하는 그래프를 포함한다. ㅋ예제에 대한 계산 그래프는 다음과 같다.

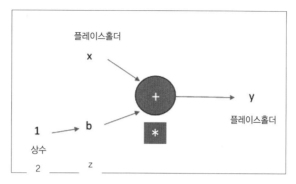

상수 1.0을 입력 배열 x에 곱하는 연산을 표현한 계산 그래프

다음 두 행은 플레이스홀더placeholder 개념을 이용해 변수 x 및 y를 정의한다. 플레이스홀더를 통해 입력 변수(예: 변수x)와 출력 변수(예: 변수 y)를 모두 정의할 수 있다.

```
x = tf.placeholder(tf.float32, [1], name='x')
y = tf.placeholder(tf.float32, [1], name='y')
```

따라서 플레이스홀더는 그래프 요소와 대상 데이터 간 인터페이스다. 데이터 없이 단순히 참조만 해 연산하고 계산 그래프를 작성할 수 있다.

플레이스홀더 함수를 통해 데이터나 텐서를 정의하려면 3개의 인수가 필요하다. 첫 번째 인수는 데이터 유형data type이고, 두 번째 인수는 플레이스홀더의 구조shape of placeholder로 위 예제에서는 1개의 항목을 갖는 일차원 텐서(https://www.tensorflow.org/versions/r0.8/api_docs/python/framework.html#Tensor)다. 세 번째 인수는 디버깅과 코드 분석용으로 사용되는 이름name이다.

다음 명령은 상수(=2.0)를 정의해 z에 배정한다.

```
z = tf.constant(2.0)
```

계산 모델을 사용할 수도 있다. 이 모델은 이전에 정의한 플레이스홀더 및 상수를 인수로 사용했다.

```
y = x * z
```

이 명령은 세션 내에서 x와 z를 곱한 데이터 구조를 만들고, 해당 연산 결과를 플레이스홀더 y에 배정한다.

다음 명령은 계산 모델을 정의한다. 우리 모델은 1개의 입력 x를 갖고 있으므로 계산된 플레이스홀더 x와 연결할 리스트 x_in을 만든다.

```
x_in = [1]
```

변수 x_in은 계산 중 값이 1이 되며, 플레이스홀더 x에 전달된다. 마지막으로 session.run 명령문을 실행해 해당 그래프를 실행한다.

```
y_output = session.run([y], {x: x_in})
```

첫 번째 인수는 연산할 그래프 요소의 목록이다. 두 번째 인수 {x : x_in}는 해당 인수를 계산하는 데 사용하는 값을 나타낸다.

session.run은 첫 번째 인수로 전달한 각 그래프 요소의 출력값을 y_output으로 반환한다. 이 값은 해당 요소의 계산값이다.

마지막 명령에서는 연산 결과를 출력한다.

```
print(y_output)
```

정의된 그래프 요소는 session.run( )이 실행될 때만 처리된다는 것을 기억하자.

플레이스홀더 x는 매우 크고 복잡한 값을 조작할 수 있으므로 플레이스홀더 x와 연관될 목록 x_in을 생성한다.

▌ 데이터 모델

텐서플로의 데이터 모델은 텐서tensors로 표시한다. 복잡한 수학 정의를 사용하지 않는다면, 텐서플로의 텐서는 다차원 숫자 배열과 같다고 할 수 있다.

이 데이터 구조는 랭크Rank, 구조Shape, 데이터 유형Type의 세 가지 파라미터로 설정할 수 있다.

랭크

각 텐서는 랭크라는 차원의 단위로 표시한다. 이 때문에 랭크는 텐서의 차수 또는 n−차원이라 한다. 랭크 0 텐서는 스칼라, 랭크 1 텐서는 벡터, 랭크 2 텐서는 행렬이 된다.

다음 코드는 텐서플로 스칼라, 벡터, 행렬 및 cube_matrix를 정의한다. 다음 예제는 랭크가 어떻게 작동하는지 보여준다.

```
import tensorflow as tf

scalar = tf.constant(100)
vector = tf.constant([1, 2, 3, 4, 5])
matrix = tf.constant([[1, 2, 3], [4, 5, 6]])
cube_matrix = tf.constant([[[1], [2], [3]], [[4], [5], [6]], [[7], [8], [9]]])

print(scalar.get_shape())
print(vector.get_shape())
print(matrix.get_shape())
print(cube_matrix.get_shape())
```

결과는 다음과 같다.

```
( )
(5, )
(2, 3)
(3, 3, 1)
```

구조

텐서의 구조는 행과 열의 수다. 텐서의 랭크에 구조를 연관시키는 방법을 살펴본다.

```
>>scalar.get_shape()
TensorShape([])

>>vector.get_shape()
TensorShape([Dimension(5)])

>>matrix.get_shape()
TensorShape([Dimension(2), Dimension(3)])

>>cube_matrix.get_shape()
TensorShape([Dimension(3), Dimension(3), Dimension(1)])
```

데이터 유형

랭크와 구조 외에도 텐서는 데이터 유형을 갖고 있다. 다음은 데이터 유형Data Types의 목록이다.

데이터 유형	파이썬 유형	설명
DT_FLOAT	tf.float32	32비트 부동소수점
DT_DOUBLE	tf.float64	64비트 부동소수점

DT_INT8	tf.int8	8비트 부호 있는 정수
DN_INT16	tf.int16	16비트 부호 있는 정수
DT_INT32	tf.int32	32비트 부호 있는 정수
DT_INT64	tf.int64	64비트 부호 있는 정수
DT_UINT8	tf.unit8	8비트 부호 없는 정수
DT_STRING	tf.string	변수 길이 바이트 배열임, 텐서의 각 요소는 바이트 배열임.
DT_BOOL	tf.bool	불린(Boolean)
DT_COMPLEX64	tf.complex64	32비트 부동 소수점 2개로 구성된 복소수, 실수와 허수부로 구분함.
DT_COMPLEX128	tf.complex 128	2개의 64비트 부동 소수점으로 구성된 복소수, 실수와 허수부로 구분함.
DT_QINT8	tf.qint8	양자화된 연산에 사용된 8비트 부호가 있는 정수
DT_QINT32	tf.qint32	양자화된 연산에 사용된 32비트 부호가 있는 정수
DT_QUINT8	tf.quint8	양자화된 연산에 사용된 8비트 부호가 없는 정수

위의 표는 자체 설명을 할 수 있으므로 데이터 유형에 대한 세부 정보는 제공하지 않았다. 텐서플로 API는 NumPy 배열과의 데이터를 관리하기 위해 구현한다.

상수값을 갖는 텐서를 만들려면 NumPy 배열을 tf.constant( ) 연산자에 전달한다. 결과는 해당 값을 갖는 텐서플로 텐서가 된다.

```
import tensorflow as tf
import numpy as np

tensor_1d = np.array([1, 2, 3, 4, 5, 6, 7, 8, 9, 10])
tensor_1d = tf.constant(tensor_1d)
with tf.Session() as sess:
    print(tensor_1d.get_shape())
    print(sess.run(tensor_1d))
```

예제를 실행하면 다음과 같은 결과를 얻는다.

```
(10,)
[ 1  2  3  4  5  6  7  8  9 10]
```

변숫값을 가진 텐서를 만들기 위해서는 NumPy 배열을 사용해 tf.Variable 생성자에 전달하면 된다. 이렇게 전달받은 초깃값은 텐서플로 변수가 된다.

```
import tensorflow as tf
import numpy as np

tensor_2d = np.array([(1, 2, 3), (4, 5, 6), (7, 8, 9)])
tensor_2d = tf.Variable(tensor_2d)
with tf.Session() as sess:
    sess.run(tf.global_variables_initializer())
    print(tensor_2d.get_shape())
    print(sess.run(tensor_2d))
```

결과는 다음과 같다.

```
(3, 3)
[[1 2 3]
 [4 5 6]
 [7 8 9]]
```

대화식 파이썬 환경에서의 사용을 쉽게 하기 위해 InteractiveSession 클래스(https://www.tensorflow.org/versions/r0.10/api_docs/python/client/#InteractiveSession)를 사용하고 모든 Tensor.eval()과 Operation.run() 호출을 위해 해당 세션을 사용할 수 있다.

```
import tensorflow as tf
import numpy as np

interactive_session = tf.InteractiveSession()
tensor = np.array([1, 2, 3, 4, 5])
tensor = tf.constant(tensor)
print(tensor.eval())
interactive_session.close()
```

결과는 다음과 같다.

```
[1 2 3 4 5]
```

셸이나 IPython Notebook과 같은 대화식 명령 입력 설정에서 Session 객체를 어디든 전달하는 것이 지루할 때 상대적으로 수월하게 사용할 수 있다.

텐서를 정의하기 위한 또 다른 방법에는 텐서플로 명령인 tf.convert_to_tensor도 있다.

```
import tensorflow as tf
import numpy as np

tensor_3d = np.array([[[ 0,  1,  2],[ 3,  4,  5],[ 6,  7,  8]],
                      [[ 9, 10, 11],[12, 13, 14],[15, 16, 17]],
                      [[18, 19, 20],[21, 22, 23],[24, 25, 26]]])

tensor_3d = tf.convert_to_tensor(tensor_3d, dtype=tf.float64)
with tf.Session() as sess:
    print(tensor_3d.get_shape())
    print(sess.run(tensor_3d))
```

결과는 다음과 같다.

```
(3, 3, 3)
[[[ 0.  1.  2.]
  [ 3.  4.  5.]
  [ 6.  7.  8.]]

 [[ 9. 10. 11.]
  [12. 13. 14.]
  [15. 16. 17.]]

 [[18. 19. 20.]
  [21. 22. 23.]
  [24. 25. 26.]]]
```

변수

변수는 파라미터를 보유하고 업데이트하는 텐서플로 객체다. 변수는 초기화해야 한다. 또한 코드를 저장하고 복원해 코드를 분석할 수 있다.

변수는 tf.Variable( )문으로 작성한다.

다음 예제는 1에서 10까지의 수를 출력한다.

```
import tensorflow as tf
```

스칼라 값을 0으로 초기화할 변수를 만든다.

```
value = tf.Variable(0, name="value")
```

assign( ) 및 add( ) 연산자는 계산 그래프의 노드일 뿐이므로 세션이 실행될 때까지 값을 배정assignment하지 않는다.

```
one = tf.constant(1)
new_value = tf.add(value, one)
update_value = tf.assign(value, new_value)

initialize_var = tf.global_variables_initializer()
```

계산 그래프를 초기화할 수 있다.

```
with tf.Session() as sess:
    sess.run(initialize_var)
    print(sess.run(value))
    for _ in range(10):
        sess.run(update_value)
        print(sess.run(value))
```

텐서 객체는 연산 결과에 대한 부호 핸들이지만, 실제로는 연산 출력값을 갖고 있지 않다.

```
0
1
2
3
4
5
6
7
8
9
10
```

 일반적으로 통계 모델의 파라미터를 변수의 집합으로 나타낸다. 예를 들어, 신경망의 가중치를 변수에 텐서 구조로 저장한다. 훈련 단계에서 훈련 그래프를 반복적으로 실행해 해당 텐서를 업데이트한다.

텐서 가져오기

연산결과 가져오기^{fetches}를 실행하려면 Session 객체에서 run( ) 함수를 호출해 그래프를
실행하고 해당 텐서를 전달한다. 1개의 텐서 노드를 가져오는 것 외에도 여러 개의 텐서
를 가져올 수도 있다. 다음 예제에서는 run( ) 호출을 사용해 sum_ 및 mul_ tensors를 모
두 가져온다.

```
import tensorflow as tf

constant_A = tf.constant([100.0])
constant_B = tf.constant([300.0])
constant_C = tf.constant([3.0])

sum_ = tf.add(constant_A, constant_B)
mul_ = tf.multiply(constant_A, constant_C)

with tf.Session() as sess:
    result = sess.run([sum_, mul_])
    print(result)
```

결과는 다음과 같다.

```
[array([400.], dtype=float32), array([300.], dtype=float32)]
```

텐서 값을 생성하는 데 필요한 모든 연산은 한 번 실행된다. 텐서별로 한 번이 아니다.

피드

텐서를 그래프 노드에 패치하기 위해 피드^{Feeds} 메커니즘이 제공된다. 일시적으로 연산 출
력을 텐서 값으로 대체한다. 피드는 feed_dict 파라미터를 사용해 전달된 실행 호출에만
사용된다. 가장 일반적인 사용 사례는 tf.placeholder( )를 사용해 특정 연산으로 피드 연

산이 실행되도록 지정하는 것이다.

다음 예제는 임의의 3*2 행렬을 만들기 위해 데이터를 제공하는 방법이다.

```
import tensorflow as tf
import numpy as np

a = 3
b = 2

x = tf.placeholder(tf.float32, shape=(a, b))
y = tf.add(x, x)

data = np.random.rand(a, b)

sess = tf.Session()

print(sess.run(y,feed_dict={x: data}))
```

결과는 다음과 같다.

```
[[1.7597444  1.368224  ]
 [0.56452113 0.74353635]
 [0.53508675 1.0511423 ]]
```

▌ 텐서보드

신경망을 훈련시킬 때 네트워크 파라미터인 노드의 입출력을 추적하는 것이 좋다. 즉, 여러분의 모델이 각 훈련 단계 후에 오차 함수가 최소화됐는지 여부를 검증하는 것과 같은 학습 진행 여부를 확인해볼 수 있다. 물론, 학습 과정에서 네트워크의 동작 상태를 표시하는 코드를 작성하는 것은 쉽지 않다.

텐서보드의 설치는 매우 간단하다. 터미널(Python 2.7 이상 버전, 우분투 리눅스)에서 다음 명령을 실행하면 된다.

$ sudo pip install tensorboard

텐서플로는 다행스럽게도 신경망 모델을 분석하고 디버깅하기 위한 프레임워크인 텐서보드를 제공한다. 텐서보드는 요약summary을 사용해 모델의 파라미터를 보여준다. 텐서플로 코드가 실행되면 텐서보드를 호출해 그래픽 사용자 인터페이스GUI에서 요약 내용을 볼수 있다.

또한 텐서보드를 사용해 텐서플로의 계산 그래프를 표시하고 연구할 수 있다. 딥 신경망의 경우, 해당 그래프는 매우 복잡할 수도 있다.

텐서보드는 어떻게 작동하는가?

텐서플로는 계산 그래프를 사용해 응용 프로그램을 실행한다. 이 경우 각 노드node는 연산이고, 호arc는 연산 사이의 데이터다. 텐서보드는 요약 정보를 그래프의 노드(연산)와 연관시켜 표현한 것이다.

코드를 실행하면 요약 작업에서 텐서보드가 읽을 수 있는 파일에 연결된 데이터를 처리하고 데이터를 출력한다.

다음으로 텐서보드를 실행하고 요약 연산을 시각화할 수 있다. 텐서보드를 사용할 때의 작업 흐름은 다음과 같다.

- 계산 그래프 / 코드를 작성한다.
- 조사할 노드에 요약 작업을 수행한다.
- 그래프를 정상적으로 실행한다.
- 요약 작업summary ops을 실행한다.
- 코드 실행이 끝나면 텐서보드를 실행한다.
- 요약 출력 결과를 가시화한다.

마지막 섹션에서는 이전에 설명한 모든 아이디어를 결합해 단일 입력 뉴런 모델을 빌드하며 텐서보드로 분석한다.

▌ 단일 입력 뉴런 구현하기

이 예제에서는 텐서플로 및 텐서보드의 주요 개념을 자세히 살펴보고, 기본적인 연산을 수행해본다. 구현 모델은 단일 뉴런을 시뮬레이트한다. 다음 다이어그램을 참조하자.

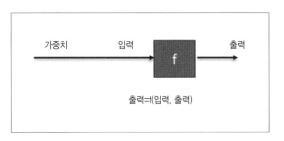

단일 입력 뉴런을 나타내는 스키마

입력과 가중치의 곱이 출력된다.

앞의 스키마는 다음과 같이 구성된다.

- 입력값: 뉴런을 자극한다.
- 단일 가중치: 입력을 곱해 뉴런의 출력을 제공하며, 가중치값은 훈련 과정 중에 다양하게 변동한다.
- 출력: 입력 x 가중치로 표시되며, 뉴런은 주어진 기댓값에 근사하는 출력값을 언제 발행할지를 학습한다.
- 이 요소들만으로 모델을 정의하기에 충분하다. 입력값은 뉴런에 대한 자극을 나타낸다. 즉, 텐서플로 연산자로 정의되는 상수인 tf.constant이다.

다음과 같이 부동 소수점 값 0.5인 input_value를 정의한다.

```
input_value = tf.constant(0.5,name="input_value")
```

가중치는 개별 뉴런에 전달되는 입력값이다. 네트워크의 훈련 단계에서 달라지므로 텐서플로 변수로 식별된다.

```
weight = tf.Variable(1.0,name="weight")
```

시작 가중치는 1.0 부동 소수점이다.

기댓값expected value은 네트워크 학습 단계 후에 출력으로 기대되는 값이다. 이 값은 텐서플로 상수가 된다.

```
expected_output = tf.constant(0.0,name="expected_output")
```

앞에서 배정한 기댓값은 0.0이다.

계산하려는 모델이나 출력은 다음과 같은 가중치×입력값이다.

```
model = tf.multiply(input_value,weight, "model")
```

마지막으로, 뉴런의 입력과 출력을 정의했으나 근본적인 측면은 여전히 빠져 있다. "1장, 딥러닝 시작하기"에서 살펴봤듯이 뉴런에 학습 방법을 알려야 한다. 학습 단계는 두 가지 핵심 요소의 정의가 필요하다.

가장 먼저 메트릭metric을 정의한다. 메트릭은 얻은 값이 기댓값과 다른지를 계산한다. 즉, 손실 함수loss function다. 형식적으로는 모델에 의한 출력과 예상값 차이의 제곱이다.

```
loss_function = tf.pow(expected_output - model, 2, name="loss_function")
```

손실 함수만으로는 충분하지 않다. 손실 함수를 최적화하거나 뉴런의 훈련 단계에서 그 값을 최적화하거나 최소화하는 방법을 찾아야 한다.

텐서플로에는 몇 가지 최적화 함수가 있다. 이 예제에서는 "1장, 딥러닝 시작하기"에서 설명한 가장 일반적인 최적화 함수인 경사 하강gradient descent 방법을 사용한다. 기울기gradient 최적화를 위한 텐서플로 함수는 tf.train.GradientDescentOptimizer이다.

```
optimizer = tf.train.GradientDescentOptimizer(0.025).minimize(loss_function)
```

이 함수의 인수는 learning_rate 변수이며, 앞의 코드에서 0.025이다.

이제 단일 뉴런 입력에 대한 모델을 구축하는 데 필요한 모든 것을 정의했다.

그러나 예제는 텐서보드 실습에서 사용하는 방법을 보여주고자 한다. 요약의 정의는 표시하고자 하는 파라미터를 정의하는 예비 설정 단계다.

```
for value in [input_value, weight, expected_output, model, loss_function]:
    tf.summary.scalar(value.op.name, value)
```

표시할 값은 tf.scalar_summary 함수에 전달된다. 이 함수는 다음 두 인수를 제공한다.

- value.op.name: summary에 대한 태그다.
- value: 실제 숫자 텐서다. 이는 summary 값이다.

tf.scalar_summary 변수는 스칼라 값을 갖는 summary 프로토콜 버퍼를 출력한다. 다음으로 계산 그래프에서 수집한 모든 summary를 병합한다.

```
summaries = tf.summary.merge_all()
```

그래프를 실행하려면 Session을 만들어야 한다.

```
sess = tf.Session()
```

이제 요약 프로토콜 버퍼를 filelog_simple_stats 이벤트에 쓰는 SummaryWriter를 만든다.

```
summary_writer = tf.summary.FileWriter('log_simple_stats',sess.graph)
```

SummaryWriter 클래스는 각 디렉터리에 이벤트 파일을 만들고 요약 및 이벤트를 추가하는 메커니즘을 제공한다. 이 클래스는 파일 내용을 비동기적으로 업데이트한다. 이를 통해 훈련 프로그램은 훈련 속도를 저하시키지 않으면서 훈련 루프에서 직접 파일에 데이터를 추가하는 방법을 호출할 수 있다. 이제 모델을 실행할 수 있다.

```
sess.run(tf.global_variables_initializer())
```

summary_writer 파라미터에 정의된 파라미터를 모니터링하는 100개의 시뮬레이션 단계를 수행한다.

```
for i in range(100):
    summary_writer.add_summary(sess.run(summaries), i)
    sess.run(optimizer)
```

코드를 실행하면 텐서보드로 만든 로그 파일을 볼 수 있다. 텐서보드를 실행하는 방법은 매우 간단하다. 터미널을 열고 콘솔에서 다음 명령을 입력한다.

$tensorboard --logdir= log_simple_stats

실행에 문제가 없다면 다음과 같은 메시지가 출력된다.

starting tensorboard on port 6006

웹브라우저로 localhost:6006에 접속하면 텐서보드를 사용할 수 있다.

텐서보드의 오프닝 페이지는 다음 그림과 같다.

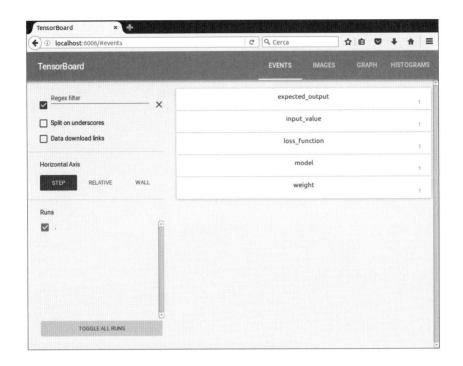

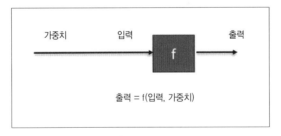

출력 = f(입력, 가중치)

텐서보드 오프닝 페이지

이벤트 데이터도 시각화할 수 있다. 예를 들어, 다음과 같은 데이터 객체를 시각화할 수 있다.

- 출력값(expected_output)
- 입력값(input_value)
- 손실함수(loss_function)

- 모델model

- 가중치Weight

다음 그림은 반복 훈련 횟수에 대한 뉴런의 출력을 보여준다.

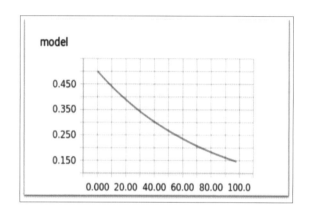

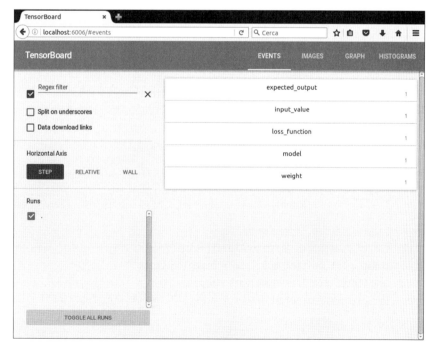

모델 출력에 대한 텐서보드 가시화

GRAPH 탭을 클릭하면, 보조 노드로 계산 그래프를 볼 수 있다.

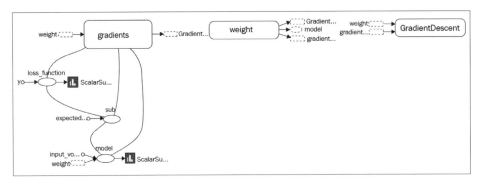

단일 입력 뉴런에 대한 계산 그래프

Events 탭에서 모델model과 손실함수loss_function 데이터를 볼 수 있다. 예를 들어, 모델에서
expected_value나 input_value를 변경하는 것과 같이 서로 다른 값으로 몇 가지 실행을
표시하기 원한다면, 해당 스크립트를 여러 번 실행한 후 해당 로그 파일을 몇 개의 폴더에
저장하고, 여러 폴더에서 로그파일을 읽는 텐서보드 읽기를 시작할 수 있다.

▌ 단일 입력 뉴런에 대한 소스 코드

앞에서 설명한 예제에 대한 전체 소스 코드는 다음과 같다.

```
import tensorflow as tf

weight = tf.Variable(1.0, name="weight")
input_value = tf.constant(0.5, name="input_value")
expected_output = tf.constant(0.0, name="expected_output")
model = tf.multiply(input_value,weight, "model")
loss_function = tf.pow(expected_output - model, 2, name="loss_function")

optimizer = tf.train.GradientDescentOptimizer(0.025).minimize(loss_function)
```

```python
for value in [input_value, weight, expected_output, model, loss_function]:
    tf.summary.scalar(value.op.name, value)

summaries = tf.summary.merge_all()
sess = tf.Session()

summary_writer = tf.summary.FileWriter('log_simple_stats', sess.graph)

sess.run(tf.global_variables_initializer())

for i in range(100):
    summary_writer.add_summary(sess.run(summaries), i)
    sess.run(optimizer)
```

▌ 텐서플로 1.x로 마이그레이션

텐서플로 1.0의 최신 릴리스는 이전 버전의 코드를 모두 재사용할 수 없도록 일부 내용을 변경했다. 즉, 텐서플로 0.x에서 개발된 응용 프로그램이 텐서플로 1.x에서 문제 없이 작동하지 않는다. 따라서 0.x 버전의 코드를 1.x 버전으로 변경하려면 업그레이드 스크립트를 사용하거나 수작업으로 수정해야 한다.

업그레이드 스크립트를 사용하는 방법

0.x 코드를 1.x(또는 그 이상)에서 작동할 수 있도록 업그레이드하려면 tf_upgrade.py 스크립트를 사용한다. 이 스크립트는 깃허브(https://github.com/tensorflow/tensorflow/tree/master/tensorflow/tools/compatibility)에서 다운로드할 수 있다. 0.x 텐서플로 소스 파일을 1.x 이상으로 변환하려면 다음 명령을 실행해야 한다.

Python 2.7의 경우 다음과 같다.

```
$ python tf_upgrade.py --infile InputFile --outfile OutputFile
```

Python 3.3 이상의 경우 다음과 같다.

```
$ python3 tf_upgrade.py --infile InputFile --outfile OutputFile
```

예를 들어, 파이썬 2.7에서 텐서플로 0.x 버전의 five_layers_relu.py라는 스크립트가 있다고 가정해보자.

```python
import mnist_data
import tensorflow as tf
import math
logs_path = 'log_simple_stats_5_layers_relu_softmax'
batch_size = 100
learning_rate = 0.5
training_epochs = 10
mnist = mnist_data.read_data_sets("data")
X = tf.placeholder(tf.float32, [None, 28, 28, 1])
Y_ = tf.placeholder(tf.float32, [None, 10])
lr = tf.placeholder(tf.float32)
L = 200
M = 100
N = 60
O = 30
W1 = tf.Variable(tf.truncated_normal([784, L], stddev=0.1))
B1 = tf.Variable(tf.ones([L])/10)
W2 = tf.Variable(tf.truncated_normal([L, M], stddev=0.1))
B2 = tf.Variable(tf.ones([M])/10)
W3 = tf.Variable(tf.truncated_normal([M, N], stddev=0.1))
B3 = tf.Variable(tf.ones([N])/10)
W4 = tf.Variable(tf.truncated_normal([N, O], stddev=0.1))
B4 = tf.Variable(tf.ones([O])/10)
```

```
W5 = tf.Variable(tf.truncated_normal([0, 10], stddev=0.1))
B5 = tf.Variable(tf.zeros([10]))

XX = tf.reshape(X, [-1, 784])
Y1 = tf.nn.relu(tf.matmul(XX, W1) + B1)
Y2 = tf.nn.relu(tf.matmul(Y1, W2) + B2)
Y3 = tf.nn.relu(tf.matmul(Y2, W3) + B3)
Y4 = tf.nn.relu(tf.matmul(Y3, W4) + B4)
Ylogits = tf.matmul(Y4, W5) + B5
Y = tf.nn.softmax(Ylogits)
cross_entropy = tf.nn.softmax_cross_entropy_with_logits_v2(Ylogits, Y_)
cross_entropy = tf.reduce_mean(cross_entropy)*100

correct_prediction = tf.equal(tf.argmax(Y, 1), tf.argmax(Y_, 1))
accuracy = tf.reduce_mean(tf.cast(correct_prediction, tf.float32))
train_step = tf.train.AdamOptimizer(lr).minimize(cross_entropy)
tf.scalar_summary("cost", cross_entropy)
tf.scalar_summary("accuracy", accuracy)
summary_op = tf.merge_all_summaries()
init = tf.initialize_all_variables()
sess = tf.Session()
sess.run(init)
with tf.Session() as sess:
    sess.run(tf.initialize_all_variables())
    writer = tf.train.SummaryWriter(logs_path, graph=tf.get_default_graph())
    for epoch in range(training_epochs):
        batch_count = int(mnist.train.num_examples/batch_size)
        for i in range(batch_count):
            batch_x, batch_y = mnist.train.next_batch(batch_size)
            max_learning_rate = 0.003
            min_learning_rate = 0.0001
            decay_speed = 2000
            learning_rate = min_learning_rate+\
                    (max_learning_rate - min_learning_rate)\
                    * math.exp(-i/decay_speed)
            _, summary = sess.run([train_step, summary_op],\
                    {X: batch_x, Y_: batch_y, lr:learning_rate})
            writer.add_summary(summary,epoch * batch_count + i)
```

```
    #if epoch % 2 == 0:
        print "Epoch: ", epoch
    print "Accuracy: ", accuracy.eval (feed_dict={X: mnist.test.images, Y_:
mnist.test.labels})
    print "done"
```

0.x 버전의 텐서플로 프로그램인 five_layers_relu.py을 업그레이드하려면 다음 명령을 실행해야 한다.

```
five_layers_relu.py to a 1.x TensorFlow program named
five_layers_relu_1.py:
$ python tf_upgrade.py --infile five_layers_relu.py —outfile
five_layers_relu_1.py
```

컴파일 오류가 없으면 tf_upgrade.py 스크립트는 스크립트가 있는 위치에 report.txt라는 파일을 생성한다. 물론 업그레이드한 스크립트(즉, five_layers_relu_1.py)는 현재 작업 디렉터리에 저장된다. 파일 report.txt는 변경 사항이 적용된 것과 수동으로 변경해야 하는 사항에 대한 추가 제안 사항을 제공한다. 이제 report.txt 파일 내용을 살펴보자.

```
$ cat report.txt
```

```
asif@ubuntu:~$ cat report.txt
--------------------------------------------------------------------------
Processing file 'five_layers_relu.py'
outputting to 'five_layers_relu_1.py'
--------------------------------------------------------------------------
'five_layers_relu.py' Line 64
--------------------------------------------------------------------------
Renamed function 'tf.initialize_all_variables' to 'tf.global_variables_initializer'
    Old:      sess.run(tf.initialize_all_variables())
    New:      sess.run(tf.global_variables_initializer())
                      ~~~~~~~~~~~~~~~~~~~~~~~~~~~~~
'five_layers_relu.py' Line 65
--------------------------------------------------------------------------
Renamed function 'tf.train.SummaryWriter' to 'tf.summary.FileWriter'
    Old:      writer = tf.train.SummaryWriter(logs_path, \
    New:      writer = tf.summary.FileWriter(logs_path, \

'five_layers_relu.py' Line 45
--------------------------------------------------------------------------
Added keyword 'logits' to reordered function 'tf.nn.softmax_cross_entropy_with_logits'
Added keyword 'labels' to reordered function 'tf.nn.softmax_cross_entropy_with_logits'
    Old: cross_entropy = tf.nn.softmax_cross_entropy_with_logits(Ylogits, Y_)
    New: cross_entropy = tf.nn.softmax_cross_entropy_with_logits(logits=Ylogits, labels=Y_)
                                                                 ~~~~~~~           ~~~~~~~
'five_layers_relu.py' Line 55
--------------------------------------------------------------------------
Renamed function 'tf.scalar_summary' to 'tf.summary.scalar'
    Old: tf.scalar_summary("cost", cross_entropy)
    New: tf.summary.scalar("cost", cross_entropy)
            ~~~~~~~~~~~~~~
'five_layers_relu.py' Line 56
--------------------------------------------------------------------------
Renamed function 'tf.scalar_summary' to 'tf.summary.scalar'
    Old: tf.scalar_summary("accuracy", accuracy)
    New: tf.summary.scalar("accuracy", accuracy)
            ~~~~~~~~~~~~~~
'five_layers_relu.py' Line 57
--------------------------------------------------------------------------
Renamed function 'tf.merge_all_summaries' to 'tf.summary.merge_all'
    Old: summary_op = tf.merge_all_summaries()
    New: summary_op = tf.summary.merge_all()
                         ~~~~~~~~~~~~~~~~~~
'five_layers_relu.py' Line 59
--------------------------------------------------------------------------
Renamed function 'tf.initialize_all_variables' to 'tf.global_variables_initializer'
    Old: init = tf.initialize_all_variables()
    New: init = tf.global_variables_initializer()
```

report.txt에 작성된 tf_upgrade.py 스크립트의 변경 사항

따라서 앞의 제안에 따라 결과 five_layers_relu_1.py 파일의 내용을 보면, 다음과 같이
변경 사항을 볼 수 있다(빨간색으로 강조 표시).

```
cross_entropy = tf.nn.softmax cross_entropy_with_logits(logits=Ylogits, labels=Y_)
cross_entropy = tf.reduce_mean(cross_entropy)*100

correct_prediction = tf.equal(tf.argmax(Y, 1), tf.argmax(Y_, 1))
accuracy = tf.reduce_mean(tf.cast(correct_prediction, tf.float32))

train_step = tf.train.AdamOptimizer(lr).minimize(cross_entropy)

tf.summary.scalar("cost", cross_entropy)
tf.summary.scalar("accuracy", accuracy)
summary_op = tf.summary.merge_all(

init = tf.global_variables_initializer()
sess = tf.Session()
sess.run(init)

with tf.Session() as sess:
    sess.run(tf.global_variables_initializer()
    writer = tf.summary.FileWriter(logs_path,
                         graph=tf.get_default_graph())
    for epoch in range(training_epochs):
        batch_count = int(mnist.train.num_examples/batch_size)
        for i in range(batch_count):
            batch_x, batch_y = mnist.train.next_batch(batch_size)
            max_learning_rate = 0.003
            min_learning_rate = 0.0001
            decay_speed = 2000
            learning_rate = min_learning_rate+\
                            (max_learning_rate - min_learning_rate)\
                            * math.exp(-i/decay_speed)
            _, summary = sess.run([train_step, summary_op],\
                            {X: batch_x, Y_: batch_y,\
                             lr: learning_rate})
            writer.add_summary(summary,\
                            epoch * batch_count + i)
        #if epoch % 2 == 0:
        print "Epoch: ", epoch

    print "Accuracy: ", accuracy.eval\
        (feed_dict={X: mnist.test.images, Y_: mnist.test.labels})
    print "done"
```

업그레이드 파일의 변경 사항

Python 3.3+의 경우, sample.py 파일의 print 명령문을 변경하고 업그레이드 스크립트를 실행해야 한다.

0.x호환 소스 코드가 포함된 전체 디렉터리를 1.x로 업그레이드하려면 다음 명령을 실행한다.

```
$ python tf_upgrade.py --intree InputDir --outtree OutputDir
```

제안

tf_upgrade.py 스크립트에는 몇 가지 제한이 있다. 예를 들어, tf.reverse()의 모든 인 스턴스를 수작업으로 수정해야 한다. 이 작업은 tf_upgrade.py 스크립트가 report.txt 파일에서 tf.reverse()에 대해 경고할 것이기 때문에 그리 어렵지 않다. 재정렬된 인수 의 경우, tf_upgrade.py는 코드를 최소 형식으로 다시 작성하려고 시도한다. 그러나 실 제 인수 순서는 자동으로 변경할 수 없다. 또 다른 예를 들면, tf.get_variable_scope(). reuse_variables()와 같은 구문은 작동하지 않을 가능성이 높다. 따라서 해당 행을 삭제 하고 다음과 같이 변경하는 것이 좋다.

```
tf.variable_scope(tf.get_variable_scope(), reuse=True).
```

수작업 코드 업그레이드 방법

이전 섹션에서 설명한 것처럼 tf_upgrade.py 스크립트에는 많은 제한이 있다. 따라서 스 크립트를 실행하는 대신 수작업으로 코드를 업그레이드할 수도 있다. 이 섹션에서는 텐서 플로 1.x를 기준으로 이전 버전과 호환되지 않는 모든 변경 사항 목록을 설명한다.

업그레이드 스크립트를 사용하지 않는다면, 코드를 수작업으로 업데이트해야 한다. 수작업으로 업데이트하려면 텐서플로의 웹 사이트(https://www.tensorflow.org/install/ migration)를 참조한다.

변수

최신 텐서플로 릴리스에서는 가변 함수가 보다 일관성을 갖도록 했다. 다음은 수작업으로 수정해야 하는 몇 가지 제안 사항이다.

- tf.VARIABLES의 이름을 tf.GLOBAL_VARIABLES로 변경해야 한다.

- tf.all_variables의 이름을 tf.global_variables로 변경해야 한다.

- tf.initialize_all_variables의 이름을 tf.global_variables_initializer으로 변경해야 한다.

- tf.initialize_local_variables의 이름을 tf.local_variables_initializer으로 변경해야 한다.

- tf.initialize_variables의 이름을 tf.variables_initializer으로 변경해야 한다.

요약 합수

최신 텐서플로 릴리스에서는 요약 기능이 tf.summary 네임스페이스^{namespace} 아래로 통합됐다. 다음은 수작업으로 수행해야 하는 몇 가지 제안 사항이다.

---

tf.audio_summary의 이름을 tf.summary.audio로 변경해야 한다.

tf.contrib.deprecated.histogram_summary의 이름을 tf.summary.histogram로 변경해야 한다.

tf.contrib.deprecated.scalar_summary의 이름을 tf.summary.scalar로 변경해야 한다.

tf.histogram_summary의 이름을 tf.summary.histogram으로 변경해야 한다.

tf.image_summary의 이름을 tf.summary.image로 변경해야 한다.

tf.merge_all_summaries의 이름을 tf.summary.merge_all로 변경해야 한다.

tf.merge_summary의 이름을 tf.summary.merge로 변경해야 한다.

tf.scalar_summary의 이름을 tf.summary.scalar로 변경해야 한다.

tf.train.SummaryWriter의 이름을 tf.summary.FileWriter로 변경해야 한다.

단순화한 수학 변형

최신 텐서플로 릴리스에서 일괄 처리된 수학 연산 버전이 제거됐다. 이제 이 기능은 일괄 처리하지 않는 버전에 포함된다. 다음은 수작업으로 적용해야 하는 몇 가지 제안 사항이다.

---

tf.batch_band_part의 이름을 tf.band_part로 변경해야 한다.

tf.batch_cholesky의 이름을 tf.cholesky로 변경해야 한다.

tf.batch_cholesky_solve의 이름을 tf.cholesky_solve로 변경해야 한다.

tf.batch_fft의 이름을 tf.fft로 변경해야 한다.

tf.batch_fft3d의 이름을 tf.fft3d로 변경해야 한다.

tf.batch_ifft의 이름을 tf.ifft로 변경해야 한다.

tf.batch_ifft2d의 이름을 tf.ifft2d로 변경해야 한다.

tf.batch_ifft3d의 이름을 tf.ifft3d로 변경해야 한다.

tf.batch_matmul의 이름을 tf.matmul로 변경해야 한다.

tf.batch_matrix_determinant의 이름을 tf.matrix_determinant로 변경해야 한다.

tf.batch_matrix_diag의 이름을 tf.matrix_diag로 변경해야 한다.

tf.batch_matrix_inverse의 이름을 tf.matrix_inverse로 변경해야 한다.

tf.batch_matrix_solve의 이름을 tf.matrix_solve로 변경해야 한다.

tf.batch_matrix_solve_ls의 이름을 tf.matrix_solve_ls로 변경해야 한다.

tf.batch_matrix_transpose의 이름을 tf.matrix_transpose로 변경해야 한다.

tf.batch_matrix_triangular_solve의 이름을 tf.matrix_triangular_solve로 변경해야 한다.

tf.batch_self_adjoint_eig의 이름을 tf.self_adjoint_eig로 변경해야 한다.

tf.batch_self_adjoint_eigvals의 이름을 tf.self_adjoint_eigvals로 변경해야 한다.

tf.batch_set_diag의 이름을 tf.set_diag로 변경해야 한다.

tf.batch_svd의 이름을 tf.svd로 변경해야 한다.

tf.complex_abs의 이름을 tf.abs로 변경해야 한다.

기타 변경 사항

최신 텐서플로 릴리스에서 몇 가지 다른 변경이 이뤄졌다. 다음은 수작업으로 적용해야 하는 몇 가지 제안 사항이다.

---

tf.image.per_image_whitening은
tf.image.per_image_standardization으로 이름을 변경해야 한다.
tf.nn.sigmoid_cross_entropy_with_logits의 인자 순서는
tf.nn.sigmoid_cross_entropy_with_logits(_sentinel=None, labels=None, logits=None, name=None)으로 변경해야 한다.

tf.nn.softmax_cross_entropy_with_logits_v2의 인자 순서는
tf.nn.softmax_cross_entropy_with_logits_v2(_sentinel=None, labels=None, logits=None, dim=-1, name=None)으로 변경해야 한다.

tf.nn.sparse_softmax_cross_entropy_with_logits의 인자 순서는
tf.nn.sparse_softmax_cross_entropy_with_logits(_sentinel=None,labels=None, logits=None, name=None)으로 변경해야 한다.

tf.ones_initializer은
tf.ones_initializer()으로 변경해야 한다.

tf.pack은 tf.stack으로 이름을 변경해야 한다.

tf.round의 의미는 이제 반올림과 일치한다.

tf.unpack은 tf.unstack으로 이름을 변경해야 한다.

tf.zeros_initializer은
tf.zeros_initializer()과 같은 함수 호출로 변경해야 한다.

여기까지가 텐서플로 1.x에 대한 소스 코드 마이그레이션 프로세스다.

그러나 설명한 내용이 최신 버전의 텐서플로에서 변경된 모든 것이 아니다. 따라서 업그레이드 절차에 대한 자세한 내용은 웹 사이트(https://www.tensorflow.org/install/migration)를 참조한다.

▌ 요약

텐서플로는 모든 사람이 분산된 머신 러닝 및 딥러닝을 쉽게 개발할 수 있도록 설계됐지만, 이를 사용하려면 몇 가지 일반적인 원칙과 알고리즘을 이해해야 한다. 텐서플로의 최신 배포본에는 흥미로운 기능이 많이 포함돼 있으며, 해당 기능을 보다 쉽게 사용할 수 있도록 설명하려고 했다. 또한 리눅스, 윈도우, 맥 OS를 포함한 다른 플랫폼에 텐서플로를 설치하는 방법을 설명했다. 마지막으로 텐서플로 이전 버전에서 최신 버전 1.x로 소스 코드를 갱신하는 방법에 대한 예제를 살펴봤다.

2장에서 설명한 텐서플로의 주요 개념을 간단히 요약하면 다음과 같다.

- **그래프**Graph: 텐서플로 계산은 데이터 흐름을 그래프로 표시한다. 각 그래프는 연산 객체의 집합(http://www.tensorflow.org/api_docs/python/framework.html#Operation)으로 구현된다.

- **연산**Operation: 각 연산 객체는 텐서 흐름에서 수행되는 계산 단위(더하기, 곱하기 또는 좀 더 복잡한 것)인 그래프 노드다. 이는 입력으로 텐서를 취하고, 출력으로 텐서를 생성한다.

- **텐서**Tensor: 텐서는 데이터 흐름 그래프의 엣지edges로 나타낼 수 있다. 텐서는 연산 적용에 의해 생성된 모든 값을 표현하거나 보유하지 않지만, 값의 유형과 세션 동안 이 값을 계산해야 하는 수단을 정의한다.

- **세션**Session: 데이터 흐름 그래프에서 계산을 실행하기 위한 환경을 나타내는 객체다.

2 장의 후반부에서는 신경망 모델을 분석하고 디버깅하기 위한 강력한 도구인 텐서보드를 소개했다. 이 장에서는 간단한 뉴런 모델을 구현하는 방법과 텐서보드를 사용해 학습 단계를 분석하는 방법을 보여주는 예제까지 설명했다.

마지막으로 텐서플로 v0.x에서 v1.x로 소스 코드 이전 과정을 설명했다.

3장에서는 순방향 신경망을 소개한다. 해당 신경망에 대한 이론적인 특징을 검토한 후 이미지 분류 문제에서 유형의 신경망을 훈련하고 평가하는 방법을 설명한다. 이해를 돕기 위해 순방향 신경 네트워크를 사용하는 몇 가지 실용적인 예제를 설명한다.

03

순방향 신경망에
텐서플로 사용하기

신경망 구조는 매우 다양하다. 대부분 신경망 구조의 구성은 다양한 계층으로 구성된다. 첫 번째 계층은 입력 신호를 받고, 마지막 계층은 출력 신호를 반환한다. 일반적으로 이와 같은 네트워크를 순방향 신경망feed-forward neural network, ffnn이라 한다.

간단히 설명하고자 하는 순방향 신경망은 근사와 추정에 매우 적합하다.

3장의 구성은 다음과 같다.

* 순방향 신경망 소개
* 필기 숫자의 분류
* MNIST 데이터 집합 탐색
* Softmax 분류기
* 텐서플로 모델을 저장하고 복원하는 방법

- 5계층 신경망 구현
- ReLU 분류기
- 드롭아웃 최적화 Dropout optimization

█ 순방향 신경망 소개

순방향 신경망은 1개의 입력 계층, 1개 이상의 은닉층, 1개의 출력과 같은 뉴런으로 구성된다. 각 뉴런은 이전 계층의 모든 뉴런에 연결된다. 이 연결은 서로 다른 가중치를 갖고 있으므로 연결이 모두 동일하지는 않다. 해당 연결의 가중치는 네트워크 지식을 인코딩 Encoding 하는 역할을 한다.

입력층에 입력된 데이터는 출력층에 도달할 때까지 네트워크의 각층을 통과한다. 이러한 연산 과정에서 각 계층 간 피드백은 없다.

이러한 유형의 네트워크를 순방향 신경망이라고 한다.

은닉층에 여러 개의 뉴런을 갖고 있는 순방향 신경망은 임의의 정확도로 추정할 수 있다.

- 1개의 은닉층을 갖는 모든 연속 함수
- 2개의 은닉층을 갖는 비연속적인 함수

그러나 비선형 함수를 계산하기 위해 적합한 정확도, 필요한 은닉층의 개수, 내부에서 요구하는 뉴런의 개수를 사전에 결정할 수 없다. 몇몇 규칙이 있지만, 네트워크의 구조를 결정할 때는 여전히 경험과 발견적 방법 heuristic 에 따른다.

신경망 구조가 적은 수의 은닉층이나 뉴런으로 구성된 경우, 해당 신경망의 역전파 알고리즘이 로컬 최솟값에 빠질 수 있기 때문에 적합한 정확도로 미지의 함수를 근사시킬 수 없다. 네트워크가 많은 수의 은닉층으로 구성된다면, 네트워크의 일반화 능력이 떨어지는 과적합 문제 over-fitting problem 가 발생한다.

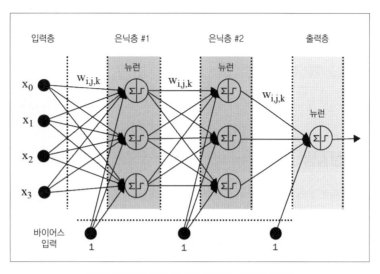

입력층   은닉층 #1   은닉층 #2   출력층

2개의 은닉층과 입력 바이어스를 갖는 순방향 신경망

순방향 및 역전파

역전파 알고리즘의 목표는 현 출력과 원하는 출력 간 오차를 최소화하는 것이다. 신경망은 순방향으로 진행되기 때문에 활성화[activation] 흐름은 항상 입력에서 출력 유닛으로 진행한다. 현 출력과 예상된 출력값을 비교할 때, 비용 함수의 기울기[gradient]는 가중치 수정으로 역전파[backpropagated]가 된다.

이 메서드는 재귀적[recursive]이며 임의의 수에 대한 은닉층에 적용할 수 있다.

역전파 알고리즘은 정보를 학습하는 동안 신경망이 글로벌 오차[global error]를 감소시키는 방식으로 처리한다. 그러나 이러한 처리 과정이 글로벌 최솟값에 도달한다는 것을 보장하지는 않는다. 은닉층 유닛의 존재와 출력 함수의 비선형 특성으로 인해 오차의 변동이 매우 복잡하고 많은 지역 최솟값[local minimal]을 갖게 된다. 따라서 역전파 알고리즘은 글로벌 최솟값이 아닌 지역 최솟값에서 멈추는 경우가 발생한다. 일반적으로 신경망은 계속 학습하기 때문에 훈련 집합에 대한 오차는 항상 감소한다. 즉, 대상 데이터의 입출력 관계를 표현하는 능력을 향상시킨다. 이에 반해 학습 모델링의 예측 성능을 평가하기 위한 테스트 집합에서는 특정 값에 대한 과적합over-fitting 문제로 인해 오차가 커질 수 있다. 과적합 결과 신경망 모델은 훈련 샘플에 대해 높은 분류 정확도를 갖지만, 미지의 샘플에 대해서는 낮은 분류 정확도를 갖는다.

가중치와 바이어스

뉴런의 상태와 다른 뉴런에 연결된 방식을 고려하는 것 외에도 신경망 내에서 연결 영향도에 해당하는 시냅스의 가중치weight를 고려해야 한다. 뉴런 i와 뉴런 j를 연결하는 시냅스 가중치는 W_{ij}로 표시할 수 있는 숫자값이다.

시냅스 가중치에 해당하는 연결은 뉴런이 위치한 지점에 따라 상대적으로 1개 이상 존재한다.

일반적으로 가중치 및 출력 함수는 개별 뉴런 및 네트워크의 동작을 결정한다.

모델의 올바른 작동을 보장하려면 훈련 단계에서 이를 올바르게 변경해야 한다.

각 단위에 대해, i는 입력 벡터 $x_i = (x_1, x_2, ..., x_n)$와 가중치 벡터 $w_i = (w_{i1}, w_{i2}, ..., w_{in})$로 정의되며, 해당 뉴런은 입력 벡터에 가중치를 곱한 값의 합을 계산한다.

$$net_i = \sum_j w_{ij} x_j \dots \dots \dots (a)$$

가중치 중에는 바이어스bias라는 특별한 값이 하나 있다. 이는 네트워크의 다른 어떤 유닛에도 연결돼 있지 않으며 1과 동일한 입력을 가진 것으로 간주한다. 이 방법은 뉴런에 대해 일종의 기준점 또는 임계값을 설정할 수 있도록 하며, 공식적으로 바이어스는 가로축을 따라 출력 함수값을 이동시키는 기능을 한다. 앞의 공식은 다음과 같다.

$$net_i = \sum_j w_{ij} x_j + b_i \dots \dots \dots \dots (b)$$

전이 함수

각 뉴런은 시냅스 가중치와 연결된 뉴런의 활성화값을 곱한 결과를 합해 입력 신호로 받는다. 해당 뉴런이 재전송하는 값인 뉴런의 활성화 값을 계산하려면, 가중 합계를 전이 함수Transfer Functions의 인수로 전달해야 한다. 이러한 전이 함수는 뉴런이 수신한 신호를 수정해 전송하도록 한다.

전이 함수로 가장 자주 사용되는 함수 중 1개는 다음과 같은 시그모이드 함수sigmoid function다.

$$out_i = \frac{1}{1 + e^{-net_i}}$$

이 함수는 입력값으로 모든 실수값을 취하고, 출력값으로 0에서 1 사이의 값을 갖는다. 즉, 모든 값을 입력값으로 취하며, 활성화 상태의 계산 시 뉴런으로부터 항상 0과 1 사이의 값을 출력값으로 갖는다.

시그모이드 함수는 다음과 같은 형태로 나타낼 수 있으며, 비활성화(0) 단계에서 완전 포화 상태인 사전 정의한 최댓값(1)까지의 값을 갖는다.

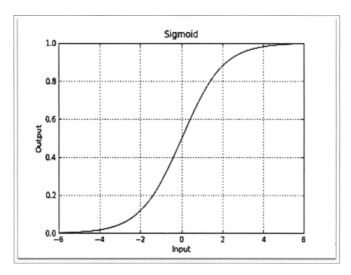

시그모이드 함수

새로운 데이터를 분석할 때, 입력층에 데이터를 적재한 후 (a) 또는 (b)를 통해 결과값을 생성한다. 이 결과는 동일 층의 뉴런 출력값과 더불어 다음 층에 위치한 뉴런의 신규 입력값으로 사용된다. 이 과정을 마지막에 이르게 될 때까지 반복 수행한다. 일반적으로 ffnn의 마지막 단계에서 소프트맥스 함수^{softmax function}가 사용된다. 이 함수는 신경망의 출력값을 사후 확률^{posteriori probability}값으로 처리하고 해석하기 좋다.

소프트맥스 함수는 다음과 같다.

$$out_i = \frac{e^{nct_i}}{\sum_{j=1}^{N} e^{nct_j}}$$

위 식에서 N은 신경망 출력값의 총 개수를 의미한다.

또한 다음과 같은 중요한 특성은 소프트맥스 함수에서 유효하다.

$$0 \leq out_i \leq 1 \ con \ \sum_i out_i = 1$$

▌ 자필 숫자의 분류

실제 응용에서 많이 활용되는 자필 숫자^{handwritten digits}의 자동 인식은 중요한 문제다. 3장에서는 이 문제에 대해 몇 가지 순방향 네트워크를 적용한다.

구현한 모델을 훈련하고 테스트하기 위해 자필 숫자인 MNIST 데이터베이스를 사용한다.

MNIST 데이터 집합은 5만 5천 개의 예제로 구성된 훈련용 집합과 1만 개의 예제로 구성된 테스트용 집합으로 이뤄져 있다. 파일 상태로 저장된 자필 숫자 데이터 예제는 다음과 같다.

MNIST 데이터베이스에서 추출한 예제 데이터

소스 이미지는 원래 흑백 상태였지만, 이후에 크기를 20×20픽셀로 표준화하기 위해 크기 조정을 위한 주파수 중복 방지 필터[anti-aliasing filter]의 영향으로 중간 밝기 수준이 도입됐다. 따라서 해당 이미지는 학습 과정을 개선하기 위해 28×28픽셀 영역에서 픽셀의 중앙에 초점이 맞춰져 있다.

전체 데이터베이스는 4개의 파일로 저장돼 있다.

훈련용 데이터베이스는 다음과 같다.

```
train-images-idx3-ubyte.gz: training set images (9912422 bytes)
train-labels-idx1-ubyte.gz: training set labels (28881 bytes)
```

테스트용 데이터베이스는 다음과 같다.

```
t10k-images-idx3-ubyte.gz: test set images (1648877 bytes)
t10k-labels-idx1-ubyte.gz: test set labels (4542 bytes)
```

각 데이터베이스는 2개의 파일로 이뤄져 있다. 첫 번째 파일은 이미지를 갖고 있으며, 두 번째 파일은 해당 이미지의 레이블labels을 갖고 있다.

▌ MNIST 데이터 집합 살펴보기

MNIST 데이터를 접근하는 방법과 선택한 이미지를 표시하는 방법을 간단한 예제를 통해 살펴보자.

이를 위해서는 다음과 같은 라이브러리를 가져와야 한다.

Numpy 라이브러리는 몇몇 이미지를 처리하기 위해 가져온다.

```
>>import numpy as np
```

이미지를 표시하기 위해 matplotlib 내의 pyplot 함수를 가져온다.

```
>>import matplotlib.pyplot as plt
```

마지막으로 tensorflow.examples.tutorials.mnist로부터 MNIST데이터를 가져온다.

```
>>from tensorflow.examples.tutorials.mnist import input_data
```

다음으로 read_data_sets 메서드를 사용해 해당 데이터 집합을 로드한다.

```
>>__input = input_data.read_data_sets('data', one_hot=True)
```

data는 이미지가 업로드될 디렉터리의 이름이다.

이미지와 레이블의 구조는 다음과 같다.

116

```
>>__input.train.images.shape
(55000, 784)

>>__input.train.labels.shape
(55000, 10)

>>__input.test.images.shape
(10000, 784)

>>__input.test.labels.shape
(10000, 10)
```

파이썬 라이브러리 matplotlib를 사용해 대상 숫자 이미지를 가시화한다.

```
>>image_0=__input.train.images[0]
>>image_0=np.resize(image_0, (28, 28))

>> label_0=mnist.train.labels[0]
>> print(label_0)
```

대상숫자가 해당 배열의 여섯 번째 위치에 있다. 따라서 해당 이미지에 대한 값은 숫자5
이다.

마지막으로 해당 숫자가 실제로 5가 됨을 확인하자.

image_0 텐서를 표시하기 위해 다음과 같이 plt 함수를 사용했다.

```
>>plt.imshow(image_0, cmap='Greys_r')
>>plt.show( )
```

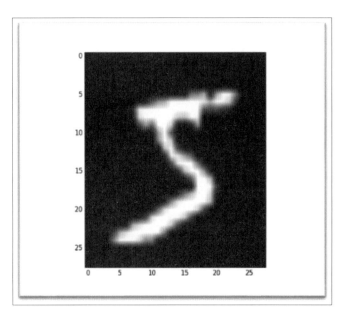

MNIST 데이터 집합에서 추출한 이미지

▌ 소프트맥스 분류기

이전 섹션에서 MNIST 데이터 집합에 접근하고 다루는 방법을 설명했다. 이번 섹션에서는 텐서플로 라이브러리를 이용해 자필로 기록한 숫자의 분류 문제를 설명한다.

여러 신경망 모델을 계산하기 위해 다양한 모델링 적용 결과를 평가하고 비교해보겠다. 구현될 첫 번째 순방향 네트워크 구조는 다음 그림과 같다.

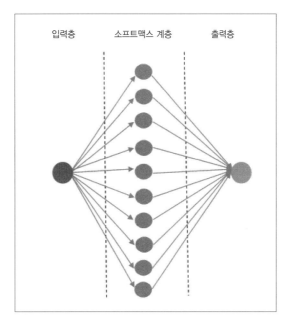

소프트맥스 신경망 구조

네트워크의 은닉층(또는 소프트맥스 계층)은 소프트맥스 전이 함수를 갖는 10개의 뉴런으로 이뤄져 있다. 은닉층의 활성화는 총합이 1인 양수값의 집합이 되도록 정의했다는 것을 기억해두자. 즉, j번째 출력값은 네트워크 입력값이 j번째 클래스class에 속하게 될 확률을 의미한다.

신경망 모델을 구축하는 방법을 알아보자.

가장 먼저 수행해야 하는 것은 필요한 라이브러리를 가져온 후 모델에 대한 데이터를 준비하는 것이다.

```
import tensorflow as tf
from tensorflow.examples.tutorials.mnist import input_data
logs_path = 'log_mnist_softmax'
batch_size = 100
learning_rate = 0.5
```

```
training_epochs = 10

mnist = input_data.read_data_sets("data", one_hot=True)
```

이제 네트워크 모델을 정의하는 단계로 넘어가자. 입력 네트워크는 MNIST 데이터 집합에서 추출한 이미지 집합으로 구성된다. 각 이미지는 28×28픽셀의 크기를 갖는다.

```
X = tf.placeholder(tf.float32, [None, 784], name="input")
```

문제는 가능한 각 멤버십 클래스의 확률값, 즉 0에서 9까지의 숫자를 배정하는 것이다. 해당 출력은 테스트 값에 대한 예측을 제공할 수 있는 확률 분포. 출력 네트워크는 다음과 같은 플레이스홀더와 10개의 요소로 구성된 텐서를 갖는다.

```
Y_ = tf.placeholder(tf.float32, [None, 10])
```

가중치는 은닉 계층(10뉴런)의 크기와 입력 크기를 고려한다. 가중치의 값은 개별 계산을 반복할 때마다 달라야 하며, 다음 변수로 정의한다.

```
W = tf.Variable(tf.zeros([784, 10]))
```

가중치 행렬은 W[784, 10]이 된다. 여기서 784는 28×28의 결과다.

2차원 이미지 데이터를 픽셀 한 행으로 평탄화flatten할 수 있다. 아래 구조 정의에서 −1은 요소 수를 유지할 수 있는 유일한 차원을 의미한다.

```
XX = tf.reshape(X, [-1, 784])
```

이와 유사한 방식으로 신경망 바이어스를 정의하며, 그 효과는 입력 신호의 원점을 기준으로 하는 트리거의 병진 운동translatory motion을 제어하는 것이다. 수식으로 보면, 바이어스는 방사/수신 신호의 세기를 조절하는 가중치와 같다.

따라서 바이어스 텐서는 변수 텐서가 된다.

```
b = tf.Variable(tf.zeros([10]))
```

또한 크기(=10)는 은닉층 뉴런의 총 개수와 같다.

입력, 가중치 및 바이어스 텐서는 어떤 이미지가 특정 클래스에 속하는지의 여부를 수량화하는 evidence 파라미터를 정의한 크기여야 한다.

```
evidence = tf.matmul(XX, W) + b
```

신경망은 10개의 뉴런으로 구성된 1개의 은닉층만을 갖고 있다. 순방향 네트워크 정의를 사용하면 동일한 수준의 모든 뉴런이 같은 활성화 함수에 적용돼야 함을 알 수 있다.

이 모델에서 활성화 함수는 소프트맥스 함수다. 이 함수는 evidence를 10개의 가능한 클래스 각각에 속하게 될 확률로 변환한다.

```
Y = tf.nn.softmax(evidence,name="output")
```

Y 출력 행렬은 100개의 행과 10개의 열로 구성된다.

모델을 훈련시킨 후 좋은 모델인지 여부를 결정하려면 측정 방법인 메트릭을 정의해야 한다. 실제로 다음 목표는 메트릭의 값을 최소화시키고 구현된 모델이 얼마나 나쁜지를 나타내는 W 및 b 텐서의 값을 얻는 것이다.

다양한 메트릭 계산 방법을 이용해 목표 출력값과 구현 모델링의 출력값 간의 오차를 계산한다. 가장 일반적인 오차 측정값은 평균 제곱 오차[mean squared error]다. 그러나 이와 같은 신경망에는 다른 평가 기준을 제안하는 연구가 있다.

이 예제에서는 cross_entropy 에러 함수를 사용하며, 다음과 같이 정의할 수 있다.

```
cross_entropy = tf.reduce_mean(tf.nn.softmax_cross_entropy_with_logits_
v2(labels=Y_, logits=Y))
```

오차 함수는 경사 하강 알고리즘(GD)을 사용해 최소화한다.

```
train_step = tf.train.GradientDescentOptimizer(0.005).
                                    \minimize(cross_entropy)
```

다음으로 학습률은 0.05로 설정한다.

만약, 모델링의 출력 Y와 목표 출력 Y_가 같다면 정확히 예측한 것이다.

```
correct_prediction = tf.equal(tf.argmax(Y, 1),\
                                tf.argmax(Y_, 1))
```

correct_prediction 변수를 이용해 다음과 같이 구현한 모델의 정확도를 정의할 수 있다.

```
accuracy = tf.reduce_mean(tf.cast(correct_prediction,\
                                tf.float32))
```

텐서보드로 분석하려면 다음과 같이 서머리Summary를 정의한다.

```
tf.summary.scalar("cost", cross_entropy)
tf.summary.scalar("accuracy", accuracy)
summary_op = tf.summary.merge_all()
```

마지막으로 구현된 모델은 훈련과 테스트 단계에서 이뤄져야 하는 세션을 작성해야 한다.

```
with tf.Session() as sess:
    sess.run(tf.global_variables_initializer())
    writer = tf.summary.FileWriter(logs_path, \
                                   graph=tf.get_default_graph())
```

네트워크의 훈련 단계는 반복 작업이다. 각 학습 에폭^{epoch}에서 선택한 하위 집합(배치 집합)을 사용해 가중치를 약간씩 변경한다.

```
for epoch in range(training_epochs):
```

각각의 학습 에폭 동안 선택한 집합을 사용해 가중치를 약간씩 변경한다.

```
batch_count = int(mnist.train.num_examples/batch_size)
```

선택한 집합은 각각 batch_x, batch_y가 된다.

```
for i in range(batch_count):
    batch_x, batch_y = mnist.train.next_batch(batch_size)
```

이 집합은 훈련 과정 중에 해당 네트워크에 제공하기 위해 feed_dict 명령에서 사용될 것이다.

각 사이클에서

- 가중치는 오차 함수를 최소화하기 위해 변경한다.
- 결과는 다음 writer.add_summary 명령을 사용해 요약 내용에 추가된다.

```
_, summary = sess.run([train_step, summary_op],\
                feed_dict={X: batch_x,\
                           Y_: batch_y})
writer.add_summary(summary,\
```

```
                    epoch * batch_count + i)
        print "Epoch: ", epoch
```

마지막으로, 해당 모델을 테스트하고 정확도를 평가한다.

```
print "Accuracy: ", accuracy.eval\
     (feed_dict={X: mnist.test.images,\
               Y_: mnist.test.labels})
print "done"
```

네트워크를 테스트한 후 세션 내 남은 기간 동안 1개의 이미지에 네트워크 모델을 실행해 볼 수 있다. 예를 들어, randint 함수를 통해 mnist.test 데이터베이스에서 1개의 그림을 랜덤하게 선택할 수 있다.

```
num = randint(0, mnist.test.images.shape[0])
img = mnist.test.images[num]
```

그리고 선택한 이미지에 구현된 분류기classifier를 사용할 수 있다.

```
classification = sess.run(tf.argmax(Y, 1), feed_dict={X: [img]})
```

sess.run 함수의 인자는 각각 해당 네트워크의 출력과 입력이다. tf.argmax(Y,1) 함수는 Y 텐서에 대한 최대 인덱스 값을 리턴한다. Y 텐서는 알아내려는 이미지다. 다음 인자인 feed_dict={X:[img]}는 선택한 이미지를 네트워크에 제공할 수 있도록 한다.

마지막으로, 예측한 레이블(숫자)과 실제 레이블(숫자)로 구성된 결과를 화면에 표시한다.

```
print 'Neural Network predicted', classification[0]
print 'Real label is:', np.argmax(mnist.test.labels[num])
```

실행 결과는 다음 snippet과 같다. 결과에서 알 수 있는 바와 같이 MNIST 데이터를 로딩한 후 훈련 epoch는 아홉 번째까지 표시된다.

```
>>>
Loading data/train-images-idx3-ubyte.mnist
Loading data/train-labels-idx1-ubyte.mnist
Loading data/t10k-images-idx3-ubyte.mnist
Loading data/t10k-labels-idx1-ubyte.mnist
Epoch: 0
Epoch: 1
Epoch: 2
Epoch: 3
Epoch: 4
Epoch: 5
Epoch: 6
Epoch: 7
Epoch: 8
Epoch: 9
```

다음으로 모델의 정확도를 표시한다.

```
Accuracy: 0.9246
done

The predicted and real label:
Neural Network predicted 6
Real label is: 6
>>>
```

해당 모델을 실행한 후 텐서보드를 사용해 해당 실행 내용을 단계별로 분석할 수 있다.

가시화

텐서보드를 실행하려면 코드가 실행된 폴더에서 터미널을 오픈하고 다음 명령을 입력한다.

```
$> tensorboard --logdir= 'log_simple_stats_softmax'
```

텐서보드가 실행되면, 웹 브라우저에서 localhost:6006으로 이동해 텐서보드 시작 페이지를 본다.

텐서보드를 살펴보면, 상단 우측 코너에서 탐색용 탭을 볼 수 있다. 각 탭은 가시화할 수 있는 연속적인 데이터 집합을 표시해준다.

다음 그림은 구현된 분류기classifier에 대한 계산 그래프다.

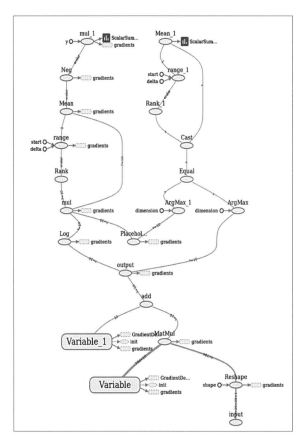

소프트맥스 분류기에 대한 그래프 표현

텐서플로 모델을 저장하고 복구하는 방법

매번 해당 모델을 재훈련시키지 않고 훈련된 모델 결과를 반복 사용한다고 가정해보자.

모델 저장하기

모델을 저장하려면 Saver( ) 클래스를 사용해야 한다. 이 클래스는 checkpoints를 사용해 그래프 구조를 저장한다. 이 파일은 독점적인 형식의 바이너리 파일이며, 변수 이름을 텐서 값에 매핑한다. 다음 코드는 현 작업 디렉토리에 해당 모델을 2개의 파일로 저장한다.

- softmax_mnist.ckpt: 가중치 정보를 갖고 있음
- softmax_mnist.ckpt.meta: 그래프 정의에 관련된 정보를 갖고 있음.

다음 코드는 이전 모델의 끝부분에 삽입해야 한다.

```
saver = tf.train.Saver( )
save_path = saver.save(sess, "data/saved_mnist_cnn.ckpt")
print("Model saved to %s" % save_path)
```

모델 복구하기

두 번째 파일에서 신경망을 복구하기 위해 다음 스크립트를 작성한다.

필요한 라이브러리를 로딩해 시작하자.

```
import matplotlib.pyplot as plt
import tensorflow as tf
from random import randint
from tensorflow.examples.tutorials.mnist import input_data
```

다음으로 MNIST 데이터 집합을 추가한다.

```
mnist = input_data.read_data_sets('data', one_hot=True)
```

대화형 세션을 실행한다.

```
sess = tf.InteractiveSession()
```

다음 행은 저장한 메타그래프를 불러온다. 이 메타그래프는 모델의 토폴로지와 변수에 대해 필요한 모든 정보를 갖고 있다.

```
new_saver = tf.train.import_meta_graph('data/saved_mnist_cnn.ckpt.meta')
```

다음으로 훈련 중에 개발한 가중치를 갖고 있는 체크포인트 파일을 가져온다.

```
new_saver.restore(sess, 'data/saved_mnist_cnn.ckpt')
```

로드된 모델을 실행하려면, 다음 함수를 통해 호출해야 하는 계산 그래프computation graph가 필요하다.

```
tf.get_default_graph().
```

다음 함수는 현 스레드에서 사용된 기본 그래프를 리턴한다.

```
tf.get_default_graph().as_graph_def()
```

다음으로 x와 y_conv 변수를 정의하고, 두 변수의 입력값을 제공하고 출력값을 가져오기 위해 다뤄야 할 필요가 있는 노드와 연계시킨다.

```
x = sess.graph.get_tensor_by_name("input:0")
y_conv = sess.graph.get_tensor_by_name("output:0")
```

복구한 모델을 테스트하기 위해 MNIST 데이터베이스에서 이미지 1개를 가져온다.

```
num = randint(0, mnist.test.images.shape[0])
img = mnist.test.images[num]
```

다음으로 선택 입력값에 대해 복구한 모델을 실행한다.

```
result = sess.run(["input:0", y_conv], feed_dict= {x:[img]})
```

결과 변수는 10개 항목의 출력 텐서이며, 각 항목은 해당 숫자가 분류될 확률을 나타낸다. 따라서 가장 높은 확률을 갖는 숫자를 분류 결과로 출력한다.

```
print(result[1])
print(sess.run(tf.argmax(result[1], 1)))
```

다음과 같이 matplotlib에서 임포트한 plt 함수를 사용해 분류된 이미지를 표시한다.

```
plt.imshow(img.reshape([28, 28]), cmap='Greys')
```

해당 신경망을 실행하면 다음과 유사한 결과를 얻게 된다.

```
Extracting /tmp/data/train-images-idx3-ubyte.gz
Extracting /tmp/data/train-labels-idx1-ubyte.gz
Extracting /tmp/data/t10k-images-idx3-ubyte.gz
Extracting /tmp/data/t10k-labels-idx1-ubyte.gz
[[   5.37428750e-05  6.65060536e-04  1.42298099e-02  3.05720314e-04
     2.49665667e-04  6.00658204e-05  9.83844459e-01  4.97680194e-05
```

```
      4.59994393e-04 8.17739274e-05]]
[6]
```

상대적으로 높은 배열 아이템은 **9.83844459e-01**(= 90%)으로, 예측 결과인 숫자 6은 다음과 같다.

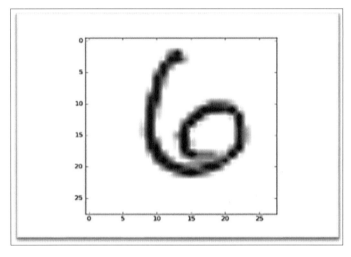

분류 이미지

하지만 시뮬레이션의 적합도^{goodness}는 분류된 이미지를 표시해 검증한다.

소프트맥스 소스 코드

소프트맥스 분류기에 대한 전체 소스 코드는 다음과 같다.

```
import tensorflow as tf
from tensorflow.examples.tutorials.mnist import input_data
from random import randint
import numpy as np

logs_path = 'log_mnist_softmax'
```

```python
# 배치사이즈, 학습률, 훈련에폭 설정
batch_size = 100
learning_rate = 0.5
training_epochs = 10
mnist = input_data.read_data_sets("data", one_hot=True)

# 입력신호, 목표출력값, 가중치, 바이어스 값 설정
X = tf.placeholder(tf.float32, [None, 784], name="input")
Y_ = tf.placeholder(tf.float32, [None, 10])
W = tf.Variable(tf.zeros([784, 10]))
b = tf.Variable(tf.zeros([10]))
XX = tf.reshape(X, [-1, 784])


evidence=tf.matmul(XX, W) + b
Y = tf.nn.softmax(evidence, name="output")
cross_entropy = tf.reduce_mean(tf.nn.softmax_cross_entropy_with_logits_
v2(labels=Y_,\

logits=Y))
correct_prediction = tf.equal(tf.argmax(Y, 1), tf.argmax(Y_, 1))
accuracy = tf.reduce_mean(tf.cast(correct_prediction, tf.float32))

train_step = tf.train.GradientDescentOptimizer(0.005).minimize(cross_entropy)

tf.summary.scalar("cost", cross_entropy)
tf.summary.scalar("accuracy", accuracy)
summary_op = tf.summary.merge_all()

with tf.Session() as sess:
    sess.run(tf.global_variables_initializer())
    writer = tf.summary.FileWriter(logs_path, \
                                    graph=tf.get_default_graph())
    for epoch in range(training_epochs):
        batch_count = int(mnist.train.num_examples/batch_size)
        for i in range(batch_count):
            batch_x, batch_y = mnist.train.next_batch(batch_size)
            _, summary = sess.run([train_step, summary_op],\
```

```
                          feed_dict={X: batch_x,\
                                     Y_: batch_y})
            writer.add_summary(summary, epoch * batch_count + i)
        print("Epoch: ", epoch)

    print("Accuracy: ", accuracy.eval(feed_dict={X: mnist.test.images, \

Y_: mnist.test.labels}))
    print("done")

    num = randint(0, mnist.test.images.shape[0])
    img = mnist.test.images[num]

    classification = sess.run(tf.argmax(Y, 1), feed_dict={X: [img]})
    print('Neural Network predicted', classification[0])
    print('Real label is:', np.argmax(mnist.test.labels[num]))

    saver = tf.train.Saver()
    save_path = saver.save(sess, "data/saved_mnist_cnn.ckpt")
    print("Model saved to %s" % save_path)
```

소프트맥스 로더 소스 코드

저장한 신경망 모델을 로드하고 이미지 1개를 대상으로 테스트하려면 다음 코드를 실행해
야 한다. 전체 소스 코드는 다음과 같다.

```
import matplotlib.pyplot as plt
import tensorflow as tf
from random import randint
from tensorflow.examples.tutorials.mnist import input_data

mnist = input_data.read_data_sets('data', one_hot=True)
sess = tf.InteractiveSession()
new_saver = tf.train.import_meta_graph('data/saved_mnist_cnn.ckpt.meta')
new_saver.restore(sess, 'data/saved_mnist_cnn.ckpt')
```

```
tf.get_default_graph().as_graph_def()

x = sess.graph.get_tensor_by_name("input:0")
y_conv = sess.graph.get_tensor_by_name("output:0")

num = randint(0, mnist.test.images.shape[0])
img = mnist.test.images[num]

result = sess.run(["input:0", y_conv], feed_dict= {x:[img]})
print(result[1])
print(sess.run(tf.argmax(result[1], 1)))

plt.imshow(img.reshape([28, 28]), cmap='Greys')
plt.show()
```

▌5층 신경망 구현

다음 구현은 소프트맥스층 앞에 4개의 층을 추가해 네트워크의 복잡도를 증가시킨 내용이다. 적합한 네트워크 사이즈(은닉층의 수와 각 계층별 뉴런의 수)는 실험 기준, 개인 경험, 적합한 테스트에 근거해 결정한다.

다음 테이블은 구현된 네트워크 구조를 요약한 결과다. 이 결과는 계층별 뉴런의 수와 활성화 함수를 표시한 내용이다.

계층	뉴런 수	활성화 함수
First	L = 200	시그모이드
Second	M = 100	시그모이드
Third	N = 60	시그모이드
Fourth	O = 30	시그모이드
Fifth	10	소프트맥스

첫 번째 4개 층에 대한 전이 함수는 시그모이드 함수다. 마지막 계층의 전이 함수는 네트워크의 결과가 입력 숫자에 대한 확률로 표시돼야 하기 때문에 항상 소프트맥스 함수다. 일반적으로 중간 층의 수와 사이즈는 네트워크의 성능에 전반적인 영향을 미친다.

- 긍정적인 측면으로는 해당 층에서 입력의 고유한 특성을 일반화하고 탐지하는 네트워크의 기능을 기반으로 하기 때문에 신경망 성능에 영향을 미친다.
- 부정적인 측면으로는 네트워크가 중복되면 학습 단계가 불필요하게 무거워지기 때문에 신경망의 성능에 영향을 미친다.

신경망을 구현하기 위해 다음 라이브러리를 불러온다.

```
from tensorflow.examples.tutorials.mnist import input_data
import tensorflow as tf
import math
```

다음과 같이 구성 파라미터를 설정한다.

```
logs_path = 'log_simple_stats_5_layers_sigmoid'
batch_size = 100
training_epochs = 10
```

이미지와 레이블을 다운로드하고, 데이터 집합을 준비한다.

```
mnist = input_data.read_data_sets("/tmp/data", one_hot=True)
```

입력 계층부터 시작해 네트워크 구조를 만드는 방법을 살펴보자.

입력 계층은 분류할 이미지를 나타내는 $[1 \times 784]$ 구조의 텐서로, 이는 다음과 같다.

```
X = tf.placeholder(tf.float32, [None, 784])
XX = tf.reshape(X, [-1, 784])
```

첫 번째 층은 W1 가중치 연결과 결합된 입력 이미지의 픽셀을 수신하고, B1 바이어스 텐서의 개별 값에 가산한다.

```
W1 = tf.Variable(tf.truncated_normal([784, L], stddev=0.1))
B1 = tf.Variable(tf.zeros([L]))
```

시그모이드 활성화 함수를 통해 첫 번째 층은 두 번째 층으로 출력을 내보낸다.

```
Y1 = tf.nn.sigmoid(tf.matmul(XX, W1) + B1)
```

두 번째 층은 첫 번째 층에서 Y1 출력을 받고, 이를 W2 가중치 연결과 결합해 B2 바이어스 텐서의 개별 값에 가산한다.

```
W2 = tf.Variable(tf.truncated_normal([L, M], stddev=0.1))
B2 = tf.Variable(tf.zeros([M]))
```

두 번째 층은 시그모이드 함수를 통해 세 번째 층으로 출력을 내보낸다.

```
Y2 = tf.nn.sigmoid(tf.matmul(Y1, W2) + B2)
```

세 번째 층은 두 번째 층으로부터 Y2 출력을 수신하고, 이를 W3 가중치 연결과 결합해 B3 바이어스 텐서의 개별 값에 가산한다.

```
W3 = tf.Variable(tf.truncated_normal([M, N], stddev=0.1))
B3 = tf.Variable(tf.zeros([N]))
```

세 번째 층은 시그모이드 활성화 함수를 통해 네 번째 층으로 출력을 내보낸다.

```
Y3 = tf.nn.sigmoid(tf.matmul(Y2, W3) + B3)
```

네 번째 층은 세 번째 층으로부터 Y3 출력을 수신하고, 이를 W4 가중치 연결과 결합해 B4 바이어스 텐서의 값에 각각 가산한다.

```
W4 = tf.Variable(tf.truncated_normal([N, O], stddev=0.1))
B4 = tf.Variable(tf.zeros([O]))
```

가산 결과는 시그모이드 활성화 함수를 통해 다섯 번째 층으로 출력을 내보낸다.

```
Y4 = tf.nn.sigmoid(tf.matmul(Y3, W4) + B4)
```

다섯 번째 층은 네 번째 계층의 O=30 자극을 입력받은 후 소프트맥스 활성화 함수를 통해 각 숫자에 대한 확률 클래스로 변환한다.

```
W5 = tf.Variable(tf.truncated_normal([O, 10], stddev=0.1))
B5 = tf.Variable(tf.zeros([10]))
Ylogits = tf.matmul(Y4, W5) + B5
Y = tf.nn.softmax(Ylogits)
```

여기서 손실 함수loss function는 목표값과 모델의 예측에 적용된 소프트맥스 활성화 함수값 간의 교차 엔트로피cross-entropy다.

```
cross_entropy = tf.nn.softmax_cross_entropy_with_logits_v2(logits=Ylogits,
labels=Y_)cross_entropy = tf.nn.softmax_cross_entropy_with_logits_
v2(logits=Ylogits, labels=Y_)
cross_entropy = tf.reduce_mean(cross_entropy)*100
```

tf.train.AdamOptimizer는 Kingma와 Ba의 Adam 알고리즘(https://arxiv.org/pdf/1412.6980v8.pdf)을 사용해 가중치를 조절한다. AdamOptimizer는 간단한 tf.train.Gradient DescentOptimizer에 비해 몇 가지 장점을 제공한다. 즉, 상대적으로 큰 유효한 단계 크기를 사용하며, 알고리즘은 미세 조정 없이 이 단계 크기step size로 수렴한다.

```
learning_rate = 0.003
train_step = tf.train.AdamOptimizer(learning_rate).minimize(cross_entropy)
```

또한 correct_prediction과 모델의 정확도^{accuracy}를 정의한다.

```
correct_prediction = tf.equal(tf.argmax(Y, 1), tf.argmax(Y_, 1))
accuracy = tf.reduce_mean(tf.cast(correct_prediction, tf.float32))
```

요약 및 세션 실행에 대한 소스 코드는 이전과 거의 동일하다. 구현 모델을 평가하기 위해 직접 전달할 수 있다. 모델 실행 결과는 다음과 같다. 이 코드를 실행한 결과, 최종 테스트 집합에 대한 예측 정확도는 약 97%이다.

```
Extracting /tmp/data/train-images-idx3-ubyte.gz
Extracting /tmp/data/train-labels-idx1-ubyte.gz
Extracting /tmp/data/t10k-images-idx3-ubyte.gz
Extracting /tmp/data/t10k-labels-idx1-ubyte.gz
('Epoch: ', 0)
('Epoch: ', 1)
('Epoch: ', 2)
('Epoch: ', 3)
('Epoch: ', 4)
('Epoch: ', 5)
('Epoch: ', 6)
('Epoch: ', 7)
('Epoch: ', 8)
('Epoch: ', 9)
('Accuracy: ', 0.9725)
done
```

가시화

간단하게 실행 폴더에서 터미널을 열고 다음 명령으로 텐서보드를 실행한다.

```
$> Tensorboard --logdir = 'log_simple_stats_5_layers_relu_softmax'
```

다음으로 localhost에서 웹 브라우저를 오픈한다.

다음 그래프를 이용하면 훈련 집합 데이터 수에 따른 비용 함수의 경향을 파악할 수 있다.

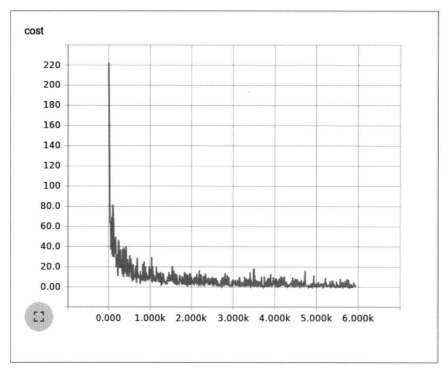

훈련 집합 데이터 수에 따른 비용 함수

비용 함수는 반복 횟수가 증가함에 따라 감소한다. 이러한 패턴이 바람직하며 앞의 그림과 같다. 만일 앞의 그림과 같은 패턴을 보여주지 않는다면 무언가 잘못됐다는 것을 의미한다. 가장 운이 좋은 경우는 단순히 파라미터를 제대로 설정하지 않았기 때문일 것이다.

하지만 운이 좋지 않을 경우는 정보가 너무 작거나 이미지 품질이 좋지 않기 때문일 것이다. 따라서 분석용 데이터 집합과 관련된 문제를 해결해야 하므로 이러한 경우에는 데이터 집합을 직접 수정해야 하는 어려움이 있다.

5층 신경망 소스 코드

이 섹션에서 설명한 전체 소스 코드는 다음과 같다.

```
import tensorflow as tf
from tensorflow.examples.tutorials.mnist import input_data

logs_path = 'log_simple_stats_5_layers_sigmoid'
batch_size = 100
training_epochs = 10

mnist = input_data.read_data_sets("/tmp/data", one_hot=True)
X = tf.placeholder(tf.float32, [None, 784])
Y_ = tf.placeholder(tf.float32, [None, 10])

L = 200
M = 100
N = 60
O = 30

W1 = tf.Variable(tf.truncated_normal([784, L], stddev=0.1))
B1 = tf.Variable(tf.zeros([L]))
W2 = tf.Variable(tf.truncated_normal([L, M], stddev=0.1))
B2 = tf.Variable(tf.zeros([M]))
W3 = tf.Variable(tf.truncated_normal([M, N], stddev=0.1))
B3 = tf.Variable(tf.zeros([N]))
W4 = tf.Variable(tf.truncated_normal([N, O], stddev=0.1))
B4 = tf.Variable(tf.zeros([O]))
W5 = tf.Variable(tf.truncated_normal([O, 10], stddev=0.1))
B5 = tf.Variable(tf.zeros([10]))
```

```
XX = tf.reshape(X, [-1, 784])
Y1 = tf.nn.sigmoid(tf.matmul(XX, W1) + B1)
Y2 = tf.nn.sigmoid(tf.matmul(Y1, W2) + B2)
Y3 = tf.nn.sigmoid(tf.matmul(Y2, W3) + B3)
Y4 = tf.nn.sigmoid(tf.matmul(Y3, W4) + B4)
Ylogits = tf.matmul(Y4, W5) + B5
Y = tf.nn.softmax(Ylogits)

cross_entropy = tf.nn.softmax_cross_entropy_with_logits_v2(logits=Ylogits,
labels=Y_)
cross_entropy = tf.reduce_mean(cross_entropy)*100

correct_prediction = tf.equal(tf.argmax(Y, 1), tf.argmax(Y_, 1))
accuracy = tf.reduce_mean(tf.cast(correct_prediction, tf.float32))
learning_rate = 0.003
train_step = tf.train.AdamOptimizer(learning_rate).minimize(cross_entropy)
tf.summary.scalar("cost", cross_entropy)
tf.summary.scalar("accuracy", accuracy)
summary_op = tf.summary.merge_all()

init = tf.global_variables_initializer()
sess = tf.Session()
sess.run(init)

with tf.Session() as sess:
    sess.run(tf.global_variables_initializer())
    writer = tf.summary.FileWriter(logs_path, graph=tf.get_default_graph())
    for epoch in range(training_epochs):
        batch_count = int(mnist.train.num_examples/batch_size)
        for i in range(batch_count):
            batch_x, batch_y = mnist.train.next_batch(batch_size)
            _, summary = sess.run([train_step, summary_op],\
                            feed_dict={X: batch_x,\
                                        Y_: batch_y})
            writer.add_summary(summary,\
                            epoch * batch_count + i)
        print("Epoch: ", epoch)

print("Accuracy: ", accuracy.eval(feed_dict={X: mnist.test.images,\
```

```
 Y_: mnist.test.labels}))
    print("done")
```

▌ ReLU 분류기

마지막 구조 변경으로 모델 정확도는 향상됐지만, 다음과 같이 렐루ReLU를 사용해 시그 모이드 활성화 함수를 변경하면 좀 더 개선할 수 있다.

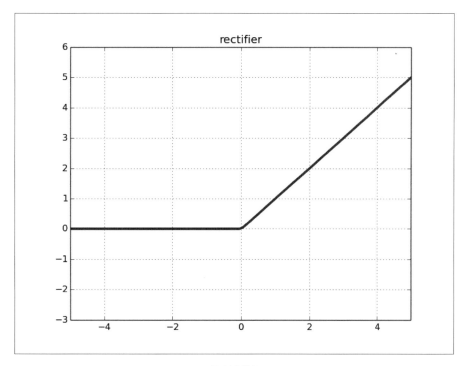

ReLU 함수

렐루^{Rectified Linear Unit, ReLU} 는 함수 $f(x)=max(0, x)$를 계산한다. ReLU는 Sigmoid나 tanh와 같은 활성화 함수에 필요한 지수 계산이 필요하지 않기 때문에 계산 속도가 빠르다. 더욱이 sigmoid나 tanh 함수에 비해 확률적경사하강^{SGD}의 수렴속도를 크게 가속화한다.

ReLU 함수를 사용하려면 이전에 구현한 모델에서 처음 4개 층에 대한 정의를 다음과 같이 변경하면 된다.

첫째 층 출력

```
Y1 = tf.nn.relu(tf.matmul(XX, W1) + B1)
```

둘째 층 출력

```
Y2 = tf.nn.relu(tf.matmul(Y1, W2) + B2)
```

셋째 층 출력

```
Y3 = tf.nn.relu(tf.matmul(Y2, W3) + B3)
```

넷째 층 출력

```
Y4 = tf.nn.relu(tf.matmul(Y3, W4) + B4)
```

tf.nn.relu는 텐서플로에서 ReLU를 구현하는 방법이다.

네트워크 실행 결과를 보면 모델 정확도는 거의 98%다.

```
>>>
Loading data/train-images-idx3-ubyte.mnist
Loading data/train-labels-idx1-ubyte.mnist
Loading data/t10k-images-idx3-ubyte.mnist
Loading data/t10k-labels-idx1-ubyte.mnist
Epoch: 0
Epoch: 1
Epoch: 2
Epoch: 3
Epoch: 4
Epoch: 5
Epoch: 6
Epoch: 7
Epoch: 8
Epoch: 9
Accuracy: 0.9789
Done
>>>
```

▌ 가시화

텐서보드 분석은 소스가 실행된 폴더에서 다음 명령을 입력해 실행한다.

```
$> Tensorboard --logdir = 'log_simple_stats_5_layers_relu_softmax'
```

다음으로 웹브라우저에서 http://localhost:6006로 이동하여 텐서보드 시작페이지를 오픈한다. 설정포트가 다르다면 해당 포트를 입력한다.

다음 그림은 훈련용 집합의 수에 따른 추세 정확도다.

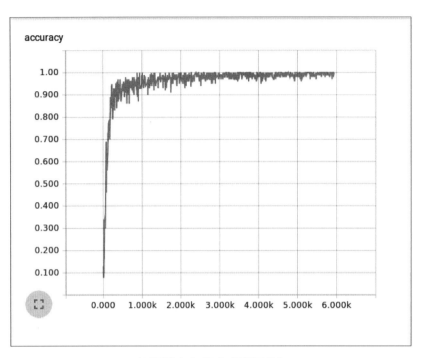

훈련 집합 수에 따른 추세 정확도 함수

초기에는 좋지 않은 경향을 보여주며, 1,000여 개의 데이터를 적용한 후에 정확도가 급격히 개선됨을 알 수 있다.

ReLU 분류기 소스 코드

다음은 ReLU 분류기에 대한 전체 코드다.

```
from tensorflow.examples.tutorials.mnist import input_data
import tensorflow as tf
import math

logs_path = 'log_simple_stats_5_layers_relu_softmax'
batch_size = 100
```

```
training_epochs = 10

mnist = input_data.read_data_sets("/tmp/data", one_hot=True)

X = tf.placeholder(tf.float32, [None, 784])
Y_ = tf.placeholder(tf.float32, [None, 10])
lr = tf.placeholder(tf.float32)

# 5개의 층과 뉴런의 수( 마지막 층은 10개의 소프트맥스 뉴런을 갖는다. )
L = 200
M = 100
N = 60
O = 30

W1 = tf.Variable(tf.truncated_normal([784, L], stddev=0.1))
B1 = tf.Variable(tf.ones([L]))
W2 = tf.Variable(tf.truncated_normal([L, M], stddev=0.1))
B2 = tf.Variable(tf.ones([M]))
W3 = tf.Variable(tf.truncated_normal([M, N], stddev=0.1))
B3 = tf.Variable(tf.ones([N]))
W4 = tf.Variable(tf.truncated_normal([N, O], stddev=0.1))
B4 = tf.Variable(tf.ones([O]))
W5 = tf.Variable(tf.truncated_normal([O, 10], stddev=0.1))
B5 = tf.Variable(tf.zeros([10]))


XX = tf.reshape(X, [-1, 784])
Y1 = tf.nn.relu(tf.matmul(XX, W1) + B1)
Y2 = tf.nn.relu(tf.matmul(Y1, W2) + B2)
Y3 = tf.nn.relu(tf.matmul(Y2, W3) + B3)
Y4 = tf.nn.relu(tf.matmul(Y3, W4) + B4)
Ylogits = tf.matmul(Y4, W5) + B5
Y = tf.nn.softmax(Ylogits)

cross_entropy = tf.nn.softmax_cross_entropy_with_logits_v2(logits=Ylogits,
labels=Y_)
cross_entropy = tf.reduce_mean(cross_entropy)*100

correct_prediction = tf.equal(tf.argmax(Y, 1), tf.argmax(Y_, 1))
```

```python
accuracy = tf.reduce_mean(tf.cast(correct_prediction, tf.float32))

train_step = tf.train.AdamOptimizer(lr).minimize(cross_entropy)

tf.summary.scalar("cost", cross_entropy)
tf.summary.scalar("accuracy", accuracy)
summary_op = tf.summary.merge_all()

init = tf.global_variables_initializer()
sess = tf.Session()
sess.run(init)

with tf.Session() as sess:
    sess.run(tf.global_variables_initializer())
    writer = tf.summary.FileWriter(logs_path, \
                                    graph=tf.get_default_graph())
    for epoch in range(training_epochs):
        batch_count = int(mnist.train.num_examples/batch_size)
        for i in range(batch_count):
            batch_x, batch_y = mnist.train.next_batch(batch_size)
            max_learning_rate = 0.003
            min_learning_rate = 0.0001
            decay_speed = 2000
            learning_rate = min_learning_rate+\
                        (max_learning_rate - min_learning_rate)\
                        * math.exp(-i/decay_speed)
            _, summary = sess.run([train_step, summary_op],\
                            {X: batch_x, Y_: batch_y,\
                             lr: learning_rate})
            writer.add_summary(summary,\
                            epoch * batch_count + i)
        print("Epoch: ", epoch)

    print("Accuracy: ", accuracy.eval(feed_dict={X: mnist.test.images, Y_: mnist.
test.labels}))
    print("done")
```

▌ 드롭아웃 최적화

학습 단계에서 다음 계층과 연결할 뉴런 수에 제한을 둠으로써 업데이트 대상 가중치를 줄여버린다. 이러한 학습 최적화 기법을 드롭아웃dropout이라고 한다. 따라서 드롭아웃은 많은 계층 및 뉴런을 갖고 있는 네트워크에서 과적합을 방지하기 위해 사용하는 기술이다. 일반적으로 드롭아웃 계층은 많은 수의 훈련 가능한 뉴런을 갖는 계층 뒤에 둔다.

드롭아웃은 값으로 0을 설정한 후 이전 계층의 뉴런에 대한 활성화를 일정 비율로 제외시킬 수 있다. 뉴런에 대한 활성화를 0으로 설정할 확률은 0과 1 사이의 값을 통해 계층 내에 드롭아웃 비율 파라미터로 표시한다. 실제로 뉴런 활성화는 드롭아웃 비율과 같은 확률로 운영되며, 이 밖의 경우에는 비활성화시킨다. 즉, 0으로 설정한다.

따라서 이 트랜잭션에 의한 뉴런은 순전파 과정에, 심지어 어떤 입력의 경우 다음 역전파 과정에 아무런 영향도 주지 못한다. 이러한 방식으로, 각 입력에 대해 해당 네트워크는 이전과 약간 다른 구조를 갖게 되고, 심지어 네트워크 구조가 동일한 가중치를 소유하고 있더라도 매번 구조가 동일하지 않게 된다. 다음 그림은 드롭아웃이 작동하는 방법을 보여준다. 각 은닉 단위는 확률 p의 값에 따라 임의로 네트워크에서 생략된다. 여기서 주목할 만한 한 가지 사항은 선택한 드롭아웃 단위가 매번 훈련 인스턴스마다 다르다는 점이다. 이러한 현상 때문에 훈련 과정에서 많은 문제가 발생한다. 하지만 드롭아웃은 많은 다양한 신경망 모델에 대한 일반화generalization를 실행하기 위한 효율적인 방법이라고 할 수 있다.

과적합overfitting은 구조적인 문제보다 훨씬 적은 계산 비용으로 회피할 수 있다.

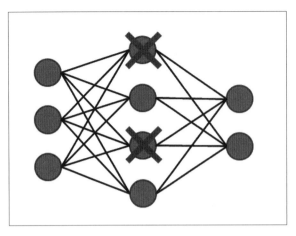

드롭아웃 표현

드롭아웃은 뉴런이 다른 뉴런에 의한 영향을 축소시켜주며, 이로써 견고한[robust] 특징에 대해 더 많은 학습이 가능하도록 할 수 있다. 또한 다른 뉴런에 대한 연결과 함께 유용하게 사용된다.

드롭아웃 계층을 만들 수 있는 텐서플로 함수는 tf.nn.dropout이다.

이 함수의 입력은 이전 계층의 출력과 드롭아웃 파라미터[dropout parameter]다. 드롭아웃 파라미터인 tf.nn.dropout은 입력 텐서[input tensor]와 동일한 크기의 출력 텐서[output tensor]를 반환한다.

이 모델의 구현은 5계층 네트워크에 사용한 것과 동일한 규칙을 따른다. 이 경우 한 계층과 다른 계층 사이에 드롭아웃 함수를 삽입해야 한다.

```
dropout_ratio = tf.placeholder(tf.float32)

Y1 = tf.nn.relu(tf.matmul(XX, W1) + B1)
Y1d = tf.nn.dropout(Y1, dropout_ratio)

Y2 = tf.nn.relu(tf.matmul(Y1d, W2) + B2)
Y2d = tf.nn.dropout(Y2, dropout_ratio)
```

```
Y3 = tf.nn.relu(tf.matmul(Y2d, W3) + B3)
Y3d = tf.nn.dropout(Y3, dropout_ratio)

Y4 = tf.nn.relu(tf.matmul(Y3d, W4) + B4)
Y4d = tf.nn.dropout(Y4, dropout_ratio)

Ylogits = tf.matmul(Y4d, W5) + B5
Y = tf.nn.softmax(Ylogits)
```

드롭아웃 최적화dropout optimization 결과는 다음과 같다.

```
>>>
Loading data/train-images-idx3-ubyte.mnist
Loading data/train-labels-idx1-ubyte.mnist
Loading data/t10k-images-idx3-ubyte.mnist
Loading data/t10k-labels-idx1-ubyte.mnist
Epoch: 0
Epoch: 1
Epoch: 2
Epoch: 3
Epoch: 4
Epoch: 5
Epoch: 6
Epoch: 7
Epoch: 8
Epoch: 9
Accuracy: 0.9666
done
>>>
```

드롭아웃을 적용한 경우보다 이전에 구현한 ReLU 네트워크가 상대적으로 좋다. 하지만
네트워크의 파라미터를 변경해 모델 정확도를 개선할 수 있다.

가시화

텐서보드를 분석하기 위해 다음 명령을 입력한다.

```
$> Tensorboard --logdir = 'log_simple_stats_5_lyers_dropout'
```

다음 그래프는 훈련용 데이터에 대한 함수로 정확도 비용 함수accuracy cost function이다.

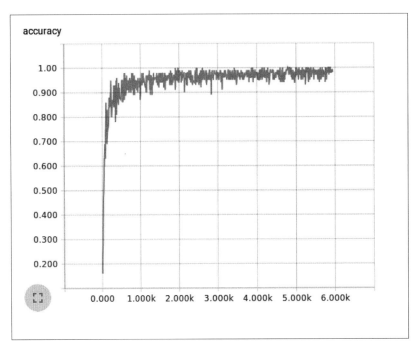

드롭아웃 최적화 적용 시 정확도

다음 그래프는 훈련용 집합 함수에 대한 비용 함수다.

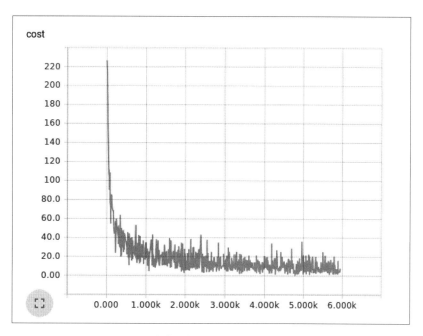

훈련용 집합에 대한 비용 함수

두 가지 경향은 예측한 것이다. 즉, 훈련용 데이터에서 정확도가 증가하지만 비용 함수는 에폭^{epoch}이 증가함에 따라 감소한다.

드롭아웃 최적화를 적용한 소스 코드

드롭아웃 최적화는 순방향 신경망 훈련을 통해 최적화에 수렴하도록 한다. 심화 분석 및 구현을 위한 소스 코드는 다음과 같다.

```
from tensorflow.examples.tutorials.mnist import input_data
import tensorflow as tf
import math

logs_path = 'log_simple_stats_5_lyers_dropout'
batch_size = 100
learning_rate = 0.5
```

```
training_epochs = 10

mnist = input_data.read_data_sets("/tmp/data", one_hot=True)

X = tf.placeholder(tf.float32, [None, 784])
Y_ = tf.placeholder(tf.float32, [None, 10])
lr = tf.placeholder(tf.float32)
dropout_ratio = tf.placeholder(tf.float32)

L = 200
M = 100
N = 60
O = 30

W1 = tf.Variable(tf.truncated_normal([784, L], stddev=0.1))
B1 = tf.Variable(tf.ones([L])/10)
W2 = tf.Variable(tf.truncated_normal([L, M], stddev=0.1))
B2 = tf.Variable(tf.ones([M])/10)
W3 = tf.Variable(tf.truncated_normal([M, N], stddev=0.1))
B3 = tf.Variable(tf.ones([N])/10)
W4 = tf.Variable(tf.truncated_normal([N, O], stddev=0.1))
B4 = tf.Variable(tf.ones([O])/10)
W5 = tf.Variable(tf.truncated_normal([O, 10], stddev=0.1))
B5 = tf.Variable(tf.zeros([10]))

# 각 층에 드롭아웃 처리한 모델
XX = tf.reshape(X, [-1, 28*28])

Y1 = tf.nn.relu(tf.matmul(XX, W1) + B1)
Y1d = tf.nn.dropout(Y1, dropout_ratio)

Y2 = tf.nn.relu(tf.matmul(Y1d, W2) + B2)
Y2d = tf.nn.dropout(Y2, dropout_ratio)

Y3 = tf.nn.relu(tf.matmul(Y2d, W3) + B3)
Y3d = tf.nn.dropout(Y3, dropout_ratio)

Y4 = tf.nn.relu(tf.matmul(Y3d, W4) + B4)
Y4d = tf.nn.dropout(Y4, dropout_ratio)
```

```
Ylogits = tf.matmul(Y4d, W5) + B5
Y = tf.nn.softmax(Ylogits)

cross_entropy = tf.nn.softmax_cross_entropy_with_logits_v2(logits=Ylogits,
labels=Y_)
cross_entropy = tf.reduce_mean(cross_entropy)*100

correct_prediction = tf.equal(tf.argmax(Y, 1), tf.argmax(Y_, 1))
accuracy = tf.reduce_mean(tf.cast(correct_prediction, tf.float32))

train_step = tf.train.AdamOptimizer(lr).minimize(cross_entropy)

tf.summary.scalar("cost", cross_entropy)
tf.summary.scalar("accuracy", accuracy)
summary_op = tf.summary.merge_all()

init = tf.global_variables_initializer()
sess = tf.Session()
sess.run(init)


with tf.Session() as sess:
  sess.run(tf.global_variables_initializer())
  writer = tf.summary.FileWriter(logs_path, \
                                 graph=tf.get_default_graph())

  for epoch in range(training_epochs):
      batch_count = int(mnist.train.num_examples/batch_size)
      for i in range(batch_count):
          batch_x, batch_y = mnist.train.next_batch(batch_size)
          max_learning_rate = 0.003
          min_learning_rate = 0.0001
          decay_speed = 2000
          learning_rate = min_learning_rate + (max_learning_rate - \
                          min_learning_rate) * math.exp(-i/decay_speed)
          _, summary = sess.run([train_step, summary_op], {X: batch_x, \
                                                  Y_:batch_y, \
                                                  dropout_ratio: 0.75,
```

```
                \
                                                                    lr: learning_rate})
            writer.add_summary(summary, epoch * batch_count + i)
    print ("Epoch: ", epoch)
    print ("Accuracy: ", accuracy.eval\
            (feed_dict={X: mnist.test.images, \
                            Y_: mnist.test.labels, dropout_ratio: 0.75}))
    print ("done")
```

▌ 요약

3장에서는 이미지 분류 문제를 대상으로 순방향 신경망 모델을 구현하는 방법을 살펴봤다.

순방향 신경망은 입력 유닛 집합, 출력 유닛 집합, 입력과 출력을 연결하는 1개 이상의 은닉 유닛으로 구성된다. 각 수준 간 연결은 합산되며 단방향이다. 각 유닛은 이전 계층의 모든 유닛에서 신호를 수신하고 가중치를 적용한 후 출력값을 다음 층의 모든 유닛에 전달한다. 신경망 모델링을 위해서는 전이 함수(시그모이드, 소프트맥스, 렐루)를 정의해야 한다. 전이 함수의 선택은 구조와 대상 문제에 따라 다르다.

3장에서는 4개의 순방향 신경망ffnn 모델을 구현했다. 첫 번째는 활성화 함수가 소프트맥스이고 은닉층이 1개인 모델이며, 다음으로 총 5개의 은닉층을 갖는 3개의 서로 다른 모델을 개발했는데, 이는 다음과 같다.

- 4개의 시그모이드 계층과 1개의 소프트맥스 계층
- 4개의 렐루 계층과 1개의 소프트맥스 계층
- 드롭아웃 최적화를 갖는 4개의 렐루 계층과 1개의 소프트맥스 계층

4장에서는 좀 더 복잡한 신경망 모델 중 하나이며, 딥러닝 기술에 큰 영향력을 발휘하고 있는 컨볼루션 신경망을 설명한다. 주요 특징을 학습하고 여러 구현 사례를 알아보겠다.

04

컨볼루션 신경망에
텐서플로 사용하기

컨볼루션 신경망Convolutional Neural Network, CNN은 실제 응용 프로그램에서 많은 우수한 결과를 보여주고 있다. 이 딥러닝 신경망은 주로 이미지 인식에 사용된다. CNN은 여러 블록으로 이뤄져있다. 첫째 블록은 컨볼루션층과 풀링층으로 구성되고, 마지막 블록은 소프트맥스 층으로 구성된 전 연결층fully-connected layer이다.

4장에서는 CNN을 이용해 이미지 분류 문제를 해결하는 두 가지 예제를 개발한다. 첫 번째 예제는 고전적인 MNIST 숫자 분류 시스템이다. 정확도 99%에 이르는 CNN을 구축하는 방법을 살펴본다. 두 번째 예제의 훈련 데이터는 캐글Kaggle(http://www.kaggle.com)에서 가져온다. 이 예제의 목적은 감정을 분류하기 위해 여러 얼굴 이미지를 이용해 네트워크를 훈련시키는 것이다.

모델의 정확성을 평가한 후 초기 데이터 집합에 속하지 않은 이미지 1개에 대해 테스트한다.

4장의 구성은 다음과 같다.

- CNN 네트워크 소개
- CNN 구조
- CNN 모델 – LeNet
- 첫번째 CNN모델 개발
- CNN을 이용한 감정 인식

▍CNN 소개

최근에는 딥 뉴럴 네트워크Deep Neural Network, DNN가 업계뿐만 아니라 연구에 새로운 자극을 주고있으며 점점 더 많이 사용되고 있다. DNN의 특별한 유형은 CNN으로, 이미지 분류 문제에서 큰 성공을 거뒀다.

CNN을 기반으로 한 이미지 분류기 개발에 들어가기 전에, 형상 특징 감지 및 컨볼루션과 같은 이미지 감지에 대한 몇 가지 기본 개념을 설명한다.

실제 이미지는 픽셀이라는 많은 수의 작은 정사각형으로 구성된 그리드와 관련돼 있다. 다음 그림은 5×5픽셀 격자와 관련된 흑백 이미지를 나타낸다.

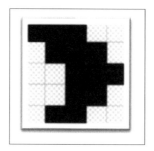

흑백 이미지

그리드의 각 요소는 픽셀에 해당하며, 흑백 이미지의 경우 검은색과 관련된 값은 1이고 흰색과 관련된 값은 0으로 가정한다. 회색 음영 이미지에서 각 그리드 요소의 값은 [0-255] 범위에 있으며, 0에 가까울수록 흰색 계열, 255에 가까울수록 검은색 계열이 된다.

마지막으로, 컬러 이미지는 하나의 컬러 채널(적색, 녹색, 청색)에 각각 대응하는 3개의 행렬 그룹으로 표현된다. 각 행렬의 요소는 기본색(또는 기본색)의 밝기를 지정하는 값의 범위 [0, 255]에서 한 개의 값을 갖는다.

이 표현은 다음 그림에 표시돼 있으며, 각각의 행렬은 4×4 크기고, 색상 채널 수는 3이다.

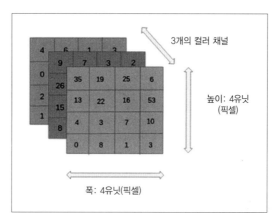

컬러 이미지 표현

이제 흑백 이미지(5×5 행렬)에 초점을 맞춰 다음 그림과 같이 이 행렬에 위에서 아래로, 그리고 왼쪽에서 오른쪽으로 더 낮은 차원의 두 번째 행렬(예: 3×3 행렬)을 전달한다고 가정해보자.

커널 필터

이 행렬을 커널 필터kernel filter 또는 특징 검출기feature detector라고 한다. 커널 필터가 입력 행렬(또는 입력 이미지)을 따라 이동하는 동안, 커널 값과 적용되는 행렬 부분의 스칼라 곱을 수행한다. 이 연산의 결과는 컨볼루션 행렬이라는 새로운 행렬이다.

다음 그림은 컨볼루션 절차를 가리키며, 컨볼루션 연산에 의해 생성된 컨볼루션된 특징(결과적으로 3×3 행렬)은 입력 이미지(5×5 행렬)에 커널 필터(3×3 행렬)를 적용한다.

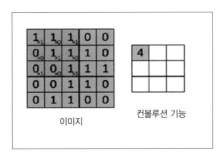

입력 이미지, 커널 필터와 컨볼루션 기능

▌ 컨볼루션 뉴럴 네트워크 구조

앞에서 설명한 입력 행렬 5×5를 예로 들면, CNN은 25개의 뉴런(5×5 = 25)으로 구성된 입력층으로 구성돼 있다. 이 작업은 각 픽셀에 해당하는 입력값을 가져와 다음 은닉층으로 전송한다.

다층망multilayer network에서 모든 입력층 뉴런의 출력은 은닉층(전 연결층)의 각 뉴런에 연결된다.

CNN에서 컨볼루션층을 정의하는 연결 체계는 상당히 다르다.

여러분이 추측하듯, 컨볼루션층은 주요한 유형의 층이다. CNN에서 이러한 층 1개 이상을 사용한다.

컨볼루션층에서 각 뉴런은 수용 영역receptive field이라고 하는 입력 영역의 특정 영역에 연결된다.

예를 들어, 3×3 커널 필터를 사용하면, 각 뉴런에는 바이어스가 있고 9 = 3×3개의 가중치가 단일 수용 필드에 연결된다. 물론, 이미지를 효과적으로 인식하려면 각 필터가 다른 특징의 이미지를 인식해야 하기 때문에 동일한 수용 필드에 다른 커널 필터를 적용해야 한다.

동일한 특징을 식별하는 뉴런 집합은 1개의 특징 맵을 정의한다.

다음 그림은 실제 사용한 CNN 구조다. 28×28 크기의 입력 이미지는 28×28 크기의 32가지 특징 맵으로 구성된 컨볼루션층으로 분석한다. 또한 이 그림은 수용 영역receptive field과 3×3 크기의 커널 필터를 보여준다.

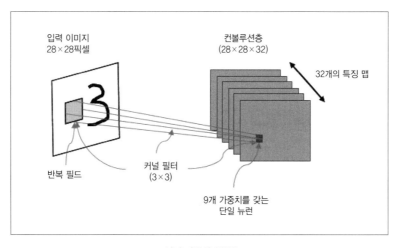

실제 사용한 CNN

CNN은 계단식으로 연결된 여러 개의 컨볼루션층으로 구성할 수 있다. 각 컨볼루션층의 출력은 일련의 특징 맵(각각 단일 커널 필터로 생성됨)이며, 모든 행렬은 다음 층에서 사용할 입력이 된다.

CNN에서 개별 뉴런은 활성화 임계값 이후의 입력에 비례하고 제한돼 있지 않은 출력을 생성한다. 일반적으로 사용되는 활성화 함수는 "3장, 순방향 신경망에 텐서플로 사용하기"에서 소개한 렐루ReLU 함수다.

또한 CNN은 컨볼루션층 바로 뒤에 위치한 풀링층을 사용한다. 풀링층은 컨볼루션 영역을 하위 영역으로 분할하고 후속층의 계산 시간을 줄이며 해당 공간 위치에 대한 특징feature의 견고성을 높이기 위해 단일 대표값(최대 풀링 또는 평균 풀링)을 선택한다.

컨볼루션 네트워크의 마지막 은닉층은 출력층으로 소프트맥스 활성화 함수를 갖는 전 연결층fully connected layer이다.

CNN 모델 – LeNet

컨볼루션 및 맥스풀링max-Pooling층은 LeNet 제품군 모델의 핵심이다. 이것은 시각 패턴 인식에 특화된 다층 순방향 신경망multilayered feed-forward networks의 제품군이다.

모델별로 세부사항은 다양하며, 다음 그림은 LeNet 네트워크의 스키마다.

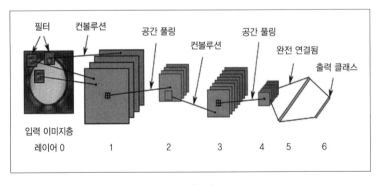

LeNet 네트워크

LeNet 모델에서 하위층은 컨볼루션과 최대 풀링을 번갈아가면서 구성했다. 마지막 층은 전 연결망이며, 전체구조는 기존에 사용된 순방향 네트워크(전 연결+소프트맥스층)가 된다.

첫 번째 전 연결층에 대한 입력은 아래층의 모든 특징 맵 집합이다.

텐서플로 구현의 관점에서 볼 때, 이것은 하위층이 4D 텐서에서 작동한다는 것을 의미한다. 다음으로 하위층은 순방향 구현과 호환되도록 2D 행렬에 병합된다.

 LeNet 제품군 모델에 대한 기본 참조는 http://yann.lecun.com/exdb/lenet/index.html 을 참조한다.

▌ 첫 번째 CNN 구축

이 섹션에서는 CNN을 구성해 MNIST 데이터 집합의 이미지를 분류하는 방법을 학습한다. 3장에서는 간단한 소프트맥스 모델이 MNIST에서 손으로 기록한 숫자를 인식하는 데 약 92%의 분류 정확도를 제공한다는 것을 알았다.

여기서는 약 99%의 분류 정확도를 갖는 CNN을 구현해보도록 하겠다.

다음 그림은 처음 2개의 컨볼루션층에서 데이터가 어떻게 전달되는지 보여준다. 입력 이미지는 필터 가중치$^{filter\ weight}$를 사용해 첫 번째 컨볼루션층에서 처리된다. 결과적으로 32개의 새로운 이미지가 생성되며, 컨볼루션층의 각 필터별로 하나의 이미지가 생성된다. 이미지는 풀링 작업으로 다운 샘플링되므로 이미지 해상도가 28×28에서 14×14로 감소한다.

이 32개의 작은 이미지는 두 번째 컨볼루션층에서 처리된다. 이 32개 특징 각각에 대해 필터 가중치$^{filter\ weights}$가 다시 필요하다. 또한 이 레이어의 각 출력 채널에 대해 필터 가중치가 필요하다. 풀링 작업으로 이미지를 다시 다운 샘플링해 이미지 해상도가 14×14에서 7×7로 감소한다. 이 컨볼루션층의 총 함수의 개수는 64개이다.

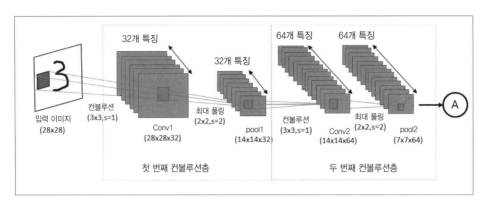

첫 번째 두 컨볼루션층의 데이터 흐름

64개의 결과 이미지는 (3×3) 세 번째 컨볼루션층으로 다시 필터링한다. 이 층에 대해서는 풀링 연산을 적용하지 않는다. 두 번째 컨볼루션층의 출력은 각각 7×7픽셀인 128개의 이미지다. 이 이미지는 길이가 4×4×128인 단일 벡터로 병합된다. 이 벡터는 128개의 뉴런(또는 요소)으로, 전 연결층에 대한 입력으로 사용된다.

이는 각 클래스에 대해 하나씩 10개의 뉴런을 갖는 다른 전 연결층으로 제공된다. 전 연결층은 해당 이미지의 클래스를 결정하는 데 사용된다. 즉 해당 이미지에 대한 숫자를 표시한다.

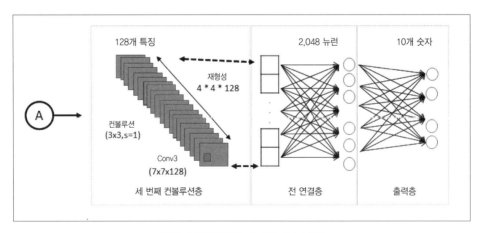

마지막 3개 컨볼루션층에 대한 데이터 흐름

처음에는 컨볼루션 필터를 무작위로 선택한다. 입력 이미지에 대한 예측 클래스와 실제 클래스 간의 오차는 비용 함수$^{cost\ function}$로 계산한다. 비용 함수는 훈련 데이터 이외의 데이터에 대한 예측 정확도를 확보할 수 있도록 하는 신경망 모델의 일반화를 가능하게 한다. 다음으로 최적화 알고리즘은 자동으로 컨볼루션 네트워크를 통해 해당 오류를 전파하고 필터 가중치를 갱신해 분류 오류를 개선한다.

분류 오류가 충분히 낮아질 때까지 반복적으로 수천 번 행한다.

이제 첫 번째 CNN을 코딩하는 방법을 자세히 살펴보자.

구현을 위해 텐서플로 라이브러리를 임포트한다.

```
import tensorflow as tf
import numpy as np
from tensorflow.examples.tutorials.mnist import input_data
```

트레이닝 단계(128)와 테스트 단계(256)에서 각각 고려할 샘플 수를 나타내는 파라미터를 설정한다.

```
batch_size = 128
test_size = 256
```

MNIST 이미지의 높이와 폭은 28픽셀이므로 해당 파라미터의 값을 28로 설정한다.

```
img_size = 28
```

클래스의 수와 관련해, 값 10은 숫자 10개 각각에 대해 1개의 클래스를 배정했음을 의미한다.

```
num_classes = 10
```

입력 이미지에 대해 플레이스홀더 변수 X를 정의한다. 텐서의 데이터 유형은 float32로 설정하고 구조는 [None, img_size, img_size, 1]로 설정한다. None은 텐서가 임의의 개수에 대한 이미지를 보유할 수 있다는 것을 의미한다.

```
X = tf.placeholder("float", [None, img_size, img_size, 1])
```

다음으로 플레이스홀더 변수 X에 입력 데이터인 이미지와 관련된 실제 레이블에 대해 다른 플레이스홀더 변수 Y를 설정한다.

이 플레이스홀더 변수의 구조는 [None, num_classes]이다. 이는 임의의 개수만큼 레이블을 보유할 수 있다는 것을 의미하며, 이 경우 각 레이블은 길이가 10(num_classes)인 벡터다.

```
Y = tf.placeholder("float", [None, num_classes])
```

tensorflow.examples.tutorials.mnist에서 input_data를 이용해 입력데이터인 MNIST 데이터를 다운로드한다.

```
mnist = input_data.read_data_sets("MNIST_data", one_hot=True)
```

훈련용(trX, trY) 및 네트워크 테스트용(teX, teY)을 위한 데이터 집합을 생성한다.

```
trX, trY, teX, teY = mnist.train.images,
                     mnist.train.labels,
                     mnist.test.images,
                     mnist.test.labels
```

trX 및 teX 이미지 집합은 입력 구조에 따라 변경한다.

```
trX = trX.reshape(-1, img_size, img_size, 1)
teX = teX.reshape(-1, img_size, img_size, 1)
```

이제 네트워크의 가중치를 정의한다.

init_weights 함수는 주어진 형태의 새로운 변수를 만들고, 무작위 값으로 네트워크의 가중치를 초기화한다.

```
def init_weights(shape):
    return tf.Variable(tf.random_normal(shape, stddev=0.01))
```

첫 번째 컨볼루션층의 각 뉴런은 3×3×1의 차원을 가진 입력 텐서의 작은 하위 집합으로 컨볼루션 연산을 한다. 값 32는 첫 번째 층에서 고려하는 특징 맵의 수다. 가중치 w는 다음과 같이 정의한다.

```
w = init_weights([3, 3, 1, 32])
```

입력 개수는 32로 증가하는데, 이는 두 번째 컨볼루션층의 각 뉴런이 첫 번째 컨볼루션층의 3×3×32 뉴런으로 컨볼루션 연산을 한다는 것을 의미한다. 가중치 w2는 다음과 같이 정의한다.

```
w2 = init_weights([3, 3, 32, 64])
```

값 64는 얻어낸 출력 특징의 수이다.

세 번째 컨볼루션층은 이전 층의 3×3×64 뉴런에 대해 컨볼루션 연산을 한다는 것을 의미한다. 가중치 w3는 다음과 같이 정의하며 128은 얻어낸 출력 특징의 수다.

```
w3 = init_weights([3, 3, 64, 128])
```

네 번째 층은 전 연결^{fully connected}돼 있다. 128×4×4 입력을 수신하지만, 출력은 625와 같다.

```
w4 = init_weights([128 * 4 * 4, 625])
```

출력층은 625개의 값을 입력 받지만 출력값은 클래스의 개수인 10차원 벡터가 된다.

```
w_o = init_weights([625, num_classes])
```

이 시점에서 초기화는 실제로 수행되지 않는다. 초기화는 단순히 텐서플로 그래프에 정의한다.

```
p_keep_conv = tf.placeholder("float")
p_keep_hidden = tf.placeholder("float")
```

이제 네트워크 모델을 정의할 차례다. 네트워크의 가중치 정의와 마찬가지로 함수가 된다.

이 함수는 컨볼루션^{convolution} 및 전 연결층에 대한 입력, X 텐서, 가중치 텐서, 드롭아웃 파라미터를 입력받는다.

```
def model(X, w, w2, w3, w4, w_o, p_keep_conv, p_keep_hidden):
```

tf.nn.conv2d( ) 함수는 컨볼루션^{convolution} 연산을 실행한다. 모든 차원에서 스트라이드^{stride}는 1로 설정했음을 알아두자.

실제로 첫 번째와 마지막 스트라이드는 항상 1이어야 한다. 첫 번째는 이미지 번호용이고, 마지막은 입력 채널용이기 때문이다. 패딩^{padding} 파라미터는 'SAME'으로 설정하며, 입력 이미지를 0으로 패딩해 출력 사이즈가 동일하다.

```
conv1 = tf.nn.conv2d(X, w,strides=[1, 1, 1, 1],
                        padding='SAME')
```

다음으로 conv1층을 relu층에 전달한다. 이 함수는 각 입력 픽셀 x에 대해 max(x, 0) 함수를 계산해 수식에 일부 비선형성을 추가하고 좀 더 복잡한 함수를 학습할 수 있도록 한다.

```
conv1 = tf.nn.relu(conv1)
```

다음으로 결과층은 tf.nn.max_pool 연산자로 풀링한다.

```
conv1 = tf.nn.max_pool(conv1, ksize=[1, 2, 2, 1]
                        ,strides=[1, 2, 2, 1],
                padding='SAME')
```

이것은 2×2 최대 풀링이다. 즉, 2×2 창을 고려하고 각 창에서 가장 큰 값을 선택한다. 다음으로 2개의 픽셀을 다음 창으로 이동시킨다.

conv1층과 p_keep_conv 확률 값을 인수로 하는 tf.nn.dropout( ) 함수를 통해 과적합을 줄인다.

```
conv1 = tf.nn.dropout(conv1, p_keep_conv)
```

다음 2개의 컨볼루션층인 conv2, conv3는 conv1과 동일하게 정의한다.

```
conv2 = tf.nn.conv2d(conv1, w2,
                        strides=[1, 1, 1, 1],
                        padding='SAME')
conv2 = tf.nn.relu(conv2)
conv2 = tf.nn.max_pool(conv2, ksize=[1, 2, 2, 1],
                        strides=[1, 2, 2, 1],
                        padding='SAME')
conv2 = tf.nn.dropout(conv2, p_keep_conv)
```

```
conv3=tf.nn.conv2d(conv2, w3,
                    strides=[1, 1, 1, 1]
                    ,padding='SAME')
conv3_a = tf.nn.relu(conv3)
```

2개의 전 연결층two fully-connected layers이 네트워크에 추가된다. 첫 번째 FC_layer의 입력은 이전 컨볼루션에서 나온 컨볼루션층이다.

```
FC_layer = tf.nn.max_pool(conv3, ksize=[1, 2, 2, 1],
                    strides=[1, 2, 2, 1],
                    padding='SAME')

FC_layer = tf.reshape(FC_layer, [-1,w4.get_shape().as_list()[0]])
```

드롭아웃 함수를 다시 사용해 과적합을 줄인다.

```
FC_layer = tf.nn.dropout(FC_layer, p_keep_conv)
```

출력층은 FC_layer 및 w4 가중치 텐서를 입력받는다. relu 및 dropout 연산자를 각각 적용한다.

```
output_layer = tf.nn.relu(tf.matmul(FC_layer, w4))
output_layer = tf.nn.dropout(output_layer, p_keep_hidden)
```

result 변수는 입력 이미지가 10개의 클래스 중 어디에 속하는지 결정하는, 길이가 10인 벡터다.

```
result = tf.matmul(output_layer, w_o)
return result
```

교차 엔트로피^{cross-entropy}는 이 분류기에서 사용한 성능 측정값이다. 교차 엔트로피는 예측 결과가 원하는 출력과 정확하게 일치하는 경우 항상 양수이고, 0인 연속 함수다. 따라서 이 최적화의 목표는 네트워크층의 변수를 변경해 가능한 한 0에 가깝도록 교차 엔트로피를 최소화하는 것이다.

텐서플로에는 교차 엔트로피 계산을 위한 내장 함수가 있다. 이 함수는 내부적으로 소프트맥스 함수를 적용하므로 py_x의 출력을 직접 사용해야 한다.

```
py_x = model(X, w, w2, w3, w4, w_o, p_keep_conv, p_keep_hidden)
Y_ = tf.nn.softmax_cross_entropy_with_logits_v2(logits=py_x, labels=Y)
```

이제 분류한 이미지에 대한 교차 엔트로피를 정의했으므로 각각의 모델에서 모델이 얼마나 잘 작동하는지 정량적으로 측정할 수 있다. 교차 엔트로피를 사용해 네트워크 변수를 최적화하려면 단일 스칼라 값이 필요하므로 분류된 모든 이미지에 대해 교차 엔트로피의 평균을 취한다.

```
cost = tf.reduce_mean(Y_)
```

평가 비용을 최소화하기 위해 최적화 프로그램을 정의해야 한다. 여기서는 RMSProp Optimizer함수를 사용한다. 이 함수는 고급 형식의 경사 하강^{gradient descent}이다. `RMSProp Optimizer` 함수는 RMSProp 알고리즘을 실행한다. 즉, 제프 힌턴의 coursera 클래스 강의 6e에서 설명한 적응적 학습률^{adaptive learning rate method}을 이용한다.

 제프 힌턴의 강의는 https://www.coursera.org/learn/neural-networks에서 찾아볼 수 있다.

또한 `RMSPropOptimizer` 함수는 학습률을 기하급수적으로 감소시키기 위해 제곱 기울기^{Squared Gradients}의 평균으로 나눈다. 제프 힌턴이 권장한대로 감소 파라미터^{decay parameter}를

0.9로 설정했고 학습 속도의 기본값은 0.001으로 설정했다.

```
optimizer = tf.train.RMSPropOptimizer(0.001, 0.9).minimize(cost)
```

기본적으로 확률적 경사 하강법Stochastic Gradient Descent, SGD 수렴 속도를 얻기 위해 학습 속도가 1 / T로 확장돼야 한다는 문제가 있다. 여기서 T는 반복 횟수다. RMSProp은 자동으로 단계 크기를 조정해 단계가 기울기gradient와 동일한 스케일scale로 조정되도록 한다. 평균 기울기가 작아지면 SGD 업데이트의 계수가 커지므로 이를 보완하기 위해 노력한다.

 이 알고리즘에 대한 자료는 다음 웹 사이트를 참조한다.
http://www.cs.toronto.edu/%7Etijmen/csc321/slides/lecture_slides_lec6.pdf

마지막으로, 모드 출력값에서 가장 큰 값을 갖는 인덱스인 predict_op를 계산하는 함수를 정의한다.

```
predict_op = tf.argmax(py_x, 1)
```

이 시점에서는 최적화가 수행되지 않으며, 아무것도 계산되지 않는다. 따라서 최적화를 위해 텐서플로 그래프에 옵티마이저 개체를 추가해야 한다.

이제는 네트워크의 실행 세션을 정의한다. 훈련용 집합에 5만 5,000개의 이미지가 있으므로 모든 이미지를 사용해 모델의 기울기를 계산하려면 오랜 시간이 걸린다. 따라서 최적화 프로그램을 반복할 때마다 적은 수의 이미지 배치를 사용한다. RAM이 부족해 컴퓨터가 다운되거나 충돌이 발생하면 이미지 배치 개수를 줄일 수 있지만, 더 많은 최적화 반복작업을 수행해야 한다.

이제 텐서플로 세션을 구현한다.

```
with tf.Session() as sess:
    tf.global_variables_initializer().run()
    for i in range(100):
```

훈련 데이터 배치를 확보했고, 해당 training_batch 텐서는 이미지와 관련 레이블의 하위 집합을 보유하게 된다.

```
training_batch = zip(range(0, len(trX), \
                            batch_size),
                     range(batch_size, \
                           len(trX)+1, \
                           batch_size))
```

그래프에서 플레이스홀더 변수를 사용해 해당 배치를 feed_dict에 넣는다. 다음으로 이러한 훈련용 데이터 배치를 이용해 최적화를 실행한다.

```
for start, end in training_batch:
    sess.run(optimizer, feed_dict={X: trX[start:end],\
                        Y: trY[start:end],\
                        p_keep_conv: 0.8,\
                        p_keep_hidden: 0.5})
```

동시에 테스트 샘플을 순서대로 정리한다.

```
test_indices = np.arange(len(teX))
np.random.shuffle(test_indices)
test_indices = test_indices[0:test_size]
```

매 반복마다 배치 집합을 이용하여 계산한 정확도를 출력한다.

```
print(i, np.mean(np.argmax(teY[test_indices], axis=1) ==\
            sess.run\
```

```
               (predict_op,\
                   feed_dict={X: teX[test_indices],\
                             Y: teY[test_indices], \
                             p_keep_conv: 1.0,\
                             p_keep_hidden: 1.0})))
```

네트워크 훈련은 사용하는 컴퓨터 자원의 양에 따라 몇 시간이 걸릴 수 있다. 필자의 컴퓨터에서 실행한 결과는 다음과 같다.

```
Successfully downloaded train-images-idx3-ubyte.gz 9912422 bytes.
Successfully extracted to train-images-idx3-ubyte.mnist 9912422 bytes.
Loading ata/train-images-idx3-ubyte.mnist
Successfully downloaded train-labels-idx1-ubyte.gz 28881 bytes.
Successfully extracted to train-labels-idx1-ubyte.mnist 28881 bytes.
Loading ata/train-labels-idx1-ubyte.mnist
Successfully downloaded t10k-images-idx3-ubyte.gz 1648877 bytes.
Successfully extracted to t10k-images-idx3-ubyte.mnist 1648877 bytes.
Loading ata/t10k-images-idx3-ubyte.mnist
Successfully downloaded t10k-labels-idx1-ubyte.gz 4542 bytes.
Successfully extracted to t10k-labels-idx1-ubyte.mnist 4542 bytes.
Loading ata/t10k-labels-idx1-ubyte.mnist
(0, 0.95703125)
(1, 0.98046875)
(2, 0.9921875)
(3, 0.99609375)
(4, 0.99609375)
(5, 0.98828125)
(6, 0.99609375)
(7, 0.99609375)
(8, 0.98828125)
(9, 0.98046875)
(10, 0.99609375)
  .
(90, 1.0)
(91, 0.9921875)
(92, 0.9921875)
(93, 0.99609375)
```

```
(94, 1.0)
(95, 0.98828125)
(96, 0.98828125)
(97, 0.99609375)
(98, 1.0)
(99, 0.99609375)
```

1만 번 반복한 결과 해당 모델은 약 99%의 정확도를 갖는다.

손으로 쓴 숫자 분류기 소스 코드

보다 나은 이해를 위해 앞서 논의한 CNN의 전체 소스 코드는 다음과 같다.

```python
import tensorflow as tf
import numpy as np
from tensorflow.examples.tutorials.mnist import input_data

batch_size = 128
test_size = 256
img_size = 28
num_classes = 10

def init_weights(shape):
    return tf.Variable(tf.random_normal(shape, stddev=0.01))


def model(X, w, w2, w3, w4, w_o, p_keep_conv, p_keep_hidden):

    conv1 = tf.nn.conv2d(X, w,\
                         strides=[1, 1, 1, 1],\
                         padding='SAME')

    conv1_a = tf.nn.relu(conv1)
    conv1 = tf.nn.max_pool(conv1_a, ksize=[1, 2, 2, 1]\
                         ,strides=[1, 2, 2, 1],\
                         padding='SAME')
```

```python
        conv1 = tf.nn.dropout(conv1, p_keep_conv)

        conv2 = tf.nn.conv2d(conv1, w2,\
                            strides=[1, 1, 1, 1],\
                            padding='SAME')
        conv2_a = tf.nn.relu(conv2)
        conv2 = tf.nn.max_pool(conv2_a, ksize=[1, 2, 2, 1],\
                            strides=[1, 2, 2, 1],\
                            padding='SAME')
        conv2 = tf.nn.dropout(conv2, p_keep_conv)

        conv3=tf.nn.conv2d(conv2, w3,\
                            strides=[1, 1, 1, 1]\
                            ,padding='SAME')

        conv3 = tf.nn.relu(conv3)


        FC_layer = tf.nn.max_pool(conv3, ksize=[1, 2, 2, 1],\
                            strides=[1, 2, 2, 1],\
                            padding='SAME')

        FC_layer = tf.reshape(FC_layer, [-1, w4.get_shape().as_list()[0]])
        FC_layer = tf.nn.dropout(FC_layer, p_keep_conv)


        output_layer = tf.nn.relu(tf.matmul(FC_layer, w4))
        output_layer = tf.nn.dropout(output_layer, p_keep_hidden)

        result = tf.matmul(output_layer, w_o)
        return result


mnist = input_data.read_data_sets("MNIST_data", one_hot=True)

trX, trY, teX, teY = mnist.train.images,\
                    mnist.train.labels, \
                    mnist.test.images, \
                    mnist.test.labels
```

```python
trX = trX.reshape(-1, img_size, img_size, 1)  # 28x28x1 input img
teX = teX.reshape(-1, img_size, img_size, 1)  # 28x28x1 input img

X = tf.placeholder("float", [None, img_size, img_size, 1])
Y = tf.placeholder("float", [None, num_classes])

w = init_weights([3, 3, 1, 32])        # 3x3x1 conv, 32 outputs
w2 = init_weights([3, 3, 32, 64])      # 3x3x32 conv, 64 outputs
w3 = init_weights([3, 3, 64, 128])     # 3x3x32 conv, 128 outputs
w4 = init_weights([128 * 4 * 4, 625]) # FC 128 * 4 * 4 inputs, 625 outputs
w_o = init_weights([625, num_classes])        # FC 625 inputs, 10 outputs (labels)

p_keep_conv = tf.placeholder("float")
p_keep_hidden = tf.placeholder("float")
py_x = model(X, w, w2, w3, w4, w_o, p_keep_conv, p_keep_hidden)

Y_ = tf.nn.softmax_cross_entropy_with_logits_v2(logits=py_x, labels=Y)
cost = tf.reduce_mean(Y_)
optimizer  = tf.train.\
          RMSPropOptimizer(0.001, 0.9).minimize(cost)
predict_op = tf.argmax(py_x, 1)

with tf.Session() as sess:
    tf.global_variables_initializer().run()
    for i in range(100):
        training_batch = \
                    zip(range(0, len(trX), \
                            batch_size),
                        range(batch_size, \
                            len(trX)+1, \
                            batch_size))
        for start, end in training_batch:
            sess.run(optimizer, feed_dict={X: trX[start:end],\
                                    Y: trY[start:end],\
                                    p_keep_conv: 0.8,\
                                    p_keep_hidden: 0.5})

        test_indices = np.arange(len(teX))# Get A Test Batch
```

```
np.random.shuffle(test_indices)
test_indices = test_indices[0:test_size]

print(i, np.mean(np.argmax(teY[test_indices], axis=1) ==\
                sess.run\
                (predict_op,\
                 feed_dict={X: teX[test_indices],\
                            Y: teY[test_indices], \
                            p_keep_conv: 1.0,\
                            p_keep_hidden: 1.0})))
```

CNN으로 감정 인식하기

딥러닝에서 해결해야 할 가장 어려운 문제 중 하나는 신경망과 관련이 없다. 딥러닝에서 어려운 문제는 적합한 형식으로 올바른 데이터를 수집하는 것이다. 새로운 문제를 찾는 데 있어 중요한 보조자 역할과 데이터 집합은 캐글 플랫폼(https://www.kaggle.com/)에서 확보할 수 있다.

캐글 플랫폼은 기업 및 연구원이 데이터를 올리고 전 세계의 통계 및 데이터 마이너가 최고의 모델을 만들기 위해 경쟁하는 예측 모델링과 분석 경쟁을 위한 플랫폼으로, 2010년에 설립됐다.

이 섹션에서는 얼굴 이미지로 사람의 감정을 감지하기 위해 CNN 모델을 만드는 방법을 설명한다. 이 예제의 훈련과 테스트용 집합은 https://inclass.kaggle.com/c/facial-keypoints-detector/data에서 다운로드할 수 있다. Facebook, Google+ 또는 Yahoo의 로그인 정보를 사용해 캐글사이트에 데이터를 다운로드할 수 있다. 해당 로그인 정보가 없다면 신규로 계정을 만든 후에 데이터 집합을 다운로드할 수 있다.

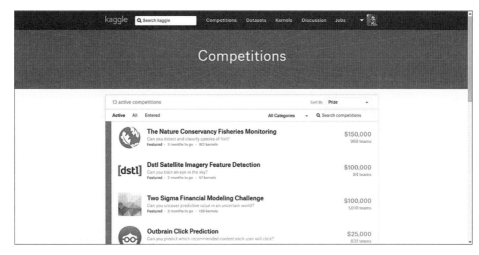

캐글 경쟁 페이지

훈련 집합은 크기가 48×48픽셀인 3,761개의 회색조 이미지와 각각 7개의 요소로 구성된 3,761개의 레이블 집합으로 구성된다.

각 요소는 감정적인 스트래치, 0 = 분노, 1 = 혐오, 2 = 공포, 3 = 행복, 4 = 슬픔, 5 = 깜짝 놀람, 6 = 중립으로 인코딩한다.

고전적인 캐글 경쟁의 테스트 집합에서 얻은 레이블 집합은 플랫폼에 적용해 평가해야 한다. 예제에서는 훈련 집합에서 신경망을 학습한 후 단일 이미지를 대상으로 해당 모델을 평가한다.

CNN 구현을 시작하기 전에 간단한 절차를 통해 다운로드한 데이터를 살펴본다.

다음 코드를 이용해 라이브러리를 가져온다.

```python
import numpy as np
from matplotlib import pyplot as plt
import EmotionDetectorUtils
```

EmotionDetectorUtils에는 종속성이 있다. 즉, EmotionDetectorUtils는 pandas 패키지를 사용해 관련 코드를 실행한다. pandas 패키지를 설치하려면 우분투 터미널에서 다음 명령을 실행한다.

```
sudo apt-get update
sudo apt-get install python-pip
sudo pip install numpy
sudo pip install pandas
sudo apt-get install python-pandas
```

read_data 함수를 사용하면 다운로드한 데이터로 시작하는 모든 데이터 집합을 구축할 수 있다. 이 책의 코드 저장소에서 다운로드할 수 있는 EmotionDetectorUtils 라이브러리에서 read_data 함수를 찾아볼 수 있다.

```
FLAGS = tf.flags.FLAGS
tf.flags.DEFINE_string("data_dir", "EmotionDetector/", "Path to data files")

train_images, train_labels, valid_images, valid_labels, test_images =
                EmotionDetectorUtils.read_data(FLAGS.data_dir)
```

다음으로 훈련용 이미지 집합과 테스트 집합의 구조를 출력한다.

```
print "train images shape = ",train_images.shape
print "test labels shape = ",test_images.shape
```

훈련용 집합의 첫 번째 이미지와 정확한 레이블을 표시한다.

```
image_0 = train_images[0]
label_0 = train_labels[0]
print "image_0 shape = ",image_0.shape
print "label set = ",label_0
```

178

```
image_0 = np.resize(image_0,(48,48))
plt.imshow(image_0, cmap='Greys_r')
plt.show( )
```

훈련용 얼굴 이미지로는 48×48 픽셀 크기의 3,761개 회색조 이미지가 있다.

```
train images shape = (3761, 48, 48, 1)
```

얼굴 레이블로는 3,761개의 클래스 레이블이 있으며, 각 클래스에는 7개의 요소(0=분노, 1=혐오, 2=공포, 3=행복, 4=슬픔, 5=깜짝놀람, 6=중립)가 있다.

```
train labels shape = (3761, 7)
```

테스트용 얼굴 이미지로는 48×48픽셀 크기의 1,312개 회색조 이미지가 있다.

```
test labels shape = (1312, 48, 48, 1)
```

개별 이미지는 다음과 같은 구조를 갖는다.

```
image_0 shape = (48, 48, 1)
```

첫 번째 이미지에 대한 레이블 집합은 다음과 같다.

```
label set = [ 0. 0. 0. 1. 0. 0. 0.]
```

이 값은 행복한 감정 스트레치에 해당한다. 다음과 같이 matplot을 이용해 그림으로 시각화할 수 있다.

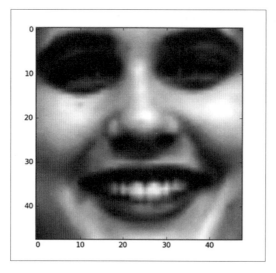

감정 탐지 얼굴 데이터 집합의 첫 번째 이미지

이제 CNN 구조를 배울 것이다. 다음 그림은 구현될 CNN에서의 데이터 흐름을 보여준다.

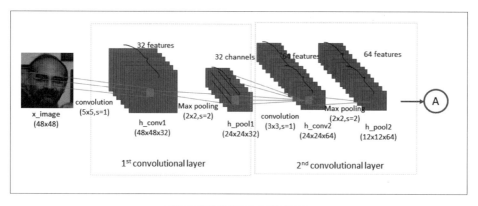

구현된 CNN의 처음 2개 컨볼루션층

네트워크에는 2개의 컨볼루션층, 2개의 전 연결층과 마지막으로 소프트맥스 분류층이 있다. 입력 이미지(48픽셀)는 5×5 컨볼루션 커널을 사용해 첫 번째 컨볼루션층에서 처리한다. 처리 결과 32개의 특징이 사용되며, 각 필터에 대해 하나씩 사용된다. 이미지는 48

×48에서 24×24픽셀까지 이미지를 줄이기 위해 최대 풀링 연산^{max-pooling operation}으로 다운 샘플링한다. 32개의 작은 이미지는 두 번째 컨볼루션층으로 처리한다. 처리 결과로 64개의 새로운 특징이 생긴다(앞의 그림 참조). 결과 이미지는 두 번째 풀링 연산으로 12×12픽셀로 다시 다운 샘플링한다.

두 번째 풀링층의 출력은 각각 12×12픽셀의 64개 이미지로 형성된다. 다음으로 길이가 $12 \times 12 \times 64 = 9,126$인 단일 벡터로 병합된다. 이 벡터는 256개의 뉴런으로 구성된 전 연결층^{fully-connected layer}의 입력으로 사용된다. 이것은 이미지의 클래스를 결정하는 데 사용되는 개별 클래스에 하나씩, 즉 이미지에 묘사된 감정을 디코딩하는 10개의 뉴런으로 구성된 또 다른 전 연결층에 연결된다.

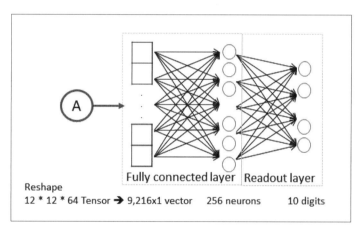

구현된 CNN의 마지막 두 층

가중치와 바이어스 정의를 살펴본다. 다음 데이터 구조는 네트워크의 가중치 정의를 나타내며, 앞에서 설명한 내용을 요약한 결과다.

```
weights = {
    'wc1': weight_variable([5, 5, 1, 32], name="W_conv1"),
    'wc2': weight_variable([3, 3, 32, 64],name="W_conv2"),
    'wf1': weight_variable
```

```
                ([(IMAGE_SIZE / 4) * (IMAGE_SIZE / 4) * 64,
                                        256],name="W_fc1"),
        'wf2': weight_variable([256, NUM_LABELS], name="W_fc2")
}
```

컨볼루션 필터는 무작위로 선택되므로 분류가 무작위로 수행된다.

```
def weight_variable(shape, stddev=0.02, name=None):
    initial = tf.truncated_normal(shape, stddev=stddev)
    if name is None:
        return tf.Variable(initial)
    else:0
        return tf.get_variable(name, initializer=initial)
```

이와 유사한 방법으로 bias_variable를 정의했다.

```
biases = {
        'bc1': bias_variable([32], name="b_conv1"),
        'bc2': bias_variable([64], name="b_conv2"),
        'bf1': bias_variable([256], name="b_fc1"),
        'bf2': bias_variable([NUM_LABELS], name="b_fc2")
}

def bias_variable(shape, name=None):
    initial = tf.constant(0.0, shape=shape)
    if name is None:
        return tf.Variable(initial)
    else:
        return tf.get_variable(name, initializer=initial)
```

optimizer는 분류 오류를 개선하기 위해 체인 차별화 규칙을 사용하고 CNN을 통해 오류를 다시 전파하며 필터 가중치를 업데이트해야 한다. 입력 이미지의 예측 클래스와 실제 클래스 간의 오차는 구현된 손실 함수로 계산한다. 입력에서 pred 모델의 예측 결과를 원하는 레이블 출력으로 가져온다.

```
def loss(pred, label):
    cross_entropy_loss = tf.reduce_mean(tf.nn.softmax_cross_entropy_with_
logits(logits=pred, labels=label))
    tf.summary.scalar('Entropy', cross_entropy_loss)
    reg_losses = tf.add_n(tf.get_collection("losses"))
    tf.summary.scalar('Reg_loss', reg_losses)
    return cross_entropy_loss + REGULARIZATION * reg_losses
```

tf.nn.softmax_cross_entropy_with_logits_v2(pred, label) 함수는 소프트맥스 함수를 적용한 후 결과의 cross_entropy_loss를 계산한다(수학적으로 조심스럽게 모든 것을 수행한다).

결과는 다음과 같다.

```
a = tf.nn.softmax(x)
b = cross_entropy(a)
```

분류된 이미지 각각의 cross_entropy_loss 함수를 계산해 각 이미지에서 모델이 개별적으로 얼마나 잘 수행되는지를 측정한다.

분류된 이미지에 대해 교차 엔트로피의 평균을 취한다.

```
cross_entropy_loss= tf.reduce_mean(cross_entropy_loss)
```

과적합을 방지하기 위해 cross_entropy_loss 함수에 추가 용어를 삽입하는 L2 정규화를 사용한다.

```
reg_losses = tf.add_n(tf.get_collection("losses"))
return cross_entropy_loss + REGULARIZATION * reg_losses
```

L2 정규화는 다음과 같다.

```python
def add_to_regularization_loss(W, b):
    tf.add_to_collection("losses", tf.nn.l2_loss(W))
    tf.add_to_collection("losses", tf.nn.l2_loss(b))
```

 자세한 내용은 http://www.kdnuggets.com/2015/04/preventing-overfitting-neural-networks.html/2를 참조한다.

네트워크의 가중치와 바이어스 및 최적화 절차를 수립했다. 다음으로 구현된 모든 네트워크와 마찬가지로 필요한 라이브러리를 가져와 구현해야 한다.

```python
import tensorflow as tf
import numpy as np
import os, sys, inspect
from datetime import datetime
import EmotionDetectorUtils
```

컴퓨터에 데이터 집합을 저장하는 경로와 네트워크 파라미터를 설정하는 코드는 다음과 같다.

```python
FLAGS = tf.flags.FLAGS
tf.flags.DEFINE_string("data_dir",
                        "EmotionDetector/", "Path to data files")
tf.flags.DEFINE_string("logs_dir", "logs/EmotionDetector_logs/",
                        "Path to where log files are to be saved")
tf.flags.DEFINE_string("mode", "train", "mode: train (Default)/ test")

BATCH_SIZE = 128
LEARNING_RATE = 1e-3
MAX_ITERATIONS = 1001
```

```
REGULARIZATION = 1e-2
IMAGE_SIZE = 48
NUM_LABELS = 7
VALIDATION_PERCENT = 0.1
```

다음 emotion_cnn함수는 대상 모델을 구현한 것이다.

```
def emotion_cnn(dataset):
    with tf.name_scope("conv1") as scope:
        tf.summary.histogram("W_conv1", weights['wc1'])
        tf.summary.histogram("b_conv1", biases['bc1'])
        conv_1 = tf.nn.conv2d(dataset, weights['wc1'],
                                strides=[1, 1, 1, 1], padding="SAME")
        h_conv1 = tf.nn.bias_add(conv_1, biases['bc1'])
        h_1 = tf.nn.relu(h_conv1)
        h_pool1 = max_pool_2x2(h_1)
        add_to_regularization_loss(weights['wc1'], biases['bc1'])

    with tf.name_scope("conv2") as scope:
        tf.summary.histogram("W_conv2", weights['wc2'])
        tf.summary.histogram("b_conv2", biases['bc2'])
        conv_2 = tf.nn.conv2d(h_pool1, weights['wc2'],
                                strides=[1, 1, 1, 1], padding="SAME")
        h_conv2 = tf.nn.bias_add(conv_2, biases['bc2'])
        h_2 = tf.nn.relu(h_conv2)
        h_pool2 = max_pool_2x2(h_2)
        add_to_regularization_loss(weights['wc2'], biases['bc2'])

    with tf.name_scope("fc_1") as scope:
        prob=0.5
        image_size = IMAGE_SIZE / 4
        h_flat = tf.reshape(h_pool2, [-1, image_size * image_size * 64])
        tf.summary.histogram("W_fc1", weights['wf1'])
        tf.summary.histogram("b_fc1", biases['bf1'])
        h_fc1 = tf.nn.relu(tf.matmul
                    (h_flat, weights['wf1']) + biases['bf1'])
        h_fc1_dropout = tf.nn.dropout(h_fc1, prob)
```

```
with tf.name_scope("fc_2") as scope:
    tf.summary.histogram("W_fc2", weights['wf2'])
    tf.summary.histogram("b_fc2", biases['bf2'])
    pred = tf.matmul(h_fc1_dropout, weights['wf2']) + biases['bf2']
return pred
```

이제 주요 함수를 정의했다. 이 함수에서 훈련 절차를 시작하기 위한 데이터 집합, 입력 및 출력 플레이스홀더 변수와 메인 세션을 정의한다.

```
def main(argv=None):
```

이 함수의 첫 번째 연산은 훈련 및 유효성 검사 단계의 데이터 집합을 로드하는 것이다. 훈련 집합을 사용해 예측 레이블을 인식하도록 교육시킨다. 그리고 검증 집합을 사용해 분류기 성능을 평가한다.

```
train_images,
            train_labels,
            valid_images,
            valid_labels,
            test_images =
            EmotionDetectorUtils.read_data(FLAGS.data_dir)
print "Train size: %s" % train_images.shape[0]
print 'Validation size: %s' % valid_images.shape[0]
print "Test size: %s" % test_images.shape[0]
```

입력 이미지에 대한 플레이스홀더 변수를 정의한다. 이 변수는 텐서플로 그래프에 입력되는 이미지를 변경할 수 있다. 데이터 유형은 float32로 설정하고, 구조는 [None, IMG_SIZE, IMAGE_SIZE, 1]로 설정한다. 여기서 None은 높이가 img_size 픽셀이고, 폭이 img_size 픽셀인 임의의 이미지 개수를 텐서가 보유할 수 있다는 것을 의미한다. 그리고 1은 색상 채널의 수를 의미한다.

```
input_dataset = tf.placeholder(tf.float32,
                               [None,
                               IMAGE_SIZE,
                               IMAGE_SIZE, 1],name="input")
```

다음으로, input_dataset 플레이스홀더 변수에 입력된 이미지와 연관된 실제 레이블의 플레이스홀더 변수인 input_labels를 정의한다. 이 플레이스홀더 변수의 구조는 [None, NUM_LABELS]이다. 이 값은 임의수의 레이블을 보유할 수 있다는 것을 의미하며, 각 레이블은 NUM_LABELS의 길이(7)를 갖는 벡터가 된다.

```
input_labels = tf.placeholder(tf.float32,
                              [None, NUM_LABELS])
```

global_step 변수는 수행될 최적화 반복 횟수를 추적한다. 이 변수를 검사시점의 다른 모든 텐서플로 변수와 함께 저장한다. trainable = False는 텐서플로가 이 변수를 최적화하려고 시도하지 않는다는 것을 의미한다.

```
global_step = tf.Variable(0, trainable=False)
```

다음 dropout_prob는 드롭아웃 최적화를 위한 변수다.

```
dropout_prob = tf.placeholder(tf.float32)
```

이제 테스트 단계를 위한 신경 네트워크를 만든다. emotion_cnn( ) 함수는 input_dataset에 대한 예측 결과인 클래스class 레이블을 pred에 리턴한다.

```
pred = emotion_cnn(input_dataset)
```

output_pred 변수는 테스트와 검증용 예측이며, 실행 중인 세션에서 계산한다.

```
output_pred = tf.nn.softmax(pred,name="output")
```

loss_val 변수에는 예측한 클래스인 pred와 입력 이미지의 실제 클래스인 input_labels 간 오차를 저장한다.

```
loss_val = loss(pred, input_labels)
```

train_op 변수는 비용 함수를 최소화하는 데 사용되는 최적화 알고리즘을 정의한다. 이 경우, 다시 AdamOptimizer를 사용한다.

```
train_op = tf.train.AdamOptimizer
                (LEARNING_RATE).minimize
                        (loss_val, global_step)
```

텐서보드 가시화를 위한 summary_op를 정의한다.

```
summary_op = tf.summary.merge_all()
```

그래프를 생성했으므로, 실행하는 데 사용되는 텐서플로 세션을 생성한다.

```
with tf.Session() as sess:
                sess.run(tf.global_variables_initializer())
                    summary_writer = tf.summary.FileWriter(FLAGS.logs_dir, sess.
graph_def)
```

모델을 복구하기 위해 saver 변수를 정의한다.

```
saver = tf.train.Saver()
ckpt = tf.train.get_checkpoint_state(FLAGS.logs_dir)
if ckpt and ckpt.model_checkpoint_path:
    saver.restore(sess, ckpt.model_checkpoint_path)
    print "Model Restored!"
```

훈련 데이터를 가져와서 batch_image에 일련의 이미지를 저장하고, batch_label에 해당 이미지의 실제 레이블을 저장한다.

```
for step in xrange(MAX_ITERATIONS):
    batch_image, batch_label = get_next_batch(train_images,
                                              train_labels,
                                              step)
```

텐서플로 그래프의 플레이스홀더인 input_dataset와 input_labels에 이미지(batch_image)와 레이블(batch_label)값을 전달한 후 feed_dict에 둔다.

```
feed_dict = {input_dataset: batch_image,
             input_labels: batch_label}
```

이 일괄 처리 데이터 배치를 사용해 최적화 프로그램을 실행한다. 텐서플로는 이미지와 레이블값을 feed_dict에 전달한 후 최적화 프로그램을 실행한다.

```
sess.run(train_op, feed_dict=feed_dict)
if step % 10 == 0:
    train_loss,
                summary_str =
                    sess.run([loss_val,summary_op],
                        feed_dict=feed_dict)
    summary_writer.add_summary(summary_str,
                                global_step=step)
    print "Training Loss: %f" % train_loss
```

실행 단계가 100의 배수이면, 유효성 검사 집합에 대해 학습 모델을 실행한다.

```
if step % 100 == 0:
    valid_loss =
            sess.run(loss_val,
                feed_dict={input_dataset:

                        valid_images,
                          input_labels:
                          valid_labels})
```

손실값Loss value을 출력한다.

```
print "%s Validation Loss: %f"
        % (datetime.now(), valid_loss)
```

훈련 세션training session이 끝나는 단계에서 해당 모델을 저장한다.

```
        saver.save(sess, FLAGS.logs_dir
                + 'model.ckpt',
                global_step=step)
if __name__ == "__main__":
    tf.app.run()
```

결과 출력값은 다음과 같다. 다음에서 알 수 있는 바와 같이 손실 함수값이 감소했다.

```
>>>
Train size: 3761
Validation size: 417
Test size: 1312
2016-11-05 22:39:36.645682 Validation Loss: 1.962719
2016-11-05 22:42:58.951699 Validation Loss: 1.822431
2016-11-05 22:46:55.144483 Validation Loss: 1.335237
```

```
2016-11-05 22:50:17.677074 Validation Loss: 1.111559
2016-11-05 22:53:30.999141 Validation Loss: 0.999061
2016-11-05 22:56:53.256991 Validation Loss: 0.931223
2016-11-05 23:00:06.530139 Validation Loss: 0.911489
2016-11-05 23:03:15.351156 Validation Loss: 0.818303
2016-11-05 23:06:26.575298 Validation Loss: 0.824178
2016-11-05 23:09:40.136353 Validation Loss: 0.803449
2016-11-05 23:12:50.769527 Validation Loss: 0.851074
>>>
```

하지만 하이퍼파라미터hyperparameters[1]를 사용하거나 구조를 변경해 해당 모델을 개선할 수 있다. 다음 섹션에서는 여러분 자신의 이미지를 대상으로 해당 모델을 효과적으로 테스트하는 방법을 살펴본다.

감정 분류기 소스 코드

다음은 구현한 감정 분류기의 소스 코드다.

```
import tensorflow as tf
import numpy as np
import os, sys, inspect
from datetime import datetime
import EmotionDetectorUtils

"""
lib_path = os.path.realpath(
      os.path.abspath(os.path.join(os.path.split(inspect.getfile(inspect.
currentframe()))[0], ".."))
if lib_path not in sys.path:
    sys.path.insert(0, lib_path)
"""
```

---

1 대부분의 머신 러닝 알고리즘에는 연구자나 기술자들이 지정해야 할 설정들이 많다. 이런 튜닝 옵션을 '하이퍼파라미터'라고 한다. 예를 들어, k-최근접 이웃 알고리즘에서는 정수값 k가 하이퍼파라미터가 된다. - 옮긴이

```python
FLAGS = tf.flags.FLAGS
tf.flags.DEFINE_string("data_dir", "EmotionDetector/", "Path to data files")
tf.flags.DEFINE_string("logs_dir", "logs/EmotionDetector_logs/", "Path to where
log files are to be saved")
tf.flags.DEFINE_string("mode", "train", "mode: train (Default)/ test")


BATCH_SIZE = 128
LEARNING_RATE = 1e-3
MAX_ITERATIONS = 1001
REGULARIZATION = 1e-2
IMAGE_SIZE = 48
NUM_LABELS = 7
VALIDATION_PERCENT = 0.1


def add_to_regularization_loss(W, b):
    tf.add_to_collection("losses", tf.nn.l2_loss(W))
    tf.add_to_collection("losses", tf.nn.l2_loss(b))

def weight_variable(shape, stddev=0.02, name=None):
    initial = tf.truncated_normal(shape, stddev=stddev)
    if name is None:
        return tf.Variable(initial)
    else:
        return tf.get_variable(name, initializer=initial)


def bias_variable(shape, name=None):
    initial = tf.constant(0.0, shape=shape)
    if name is None:
        return tf.Variable(initial)
    else:
        return tf.get_variable(name, initializer=initial)

def conv2d_basic(x, W, bias):
    conv = tf.nn.conv2d(x, W, strides=[1, 1, 1, 1], padding="SAME")
    return tf.nn.bias_add(conv, bias)
```

```
def max_pool_2x2(x):
    return tf.nn.max_pool(x, ksize=[1, 2, 2, 1], \
                          strides=[1, 2, 2, 1], padding="SAME")


def emotion_cnn(dataset):
    with tf.name_scope("conv1") as scope:
        #W_conv1 = weight_variable([5, 5, 1, 32])
        #b_conv1 = bias_variable([32])
        tf.summary.histogram("W_conv1", weights['wc1'])
        tf.summary.histogram("b_conv1", biases['bc1'])
        conv_1 = tf.nn.conv2d(dataset, weights['wc1'],\
                              strides=[1, 1, 1, 1], padding="SAME")
        h_conv1 = tf.nn.bias_add(conv_1, biases['bc1'])
        #h_conv1 = conv2d_basic(dataset, W_conv1, b_conv1)
        h_1 = tf.nn.relu(h_conv1)
        h_pool1 = max_pool_2x2(h_1)
        add_to_regularization_loss(weights['wc1'], biases['bc1'])

    with tf.name_scope("conv2") as scope:
        #W_conv2 = weight_variable([3, 3, 32, 64])
        #b_conv2 = bias_variable([64])
        tf.summary.histogram("W_conv2", weights['wc2'])
        tf.summary.histogram("b_conv2", biases['bc2'])
            conv_2 = tf.nn.conv2d(h_pool1, weights['wc2'], strides=[1, 1, 1, 1],
padding="SAME")
        h_conv2 = tf.nn.bias_add(conv_2, biases['bc2'])
        #h_conv2 = conv2d_basic(h_pool1, weights['wc2'], biases['bc2'])
        h_2 = tf.nn.relu(h_conv2)
        h_pool2 = max_pool_2x2(h_2)
        add_to_regularization_loss(weights['wc2'], biases['bc2'])

    with tf.name_scope("fc_1") as scope:
        prob = 0.5
        image_size = IMAGE_SIZE // 4
        h_flat = tf.reshape(h_pool2, [-1, image_size * image_size * 64])
        #W_fc1 = weight_variable([image_size * image_size * 64, 256])
        #b_fc1 = bias_variable([256])
        tf.summary.histogram("W_fc1", weights['wf1'])
```

```python
        tf.summary.histogram("b_fc1", biases['bf1'])
        h_fc1 = tf.nn.relu(tf.matmul(h_flat, weights['wf1']) + biases['bf1'])
        h_fc1_dropout = tf.nn.dropout(h_fc1, prob)

    with tf.name_scope("fc_2") as scope:
        #W_fc2 = weight_variable([256, NUM_LABELS])
        #b_fc2 = bias_variable([NUM_LABELS])
        tf.summary.histogram("W_fc2", weights['wf2'])
        tf.summary.histogram("b_fc2", biases['bf2'])
        #pred = tf.matmul(h_fc1, weights['wf2']) + biases['bf2']
        pred = tf.matmul(h_fc1_dropout, weights['wf2']) + biases['bf2']

    return pred

weights = {
    'wc1': weight_variable([5, 5, 1, 32], name="W_conv1"),
    'wc2': weight_variable([3, 3, 32, 64],name="W_conv2"),
     'wf1': weight_variable([(IMAGE_SIZE // 4) * (IMAGE_SIZE // 4) * 64,
256],name="W_fc1"),
    'wf2': weight_variable([256, NUM_LABELS], name="W_fc2")
}

biases = {
    'bc1': bias_variable([32], name="b_conv1"),
    'bc2': bias_variable([64], name="b_conv2"),
    'bf1': bias_variable([256], name="b_fc1"),
    'bf2': bias_variable([NUM_LABELS], name="b_fc2")
}

def loss(pred, label):
     cross_entropy_loss = tf.reduce_mean(tf.nn.softmax_cross_entropy_with_
logits(logits=pred, labels=label))
    tf.summary.scalar('Entropy', cross_entropy_loss)
    reg_losses = tf.add_n(tf.get_collection("losses"))
    tf.summary.scalar('Reg_loss', reg_losses)
    return cross_entropy_loss + REGULARIZATION * reg_losses


def train(loss, step):
```

```python
        return tf.train.AdamOptimizer(LEARNING_RATE).minimize(loss, global_step=step)


def get_next_batch(images, labels, step):
    offset = (step * BATCH_SIZE) % (images.shape[0] - BATCH_SIZE)
    batch_images = images[offset: offset + BATCH_SIZE]
    batch_labels = labels[offset:offset + BATCH_SIZE]
    return batch_images, batch_labels


def main(argv=None):
    train_images, train_labels, valid_images, valid_labels, test_images =
EmotionDetectorUtils.read_data(FLAGS.data_dir)
    print("Train size: %s" % train_images.shape[0])
    print('Validation size: %s' % valid_images.shape[0])
    print("Test size: %s" % test_images.shape[0])

    global_step = tf.Variable(0, trainable=False)
    dropout_prob = tf.placeholder(tf.float32)
    input_dataset = tf.placeholder(tf.float32, [None, IMAGE_SIZE, IMAGE_SIZE,
1],name="input")
    input_labels = tf.placeholder(tf.float32, [None, NUM_LABELS])

    pred = emotion_cnn(input_dataset)
    output_pred = tf.nn.softmax(pred,name="output")
    loss_val = loss(pred, input_labels)
    train_op = train(loss_val, global_step)

    summary_op = tf.summary.merge_all()
    with tf.Session() as sess:
        sess.run(tf.global_variables_initializer())
        summary_writer = tf.summary.FileWriter(FLAGS.logs_dir, sess.graph_def)
        saver = tf.train.Saver()
        ckpt = tf.train.get_checkpoint_state(FLAGS.logs_dir)
        if ckpt and ckpt.model_checkpoint_path:
            saver.restore(sess, ckpt.model_checkpoint_path)
            print("Model Restored!")

        for step in range(MAX_ITERATIONS):
```

```
            batch_image, batch_label = get_next_batch(train_images, train_labels,
step)

            feed_dict = {input_dataset: batch_image, input_labels: batch_label}

            sess.run(train_op, feed_dict=feed_dict)
            if step % 10 == 0:
                train_loss, summary_str = sess.run([loss_val, summary_op], feed_
dict=feed_dict)
                summary_writer.add_summary(summary_str, global_step=step)
                print("Training Loss: %f" % train_loss)

            if step % 100 == 0:
                valid_loss = sess.run(loss_val, feed_dict={input_dataset: valid_
images, input_labels:  valid_labels})
                print("%s Validation Loss: %f" % (datetime.now(), valid_loss))
                saver.save(sess, FLAGS.logs_dir + 'model.ckpt', global_step=step)


if __name__ == "__main__":
    tf.app.run()
```

여러분이 보유한 이미지로 모델 테스트하기

우리가 사용한 데이터 집합은 표준화돼 있다. 모든 얼굴에 대한 카메라 초점이 잘 맞춰졌
고, 감정적인 표현은 과장돼 있으며, 심지어 상황에 따라 우스꽝스럽기도 하다. 이제 보다
자연스러운 이미지를 사용하면 어떻게 되는지 살펴보자. 먼저, 얼굴에 텍스트가 겹쳐 있
지 않고, 감정을 인식할 수 있으며, 얼굴이 주로 카메라를 향하고 있는지 확인해야 한다.

확장명이 jpg인 이미지(책의 코드 저장소에서 다운로드할 수 있는 컬러 이미지)로 시작했다.

테스트를 위한 입력 이미지

matplotlib 및 다른 NumPy Python 라이브러리를 사용해 입력 색상 이미지를 네트워크의 유효한 입력인 회색 음영 이미지로 변환한다.

```python
img = mpimg.imread('author_image.jpg')
gray = rgb2gray(img)
```

변환 함수conversion function는 다음과 같다.

```python
def rgb2gray(rgb):
    return np.dot(rgb[...,:3], [0.299, 0.587, 0.114])
```

결과는 다음 그림과 같다.

회색 음영 처리한 입력 이미지

마지막으로 네트워크에 이미지를 제공할 수 있다. 하지만 먼저 텐서플로 실행 세션을 정의해야 한다.

```
sess = tf.InteractiveSession()
```

다음으로 이전에 저장한 모델을 재호출할 수 있다.

```
new_saver = tf.train.
                import_meta_graph('logs/model.ckpt-1000.meta')
new_saver.restore(sess, 'logs/model.ckpt-1000')
tf.get_default_graph().as_graph_def()
x = sess.graph.get_tensor_by_name("input:0")
y_conv = sess.graph.get_tensor_by_name("output:0")
```

이미지를 테스트하려면 네트워크에서 $48 \times 48 \times 1$의 유효한 형식으로 이미지를 다시 만들어야 한다.

```
image_test = np.resize(gray,(1,48,48,1))
```

입력 이미지의 가능한 감정 스트레칭 비율을 만들기 위해 동일한 그림을 여러 번(1,000회) 평가했다.

```
tResult = testResult()
num_evaluations = 1000
for i in range(0,num_evaluations):
    result = sess.run(y_conv, feed_dict={x:image_test})
    label = sess.run(tf.argmax(result, 1))
    label = label[0]
    label = int(label)
    tResult.evaluate(label)

tResult.display_result(num_evaluations)
```

몇 초 후에 다음과 같은 결과가 나타난다.

```
>>>
anger = 0.1%
disgust = 0.1%
fear = 29.1%
happy = 50.3%
sad = 0.1%
surprise = 20.0%
neutral = 0.3%
>>>
```

최대 백분율에 근거해 정확하게 분류하고 있다는 것을 확인(행복 = 50.3%)할 수 있다. 하지만 이러한 사실만으로 모델이 정확하다고는 볼 수 없다. 보다 다양한 훈련 집합, 네트워크 파라미터의 추가나 네트워크 구조 수정을 통해 모델을 개선할 수 있다.

소스 코드

구현한 분류기의 둘째 부분은 다음과 같다.

```
import numpy as np
import tensorflow as tf
from matplotlib import pyplot as plt
import matplotlib.image as mpimg
import EmotionDetectorUtils
from EmotionDetectorUtils import testResult

emotion = {0:'anger', 1:'disgust',\
           2:'fear',3:'happy',\
           4:'sad',5:'surprise',6:'neutral'}


def rgb2gray(rgb):
    return np.dot(rgb[...,:3], [0.299, 0.587, 0.114])

img = mpimg.imread('author_img.jpg')
gray = rgb2gray(img)
plt.imshow(gray, cmap = plt.get_cmap('gray'))
plt.show()



FLAGS = tf.flags.FLAGS
tf.flags.DEFINE_string("data_dir", "EmotionDetector/", "Path to data files")
tf.flags.DEFINE_string("logs_dir", "logs/EmotionDetector_logs/", "Path to where
log files are to be saved")
tf.flags.DEFINE_string("mode", "train", "mode: train (Default)/ test")



train_images, train_labels, valid_images, valid_labels, test_images = \
           EmotionDetectorUtils.read_data(FLAGS.data_dir)
```

200

```
sess = tf.InteractiveSession()

new_saver = tf.train.import_meta_graph('logs/EmotionDetector_logs/model.ckpt-
1000.meta')
new_saver.restore(sess, 'logs/EmotionDetector_logs/model.ckpt-1000')
tf.get_default_graph().as_graph_def()

x = sess.graph.get_tensor_by_name("input:0")
y_conv = sess.graph.get_tensor_by_name("output:0")

image_0 = np.resize(gray,(1,48,48,1))
tResult = testResult()
num_evaluations = 1000

for i in range(0,num_evaluations):
    result = sess.run(y_conv, feed_dict={x:image_0})
    label = sess.run(tf.argmax(result, 1))
    label = label[0]
    label = int(label)
    tResult.evaluate(label)
tResult.display_result(num_evaluations)
```

testResult 파이썬 클래스를 구현해 결과 백분율을 표시한다. 이 클래스는 Emotion DetectorUtils.py 파일에 있다.

이 클래스의 구현은 다음과 같다.

```
class testResult:
    def __init__(self):
        self.anger = 0
        self.disgust = 0
        self.fear = 0
        self.happy = 0
        self.sad = 0
        self.surprise = 0
        self.neutral = 0
```

```python
def evaluate(self,label):
    if (0 == label):
        self.anger = self.anger+1
    if (1 == label):
        self.disgust = self.disgust+1
    if (2 == label):
        self.fear = self.fear+1
    if (3 == label):
        self.happy = self.happy+1
    if (4 == label):
        self.sad = self.sad+1
    if (5 == label):
        self.surprise = self.surprise+1
    if (6 == label):
        self.neutral = self.neutral+1

def display_result(self,evaluations):
    print("anger = " +
        str((self.anger/float(evaluations))*100) + "%")
    print("disgust = " +
        str((self.disgust/float(evaluations))*100) + "%")
    print("fear = " +
        str((self.fear/float(evaluations))*100) + "%")
    print("happy = " +
        str((self.happy/float(evaluations))*100) + "%")
    print("sad = " +
        str((self.sad/float(evaluations))*100) + "%")
    print("surprise = " +
        str((self.surprise/float(evaluations))*100) + "%")
    print("neutral = " +
        str((self.neutral/float(evaluations))*100) + "%")
```

▌요약

이 장에서는 CNN^{Convolutional Neural Networks}을 소개했다.

우리는 이미지 분류 문제에 특히 적합한 CNN에 대해 아키텍처 측면에서 훈련 단계를 더 빠르게 하고 테스트 과정을 좀 더 정확하게 만드는 방법을 살펴봤다.

이미지 분류기를 구현해 MNIST 데이터 집합에 대해 테스트했고, 99% 정확도를 달성했다.

마지막으로 이미지 데이터 집합을 이용해 감정을 분류하는 CNN모델을 만들었다. 개발한 모델에 대해 1개의 이미지를 이용해 테스트했고, 개발한 모델의 한계와 장점을 평가해봤다.

5장에서는 오토인코더^{autoencoder}를 설명한다. 이 알고리즘은 차원 감소, 분류, 회귀, 협업 필터링, 특징 학습 및 토픽 모델링에 사용된다. 오토인코더를 사용해 추가 데이터 분석을 수행하고 이미지 데이터 집합을 사용해 분류 성능을 측정한다.

05

텐서플로 오토인코더 최적화하기

지도학습 시스템에서 자주 발생하는 문제는 차원의 저주$^{curse\ of\ dimensionality}$라는 것이다. 즉, 입력 공간 차원이 증가해 성능이 급격하게 감소하는 문제다. 이 문제는 차원의 수에 따라 입력 공간의 충분한 샘플링을 얻기 위해 필요한 샘플의 수가 기하급수적으로 증가하기 때문에 발생한다. 차원의 저주와 같은 문제를 극복하기 위해 몇 가지 네트워크 최적화 방법이 개발됐다.

첫 번째는 오토인코더 네트워크로, 입력 패턴 자체를 변환하기 위해 설계하고 학습시킨다. 오토인코더를 이용하면 저하되거나^{degraded} 불완전한^{incomplete} 입력 패턴에 대한 원본 패턴을 확보할 수 있다. 이 네트워크는 입력에서 제공된 값과 같은 출력 데이터를 생성하기 위해 학습시키며, 은닉층은 입력 데이터의 기본 특징을 포착해 단순화시킨 압축 데이터로 저장한다.

두 번째 최적화 네트워크는 볼츠만 머신이다. 이러한 유형의 네트워크는 입출력 가시화층과 하나의 은닉층으로 구성된다. 가시화층과 은닉층 간의 연결은 방향성이 없다. 즉, 데이터는 가시화층 – 은닉층으로 은닉층 – 가시화층과 같이 양방향으로 이동할 수 있다. 서로 다른 뉴런 유닛은 완전히 또는 부분적으로 연결할 수 있다.

오토인코더는 입력 데이터를 원본보다 적은 차원으로 표현하기 위한 방법인 주 인자 분석PCA, Principal Component Analysis과 비교해볼 수 있다. 5장에서는 오토인코더에 대해서만 알아본다.

5장의 구성은 다음과 같다.

- 오토인코더 소개
- 오토인코더 구현
- 오토인코더의 견고함robustness 개선
- 노이즈를 제거하기 위한 오토인코더 구축
- 컨볼루션 오토인코더Convolutioinal autoendocers

▌ 오토인코더 소개

오토인코더는 3개 이상의 층으로 구성된 네트워크다. 입력층과 출력층은 동일한 수의 뉴런을 가지며, 중간(은닉)층은 상대적으로 적은 수의 뉴런을 갖는다. 네트워크는 입력 데이터를 출력으로 재현하기 위해 학습 과정을 진행한다.

이 과정에서 주목할 만한 점은 네트워크가 사례를 통해 학습할 수 있고, 수용할 수 있는 정도까지 일반화할 수 있다면, 은닉층의 뉴런 수가 상대적으로 적기 때문에 데이터를 압축할 수 있다는 사실이다. 즉, 은닉 뉴런hidden neuron의 상태는 각 사례에 대해 입출력 공통 상태를 압축해 제공한다.

1980년대에 간단한 이미지 압축은 이와 같은 방법으로 얻어낼 수 있었다. 표준 방법으로 얻을 수 있는 기능과 더 복잡한 기능이 큰 차이가 나지 않았다.

몇몇 연구원들이 처리 속도가 매우 느린 오토인코더와 동일한 유형의 네트워크 학습 과정을 효율화하기 위해 학습 과정에 좋은 초기 조건을 제공하는 사전 학습 절차prelearning procedure를 개발함으로써 오토인코더에 대한 관심이 최근에 다시 부활했다.

> ⓘ 제프 힌턴과 살라후지노프(R. Salahutdinov)의 논문 『Reducing the Dimensionality of Data with Neural Networks, 2006』을 다음 웹 사이트에서 다운로드해 참조하기 바란다.
> http://www.cs.toronto.edu/~hinton/science.pdf

오토인코더의 실제 사용 사례는 데이터 가시화를 위한 노이즈 제거data denoising와 차원 축소dimensionality reduction이다.

다음은 오토인코더가 일반적으로 작동하는 방법이다. 오토인코더는 두 가지 단계(인코딩 단계와 디코딩 단계)를 거쳐 입력값을 재구성한다. 인코딩은 입력값의 차원을 축소한다. 디코딩은 인코딩한 압축 정보를 원본 데이터로 복원한다.

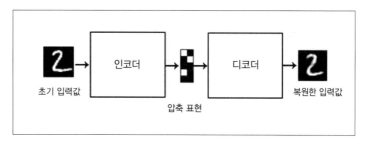

오토인코더에서 인코더와 디코더 단계

오토인코더 구현하기

오토인코더 훈련은 단순한 작업이다. 이 신경망은 출력과 입력이 동일하다. 오토인코더의 기본 구조는 다음과 같다.

입력층 다음에 몇 개의 은닉층이 따라온다. 이러한 은닉층이 어느 정도 깊이를 거치면 최종 층이 입력층과 동일하게 되는 지점에 도달할 때까지 해당 은닉층은 역아키텍처를 따른다. 오토인코더를 학습시키기 위해 데이터를 입력한다.

이 예제에서는 MNIST 데이터 집합의 이미지를 입력으로 사용한다. 가장 먼저 다음과 같이 주요 라이브러리를 가져온다.

```
import tensorflow as tf
import numpy as np
import matplotlib.pyplot as plt
```

다음으로 MNIST 데이터 집합을 준비하고, input_data 함수를 사용해 데이터를 로드하며 초기화한다.

```
from tensorflow.examples.tutorials.mnist import input_data
mnist = input_data.read_data_sets("MNIST_data/",one_hot=True)
```

네트워크 파라미터는 다음과 같이 설정한다.

```
learning_rate = 0.01
training_epochs = 10
batch_size = 256
display_step = 1
examples_to_show = 4
```

은닉 특징^{hidden features}의 크기는 다음과 같이 설정한다.

```
n_hidden_1 = 256
n_hidden_2 = 128
```

입력 이미지의 크기는 다음과 같이 설정한다.

```
n_input = 784
```

최종 크기는 $28 \times 28 = 784$픽셀이다.

입력 이미지에 대한 플레이스홀더를 정의한다. 텐서의 데이터 유형은 float로 설정하고, 구조는 [None, n_input]으로 설정한다. None은 텐서가 임의 개수만큼 이미지를 보유할 수 있다는 것을 의미한다.

```
X = tf.placeholder("float", [None, n_input])
```

다음으로 네트워크 가중치와 바이어스를 정의한다. 가중치 데이터 구조는 인코더와 디코더의 가중치를 정의할 수 있도록 구성한다. 가중치는 tf.random_normal을 이용해 정규 분포를 따르는 임의의 값으로 설정한다.

```
weights = {
    'encoder_h1': tf.Variable\
    (tf.random_normal([n_input, n_hidden_1])),
    'encoder_h2': tf.Variable\
    (tf.random_normal([n_hidden_1, n_hidden_2])),
    'decoder_h1': tf.Variable\
    (tf.random_normal([n_hidden_2, n_hidden_1])),
    'decoder_h2': tf.Variable\
    (tf.random_normal([n_hidden_1, n_input])),
}
```

가중치 설정 방법과 유사하게 다음과 같이 바이어스를 정의한다.

```
biases = {
    'encoder_b1': tf.Variable\
    (tf.random_normal([n_hidden_1])),
    'encoder_b2': tf.Variable\
    (tf.random_normal([n_hidden_2])),
    'decoder_b1': tf.Variable\
    (tf.random_normal([n_hidden_1])),
    'decoder_b2': tf.Variable\
    (tf.random_normal([n_input])),
}
```

네트워크 모델링을 2개의 보완적이고, 전 연결망인 인코더^{fully-connected network encoder}와 디코더로 분리했다.

인코더는 MNIST 데이터 집합의 이미지인 X를 입력받아 데이터를 암호화한다.

```
encoder_in = tf.nn.sigmoid(tf.add\
                    (tf.matmul(X,\
                        weights['encoder_h1']),\
                    biases['encoder_b1']))
```

행렬 곱 연산으로 입력 데이터를 인코딩한다. 행렬 곱을 이용해 784차원의 입력 데이터 X를 256차원으로 변환한다.

```
            (W*x + b) = encoder_in
```

여기서 W는 가중치 텐서 encoder_h1이고, b는 바이어스 텐서 encoder_b1이다.

연산을 통해 초기 이미지를 오토인코더에 유용한 입력으로 코드화했다. 인코딩 과정의 두 번째 단계는 데이터 압축이다.

입력 encoder_in 텐서로 표현한 데이터는 두 번째 행렬 곱 연산을 통해 더 작은 크기로 축소된다.

```
encoder_out = tf.nn.sigmoid(tf.add\
                        (tf.matmul(encoder_in,\
                             weights['encoder_h2']),\
                        biases['encoder_b2']))
```

256차원의 입력 데이터 encoder_in은 상대적으로 낮은 128차원의 텐서로 압축된다.

$$(W * encoder\_in + b) = encoder\_out$$

W는 가중치 텐서인 encoder_h2가 되며, b는 바이어스 텐서인 encoder_b2가 된다.

인코딩 과정에서 사용한 활성화 함수는 시그모이드다.

디코더는 인코더의 역연산inverse operation을 실행한다. 따라서 입력값의 압축을 해제해 네트워크 입력과 동일한 크기의 출력을 만들어낸다. 이 과정의 첫 번째 단계는 크기 128의 encoder_out 텐서를 크기 256의 중간 단계 텐서로 만드는 것이다.

```
decoder_in = tf.nn.sigmoid(tf.add
                        (tf.matmul(encoder_out,\
                             weights['decoder_h1']),\
                        biases['decoder_b1']))
```

위 코드를 공식으로 표현하면 다음과 같다.

$$(W * encoder\_out + b) = decoder\_in$$

위 공식에서 W는 크기가 256×128인 가중치 텐서 decoder_h1이고, b는 크기가 256인 바이어스 텐서 decoder_b1이다. 마지막 디코딩 연산은 크기가 256인 중간 단계의 내용을 압축 해제해 최종 결과물을 원본 데이터 크기인 784로 만들어낸다.

```
decoder_out = tf.nn.sigmoid(tf.add \
                            (tf.matmul(decoder_in,\
                                    weights['decoder_h2']),\
                            biases['decoder_b2']))
```

y_pred는 decoder_out과 같은 값으로 설정한다.

```
y_pred = decoder_out
```

네트워크는 입력 데이터 X가 디코드된 데이터와 같은지의 여부를 학습할 것이므로 다음과 같이 정의한다.

```
y_true = X
```

오토인코더의 핵심은 원본 데이터의 재구성을 잘하는 차원 축소 행렬reduction matrix을 만드는 것이다. 따라서 비용 함수를 최소화해야 한다. 이와 같은 비용 함수cost function는 y_true와 y_pred의 평균 제곱 오차mean squared error로 정의한다.

```
cost = tf.reduce_mean(tf.pow(y_true - y_pred, 2))
```

비용 함수를 최소화하기 위해 RMSPropOptimizer 클래스를 사용한다.

```
optimizer = tf.train.RMSPropOptimizer(learning_rate).minimize(cost)
```

다음으로 세션을 시작할 준비를 한다.

```
init = tf.global_variables_initializer()
```

```
with tf.Session() as sess:
    sess.run(init)
```

네트워크를 학습시키기 위한 배치 이미지를 설정한다.

```
total_batch = int(mnist.train.num_examples/batch_size)
```

training_epochs의 값을 10으로 설정해 학습 주기를 시작한다.

```
for epoch in range(training_epochs):
```

모든 배치에 대해 반복 실행을 하는 동안,

```
    for i in range(total_batch):
        batch_xs, batch_ys =\
                mnist.train.next_batch(batch_size)
```

실행 그래프에 배치 집합인 batch_xs를 제공해 최적화 과정을 실행한다.

```
        _, c = sess.run([optimizer, cost],\
                    feed_dict={X: batch_xs})
```

에폭epoch 단계마다 결과를 표시한다.

```
    if epoch % display_step == 0:
        print("Epoch:", '%04d' % (epoch+1),
            "cost=", "{:.9f}".format(c))
print("Optimization Finished!")
```

마지막으로 암호화^{encode}나 암호 해독^{decode} 과정을 적용해 모델을 테스트한다. 해당 모델에 대한 이미지 부분 집합^{subset}을 제공하며, example_to_show의 값을 4로 설정한다.

```
encode_decode = sess.run(y_pred, feed_dict=\
    {X: mnist.test.images[:examples_to_show]})
```

matplotlib 기능을 사용해 원본 이미지를 재구성한 결과와 비교한다.

```
f, a = plt.subplots(2, 4, figsize=(10, 5))
for i in range(examples_to_show):
    a[0][i].imshow(np.reshape(mnist.test.images[i], (28, 28)))
    a[1][i].imshow(np.reshape(encode_decode[i], (28, 28)))
f.show()
plt.draw()
plt.show()
```

세션을 실행한 결과는 다음과 같다.

```
Extracting MNIST_data/train-images-idx3-ubyte.gz
Extracting MNIST_data/train-labels-idx1-ubyte.gz
Extracting MNIST_data/t10k-images-idx3-ubyte.gz
Extracting MNIST_data/t10k-labels-idx1-ubyte.gz
('Epoch:', '0001', 'cost=', '0.196781039')
('Epoch:', '0002', 'cost=', '0.157454371')
('Epoch:', '0003', 'cost=', '0.139842913')
('Epoch:', '0004', 'cost=', '0.132784918')
('Epoch:', '0005', 'cost=', '0.123214975')
('Epoch:', '0006', 'cost=', '0.117614307')
('Epoch:', '0007', 'cost=', '0.111050725')
('Epoch:', '0008', 'cost=', '0.111332968')
('Epoch:', '0009', 'cost=', '0.107702859')
('Epoch:', '0010', 'cost=', '0.106899358')
Optimization Finished!
```

다음으로 결과를 표시한다. 첫 번째 행은 원본 이미지이며, 두 번째 행은 디코딩한 이미지다.

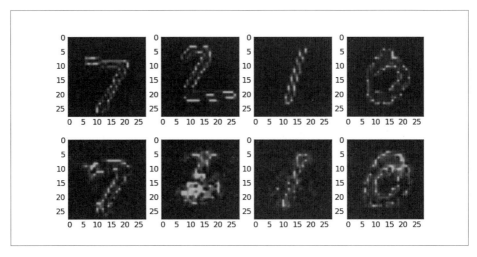

원본 이미지와 디코딩한 이미지

그림에서 숫자 2는 원본과 달리 숫자 3처럼 보인다. 결과를 개선하려면 에폭 회수를 증가시키거나 네트워크 파라미터를 변경한다.

오토인코더에 대한 소스 코드

다음은 구현한 오토인코더에 대한 전체 소스 코드다.

```python
import tensorflow as tf
import numpy as np
import matplotlib.pyplot as plt


# MINST 데이터 임포트
from tensorflow.examples.tutorials.mnist import input_data
mnist = input_data.read_data_sets("MNIST_data/", one_hot=True)
```

```python
# 신경망 훈련 파라미터 설정
learning_rate = 0.01
training_epochs = 20
batch_size = 256
display_step = 1
examples_to_show = 4

# 신경망 파라미터
n_hidden_1 = 256 # 1번째 계층 feature 차원
n_hidden_2 = 128 # 2번째 계층 feature 차원
n_input = 784 # MNIST 데이터 입력 차원(img shape: 28*28)

# tf 그래프 입력 (그림만 입력)
X = tf.placeholder("float", [None, n_input])

weights = {
    'encoder_h1': tf.Variable\
    (tf.random_normal([n_input, n_hidden_1])),
    'encoder_h2': tf.Variable\
    (tf.random_normal([n_hidden_1, n_hidden_2])),
    'decoder_h1': tf.Variable\
    (tf.random_normal([n_hidden_2, n_hidden_1])),
    'decoder_h2': tf.Variable\
    (tf.random_normal([n_hidden_1, n_input])),
}
biases = {
    'encoder_b1': tf.Variable\
    (tf.random_normal([n_hidden_1])),
    'encoder_b2': tf.Variable\
    (tf.random_normal([n_hidden_2])),
    'decoder_b1': tf.Variable\
    (tf.random_normal([n_hidden_1])),
    'decoder_b2': tf.Variable\
    (tf.random_normal([n_input])),
}
```

```python
# 인코더 은닉층(시그모이드 활성화 #1)
encoder_in = tf.nn.sigmoid(tf.add\
                              (tf.matmul(X, \
                                        weights['encoder_h1']),\
                              biases['encoder_b1']))

# 인코더 은닉층(시그모이드 활성화 #2)
encoder_out = tf.nn.sigmoid(tf.add\
                              (tf.matmul(encoder_in,\
                                        weights['encoder_h2']),\
                              biases['encoder_b2']))


# 디코더 은닉층(시그모이드 활성화 #1)
decoder_in = tf.nn.sigmoid(tf.add\
                              (tf.matmul(encoder_out,\
                                        weights['decoder_h1']),\
                              biases['decoder_b1']))

# 디코더 은닉층(시그모이드 활성화 #2)
decoder_out = tf.nn.sigmoid(tf.add\
                              (tf.matmul(decoder_in,\
                                        weights['decoder_h2']),\
                              biases['decoder_b2']))


# 예측값 저장변수
y_pred = decoder_out
# 목표값(레이블)을 입력값으로 설정
y_true = X

# 손실함수 설정, 최적화 방법 설정(RMSProp)
cost = tf.reduce_mean(tf.pow(y_true - y_pred, 2))
optimizer = tf.train.RMSPropOptimizer(learning_rate).minimize(cost)
```

```python
# 변수 초기화
init = tf.global_variables_initializer()

# 그래프 런칭
with tf.Session() as sess:
    sess.run(init)
    total_batch = int(mnist.train.num_examples/batch_size)
    # 훈련 사이클
    for epoch in range(training_epochs):
        # 모든 배치에 대해 반복 수행
        for i in range(total_batch):
            batch_xs, batch_ys =\
                    mnist.train.next_batch(batch_size)
            # 최적화 연산(backprop)과 비용 연산(loss 값을 얻기 위함)을 실행하기
            _, c = sess.run([optimizer, cost],\
                        feed_dict={X: batch_xs})
        # 각 에폭별 logs 정보 표시
        if epoch % display_step == 0:
            print("Epoch:", '%04d' % (epoch+1),
                "cost=", "{:.9f}".format(c))

    print("Optimization Finished!")

    # 테스트 집합에 대해 encode와 decode 적용하기
    encode_decode = sess.run(
        y_pred, feed_dict=\
        {X: mnist.test.images[:examples_to_show]})
    # 원래 이미지와 재구성 이미지를 비교하기
    f, a = plt.subplots(2, 10, figsize=(10, 2))
    for i in range(examples_to_show):
        a[0][i].imshow(np.reshape(mnist.test.images[i], (28, 28)))
        a[1][i].imshow(np.reshape(encode_decode[i], (28, 28)))
    f.show()
    plt.draw()
    plt.show()
```

오토인코더 견고성 개선하기

모델의 견고성robustness을 개선하기 위한 방법은 인코딩 단계에서 노이즈를 도입하는 것이다. 실제로 노이즈 제거 오토인코더denoising autoencoder를 오토인코더의 확률 버전stochastic version of an autoencoder이라 한다. 이 경우 확률적으로 입력값에 노이즈를 처리하지만, 디코딩 단계에서 목표값으로 노이즈 처리하지 않은 입력값을 사용한다.

직관적으로 노이즈 제거 오토인코더는 두 가지 작업을 수행한다. 첫째, 관련 정보를 보존하면서 입력을 인코딩한다. 둘째, 동일한 입력에 적용된 노이즈 처리 효과를 무효화한다.

다음 섹션에서는 노이즈 제거 오토인코더의 구현을 설명한다.

노이즈 제거 오토인코더 구축하기

네트워크 구조는 매우 단순하다. 크기가 784인 입력 이미지를 확률적으로 노이즈 처리한다. 그런 다음, 인코딩 네트워크층에서 차원의 크기를 784픽셀에서 256픽셀로 축소한다.

디코딩 단계에서 출력용 네트워크를 준비해 원본 이미지의 크기를 256픽셀에서 784픽셀로 복구한다.

구현에 필요한 모든 라이브러리를 가져온다.

```
import numpy as np
import tensorflow as tf
import matplotlib.pyplot as plt
from tensorflow.examples.tutorials.mnist import input_data
```

기본 네트워크 파라미터 값을 설정한다.

```
n_input = 784
n_hidden_1 = 256
n_hidden_2 = 256
n_output = 784
```

세션 파라미터 값을 설정한다.

```
epochs = 110
batch_size = 100
disp_step = 10
```

학습용과 테스트용 데이터 집합을 만든다. 다시 설치 패키지에서 제공한 tensorflow. example.tutorials.mnist 라이브러리에서 임포트한 input_data 특징을 이용한다.

```
print ("PACKAGES LOADED")
mnist = input_data.read_data_sets('data/', one_hot=True)
trainimg = mnist.train.images
trainlabel = mnist.train.labels
testimg = mnist.test.images
testlabel = mnist.test.labels
print ("MNIST LOADED")
```

입력 이미지에 대한 플레이스홀더 변수를 정의해보자. 데이터 유형은 float이고, 구조는 [None, n_input]으로 설정한다. None 파라미터는 해당 텐서가 임의의 개수만큼 이미지를 보유할 수 있다는 것을 의미한다. 그리고 이미지별 크기는 n_input이다.

```
x = tf.placeholder("float", [None, n_input])
```

다음으로 이미지와 연관된 실제 레이블에 대한 플레이스홀더 변수를 설정한다. 이 이미지는 플레이스홀더 변수 x의 입력값이다. 이 플레이스홀더 변수의 구조는 임의의 레이블 개수(이 경우에는 10이다)를 보관할 수 있다는 것을 의미하는 [None, n_output] 것이다. 각 레이블은 길이가 n_output인 벡터다.

```
y = tf.placeholder("float", [None, n_output])
```

과적합 위험을 방지하려면 인코딩 및 디코딩 단계 전에 드롭아웃을 적용한다. 따라서 드롭아웃 동안 뉴런의 출력을 유지하기 위한 확률을 설정하기 위해 플레이스홀더를 정의해야 한다.

```
dropout_keep_prob = tf.placeholder("float")
```

이러한 정의에 근거해 가중치와 네트워크 바이어스를 고정한다.

```
weights = {
    'h1': tf.Variable(tf.random_normal([n_input, n_hidden_1])),
    'h2': tf.Variable(tf.random_normal([n_hidden_1, n_hidden_2])),
    'out': tf.Variable(tf.random_normal([n_hidden_2, n_output]))
}
biases = {
    'b1': tf.Variable(tf.random_normal([n_hidden_1])),
    'b2': tf.Variable(tf.random_normal([n_hidden_2])),
    'out': tf.Variable(tf.random_normal([n_output]))
}
```

가중치와 바이어스는 tf.random_normal을 이용해 선택하며, 정규 분포를 따르는 임의의 값을 반환한다.

인코딩 단계는 입력값으로 MNIST 데이터 집합의 이미지를 취한 후, 데이터 압축을 실행하고 행렬 곱 연산을 적용한다.

```
encode_in = tf.nn.sigmoid\
        (tf.add(tf.matmul\
            (x, weights['h1']),\
            biases['b1']))
encode_out = tf.nn.dropout\
            (encode_in, dropout_keep_prob)
```

디코딩 단계에서는 동일한 과정을 적용한다.

```
decode_in = tf.nn.sigmoid\
        (tf.add(tf.matmul\
            (encode_out, weights['h2']),\
            biases['b2']))
```

드롭아웃을 이용해 과적합을 방지한다.

```
decode_out = tf.nn.dropout(decode_in,\
                            dropout_keep_prob)
```

드디어 예측값 텐서 y_pred를 계산할 준비가 됐다.

```
y_pred = tf.nn.sigmoid\
        (tf.matmul(decode_out,\
                weights['out']) +\
        biases['out'])
```

변수 최적화 과정을 가이드하는 데 사용될 비용 측정 기준을 정의한다.

```
cost = tf.reduce_mean(tf.pow(y_pred - y, 2))
```

RMSPropOptimizer 클래스를 사용해 비용 함수를 최소화한다.

```
optmizer = tf.train.RMSPropOptimizer(0.01).minimize(cost)
```

마지막으로 정의한 변수를 초기화할 수 있다.

```
init = tf.global_variables_initializer()
```

텐서플로 실행 세션을 설정한다.

```
with tf.Session() as sess:
    sess.run(init)
    print ("Start Training")
    for epoch in range(epochs+1):
        num_batch = int(mnist.train.num_examples/batch_size)
        total_cost = 0.
        for i in range(num_batch):
```

각 학습 에폭마다 학습용 데이터 집합에서 상대적으로 작은 배치 집합을 선택한다.

```
        batch_xs, batch_ys =\
                mnist.train.next_batch(batch_size)
```

여기서 집중해 알아둬야 할 핵심 포인트가 있다. 앞에서 임포트한 numpy 패키지의 random 함수를 사용해 batch_xs 집합에 노이즈를 적용했다.

```
        batch_xs_noisy = batch_xs +\
                0.3*np.random.randn(batch_size, 784)
```

실행 그래프를 제공하기 위해 이러한 데이터 집합을 사용했고, 다음으로 해당 세션(sess.run)을 실행했다.

```
            feeds = {x: batch_xs_noisy,\
                            y: batch_xs, \
                            dropout_keep_prob:0.8}
            sess.run(optimizer, feed_dict=feeds)
            total_cost+=sess.run(cost, feed_dict=feeds)
```

매 10회의 에폭마다 평균 비용 함수값이 표시된다.

```
    if epoch % disp_step == 0:
        print ("Epoch %02d/%02d average cost: %.6f"
            % (epoch, epochs, total_cost/num_batch))
```

마지막으로 학습 모델을 테스트한다.

```
        print ("Start Test")
```

이러한 작업을 수행하기 위해 테스트 집합에서 이미지를 랜덤하게 선택한다.

```
        randidx = np.random.randint\
                    (testimg.shape[0], size=1)
        orgvec = testimg[randidx, :]
        testvec = testimg[randidx, :]
        label = np.argmax(testlabel[randidx, :], 1)
        print ("Test label is %d" % (label))
        noisyvec = testvec + 0.3*np.random.randn(1, 784)
```

다음으로 선택한 이미지에 대해 학습한 모델을 실행한다.

```
    outvec = sess.run(y_pred,feed_dict={x: noisyvec,\
                            dropout_keep_prob: 1})
```

다음 plotresult 함수는 원본 이미지, 노이즈 처리된 이미지 그리고 예측한 이미지를 표시한다.

```
plotresult(orgvec,noisyvec,outvec)
print ("restart Training")
```

이 세션을 실행하면 다음과 같은 결과를 볼 수 있다.

```
PACKAGES LOADED
Extracting data/train-images-idx3-ubyte.gz
Extracting data/train-labels-idx1-ubyte.gz
Extracting data/t10k-images-idx3-ubyte.gz
Extracting data/t10k-labels-idx1-ubyte.gz
MNIST LOADED
Start Training
```

간략하게 10회의 에폭과 100회 에폭 후의 결과만 표시하겠다.

```
Epoch 00/100 average cost: 0.212313
Start Test
Test label is 6
```

다음은 숫자 6에 대한 원본 이미지와 노이즈 처리된 이미지다.

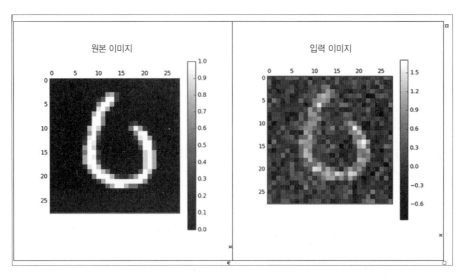

원본 이미지와 노이즈 처리된 이미지

다음은 제대로 재구조화reconstruction되지 않은 이미지다.

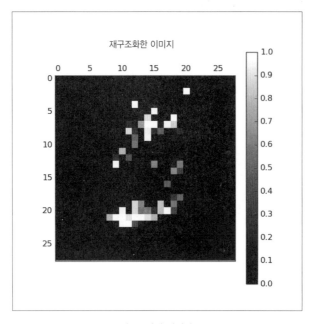

재구조화한 이미지

100회의 에폭 이후에 보다 좋은 결과를 얻게 됐다.

```
Epoch 100/100 average cost: 0.018221
Start Test
Test label is 9
```

다시 원본 이미지와 노이즈 처리한 이미지는 다음과 같다.

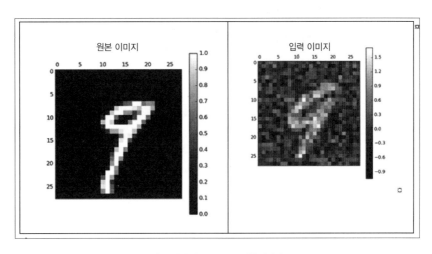

원본 이미지와 노이즈 처리한 이미지

재구조화가 잘된 이미지는 다음과 같다.

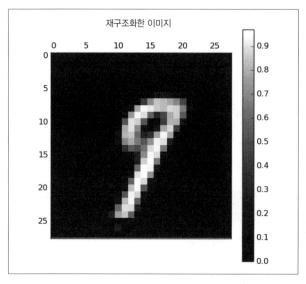

재구조화가 잘된 이미지

노이즈 제거 오토인코더^{denoising autoencoder} 소스 코드

구현한 오토인코더에 대한 전체 소스 코드는 다음과 같다.

```
import numpy as np
import tensorflow as tf
import matplotlib.pyplot as plt
from tensorflow.examples.tutorials.mnist import input_data

#Plot 함수
def plotresult(org_vec,noisy_vec,out_vec):
    plt.matshow(np.reshape(org_vec, (28, 28)), cmap=plt.get_cmap('gray'))
    plt.title("Original Image")
    plt.colorbar()

    plt.matshow(np.reshape(noisy_vec, (28, 28)), cmap=plt.get_cmap('gray'))
```

228

```python
    plt.title("Input Image")
    plt.colorbar()

    outimg = np.reshape(out_vec, (28, 28))
    plt.matshow(outimg, cmap=plt.get_cmap('gray'))
    plt.title("Reconstructed Image")
    plt.colorbar()
    plt.show()

# NETOWRK 파라미터
n_input = 784
n_hidden_1 = 256
n_hidden_2 = 256
n_output = 784

epochs = 100
batch_size = 100
disp_step = 10

print("PACKAGES LOADED")

mnist = input_data.read_data_sets('data/', one_hot=True)
trainimg = mnist.train.images
trainlabel = mnist.train.labels
testimg = mnist.test.images
testlabel = mnist.test.labels
print("MNIST LOADED")


# 플레이스 홀더(PLACEHOLDERS)
x = tf.placeholder("float", [None, n_input])
y = tf.placeholder("float", [None, n_output])
dropout_keep_prob = tf.placeholder("float")

# 가중치와 바이어스(WEIGHTS, biases)
weights = {
    'h1': tf.Variable(tf.random_normal([n_input, n_hidden_1])),
    'h2': tf.Variable(tf.random_normal([n_hidden_1, n_hidden_2])),
    'out': tf.Variable(tf.random_normal([n_hidden_2, n_output]))
```

```
}
biases = {
    'b1': tf.Variable(tf.random_normal([n_hidden_1])),
    'b2': tf.Variable(tf.random_normal([n_hidden_2])),
    'out': tf.Variable(tf.random_normal([n_output]))
}


encode_in = tf.nn.sigmoid\
        (tf.add(tf.matmul\
                (x, weights['h1']),\
                biases['b1']))

encode_out = tf.nn.dropout\
            (encode_in, dropout_keep_prob)

decode_in = tf.nn.sigmoid\
        (tf.add(tf.matmul\
                (encode_out, weights['h2']),\
                biases['b2']))

decode_out = tf.nn.dropout(decode_in,\
                            dropout_keep_prob)


y_pred = tf.nn.sigmoid\
        (tf.matmul(decode_out,\
                weights['out']) +\
        biases['out'])

# 비용(COST)
cost = tf.reduce_mean(tf.pow(y_pred - y, 2))

# 최척화방법(OPTIMIZER)
optmizer = tf.train.RMSPropOptimizer(0.01).minimize(cost)

# 초기화(INITIALIZER)
init = tf.global_variables_initializer()
```

```python
# 그래프 실행(Launch the graph)
with tf.Session() as sess:
    sess.run(init)
    print("Start Training")
    for epoch in range(epochs+1):
        num_batch  = int(mnist.train.num_examples/batch_size)
        total_cost = 0.
        for i in range(num_batch):
            batch_xs, batch_ys = mnist.train.next_batch(batch_size)
            batch_xs_noisy = batch_xs + 0.3*np.random.randn(batch_size, 784)
            feeds = {x: batch_xs_noisy, y: batch_xs, dropout_keep_prob: 0.8}
            sess.run(optmizer, feed_dict=feeds)
            total_cost += sess.run(cost, feed_dict=feeds)
        # 결과 표시
        if epoch % disp_step == 0:
            print("Epoch %02d/%02d average cost: %.6f"
                    % (epoch, epochs, total_cost/num_batch))

            # 테스트 결과
            print("Start Test")
            randidx   = np.random.randint\
                        (testimg.shape[0], size=1)
            orgvec    = testimg[randidx, :]
            testvec   = testimg[randidx, :]
            label     = np.argmax(testlabel[randidx, :], 1)

            print("Test label is %d" % (label))
            noisyvec = testvec + 0.3*np.random.randn(1, 784)
            outvec   = sess.run(y_pred,\
                            feed_dict={x: noisyvec,\
                                    dropout_keep_prob: 1})

            plotresult(orgvec,noisyvec,outvec)
            print("restart Training")
```

컨볼루션 오토인코더

지금까지 오토인코더 입력은 이미지였다. 따라서 컨볼루션 구조가 오토인코더 구조보다 잘 작동할 수 있는지 여부를 알아보는 것이 필요할 것이다.

컨볼루션 오토인코더에서 인코더와 디코더가 작동하는 방법을 분석해본다.

인코더

인코더Encoder는 3개의 층으로 구성된다. 1개의 입력 데이터에 대한 특징feature의 수는 첫 번째 컨볼루션층에서 16까지 변화하고, 두 번째 층에서 32까지 변화하며, 마지막 컨볼루션층에서 64까지 변화한다.

1개의 컨볼루션층에서 다른 층으로 처리하는 동안, 해당 구조는 이미지 압축을 실행한다.

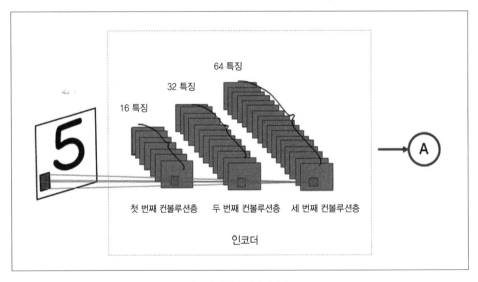

인코딩 단계의 데이터 흐름

디코더

디코더^{Decoder}는 3개의 디컨볼루션층을 순차적으로 나열해 만든다. 이 플레이스홀더 변수의 구조는 임의의 레이블 개수(이 경우에는 10이다)를 보관할 수 있다는 것을 의미하는 [None, n_output]이다. 각 레이블은 길이가 n_output인 벡터다. 특징의 수를 줄이는 것 외에도 디컨볼루션은 이미지 구조를 변환한다.

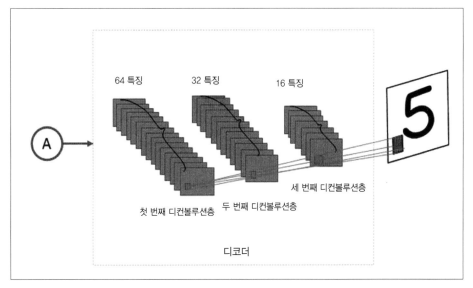

디코딩 단계의 데이터 흐름

이제 컨볼루션 오토인코더를 구현하는 방법을 살펴볼 준비가 됐다. 우선 기본 라이브러리를 불러온다.

```
import matplotlib.pyplot as plt
import numpy as np
import math
import tensorflow as tf
import tensorflow.examples.tutorials.mnist.input_data as input_data
```

다음으로 학습과 테스트 집합을 만든다.

```
mnist = input_data.read_data_sets("data/", one_hot=True)
trainimgs = mnist.train.images
trainlabels = mnist.train.labels
testimgs = mnist.test.images
testlabels = mnist.test.labels
ntrain = trainimgs.shape[0]
ntest = testimgs.shape[0]
dim = trainimgs.shape[1]
nout = trainlabels.shape[1]
```

입력 이미지에 대한 플레이스홀더 변수를 정의한다.

```
x = tf.placeholder(tf.float32, [None, dim])
```

데이터 유형은 float32으로 설정하고, 해당 구조는 [None, dim]으로 설정한다. 여기서 None은 텐서가 임의 개수의 이미지를 보유할 수 있다는 것을 의미한다. 각 이미지는 길이가 dim인 벡터가 된다. 다음으로 출력 이미지에 대한 플레이스홀더 변수를 갖는다. 이 변수의 구조는 입력 구조와 동일하게 [None, dim]으로 설정한다.

```
y = tf.placeholder(tf.float32, [None, dim])
```

다음으로 keepprob 변수를 정의한다. 이 변수는 신경망을 학습하는 동안 드롭아웃 비율을 설정하는 데 사용된다.

```
keepprob = tf.placeholder(tf.float32)
```

또한 네트워크 각층에 대한 노드 개수를 정의해야 한다.

234

```
n1 = 16
n2 = 32
n3 = 64
ksize = 5
```

네트워크는 총 6개의 층을 갖는다. 첫 번째 3개 층은 컨볼루션이고, 인코딩 단계에 속한다. 반면, 마지막 3개 층은 디컨볼루션으로 디코딩 단계를 정의한다.

```
weights = {
    'ce1': tf.Variable(tf.random_normal\
                ([ksize, ksize, 1, n1],stddev=0.1)),
    'ce2': tf.Variable(tf.random_normal\
                ([ksize, ksize, n1, n2],stddev=0.1)),
    'ce3': tf.Variable(tf.random_normal\
                ([ksize, ksize, n2, n3],stddev=0.1)),
    'cd3': tf.Variable(tf.random_normal
                ([ksize, ksize, n2, n3],stddev=0.1)),
    'cd2': tf.Variable(tf.random_normal\
                ([ksize, ksize, n1, n2],stddev=0.1)),
    'cd1': tf.Variable(tf.random_normal\
                ([ksize, ksize, 1, n1],stddev=0.1))
}
biases = {
    'be1': tf.Variable\
    (tf.random_normal([n1], stddev=0.1)),
    'be2': tf.Variable\
    (tf.random_normal([n2], stddev=0.1)),
    'be3': tf.Variable\
    (tf.random_normal([n3], stddev=0.1)),
    'bd3': tf.Variable\
    (tf.random_normal([n2], stddev=0.1)),
    'bd2': tf.Variable\
    (tf.random_normal([n1], stddev=0.1)),
    'bd1': tf.Variable\
    (tf.random_normal([1], stddev=0.1))
}
```

다음 함수 cae는 컨볼루션 오토인코더를 구축한다. 입력으로 이미지 _X, 데이터 구조 가중치 _W, 바이어스 _b와 _keepprob 파라미터를 갖는다.

```
def cae(_X, _W, _b, _keepprob):
```

초기 784픽셀의 이미지는 28×28 행렬로 재형상화돼야 하며, 다음 컨볼루션층에서 처리한다.

```
_input_r = tf.reshape(_X, shape=[-1, 28, 28, 1])
```

첫 번째 컨볼루션층은 _ce1이다. 이 층은 입력 이미지에 _input_r 텐서를 입력받는다.

```
_ce1 = tf.nn.sigmoid\
    (tf.add(tf.nn.conv2d\
        (_input_r, _W['ce1'],\
        strides=[1, 2, 2, 1],\
        padding='SAME'),\
        _b['be1']))
```

두 번째 컨볼루션층으로 이동하기 전에 드롭아웃 연산을 적용한다.

```
_ce1 = tf.nn.dropout(_ce1, _keepprob)
```

다음 2개의 인코딩 층에서 동일한 컨볼루션과 드롭아웃 연산을 적용한다.

```
_ce2 = tf.nn.sigmoid\
    (tf.add(tf.nn.conv2d\
        (_ce1, _W['ce2'],\
        strides=[1, 2, 2, 1],\
        padding='SAME'),\
        _b['be2']))
```

```
_ce2 = tf.nn.dropout(_ce2, _keepprob)

_ce3 = tf.nn.sigmoid\
    (tf.add(tf.nn.conv2d\
        (_ce2, _W['ce3'],\
        strides=[1, 2, 2, 1],\
        padding='SAME'),\
        _b['be3']))
_ce3 = tf.nn.dropout(_ce3, _keepprob)
```

특징의 개수는 1(입력 이미지)에서 64까지 증가했다. 반면, 원본 구조의 이미지는 28×28에서 7×7로 크기가 축소됐다. 디코딩 단계에서 압축(또는 인코딩)하고 구조를 변경reshaped한 이미지는 가능하면 원본 이미지와 유사해야 한다. 이러한 결과를 얻기 위해 다음 3개 층에 대해 텐서플로 함수 conv2d_transpose를 사용했다.

```
tf.nn.conv2d_transpose(value, filter, output_shape, strides,
padding='SAME')
```

이 연산은 디컨볼루션이라고 하며, conv2d의 transpose(gradient)다.

이 함수의 인자는 다음과 같다.

- value: 데이터 유형이 float이고, 구조가 (배치, 높이, 너비, in_channels)인 4-D 텐서다.
- filter: value와 동일한 데이터 유형을 갖고 구조가 (높이, 너비, output_channels, in_channels)인 4-D 텐서다. in_channels 차원은 값의 차원과 일치해야 한다.
- output_shape: 디컨볼루션 연산의 구조 형태를 나타내는 1-D 텐서다.
- strides: 정수값으로 구성된 리스트list 데이터 유형이다. 입력 텐서의 각 차원에 대한 슬라이딩 윈도우의 보폭이다.
- padding: "VALID"나 "SAME"의 문자열값을 갖는다.
- conv2d_transpose: value 인자와 동일한 데이터 유형의 텐서를 반환한다.

첫 번째 컨볼루션층인 _cd3는 컨볼루션층 _ce3을 입력받는다. 이 층은 구조가 (1, 7, 7, 32) 인 _cd3 텐서를 반환한다.

```
_cd3 = tf.nn.sigmoid\
        (tf.add(tf.nn.conv2d_transpose\
            (_ce3, _W['cd3'],\
            tf.pack([tf.shape(_X)[0], 7, 7, n2]),\
            strides=[1, 2, 2, 1],\
            padding='SAME'),\
            _b['bd3']))
_cd3 = tf.nn.dropout(_cd3, _keepprob)
```

두 번째 deconvolutional layer인 _cd2에 디컨볼루션 층인 _cd3을 입력으로 받는다. 실행하면 구조가 (1, 14, 14, 16)인 _cd2 텐서를 반환한다.

```
_cd2 = tf.nn.sigmoid\
        (tf.add(tf.nn.conv2d_transpose\
            (_cd3, _W['cd2'],\
            tf.pack([tf.shape(_X)[0], 14, 14, n1]),\
            strides=[1, 2, 2, 1],\
            padding='SAME'),\
            _b['bd2']))
_cd2 = tf.nn.dropout(_cd2, _keepprob)
```

세 번째이자 최종 디컨볼루션층deconvolutional layer인 _cd1에 입력으로 _cd2층이 전달된다. 실행하면 입력 이미지와 구조가 같은 (1, 28, 28, 1)인 결과 _out 텐서를 반환한다.

```
_cd1 = tf.nn.sigmoid\
        (tf.add(tf.nn.conv2d_transpose\
            (_cd2, _W['cd1'], \
            tf.pack([tf.shape(_X)[0], 28, 28, 1]),\
            strides=[1, 2, 2, 1],\
            padding='SAME'),\
```

```
              _b['bd1']))
_cd1 = tf.nn.dropout(_cd1, _keepprob)
_out = _cd1
return _out
```

다음으로 y와 pred 사이의 평균 제곱 오차로 비용 함수를 정의한다.

```
pred = cae(x, weights, biases, keepprob)
cost = tf.reduce_sum\
      (tf.square(cae(x, weights, biases, keepprob)\
                - tf.reshape(y, shape=[-1, 28, 28, 1])))
learning_rate = 0.001
```

비용^{cost}을 최적화하기 위해 AdamOptimizer를 사용한다.

```
optm = tf.train.AdamOptimizer(learning_rate).minimize(cost)
```

다음 단계에서는 네트워크를 위한 실행 세션을 구성한다.

```
init = tf.global_variables_initializer()
print ("Functions ready")
sess = tf.Session()
sess.run(init)
mean_img = np.zeros((784))
```

batch 크기는 128로 설정한다.

```
batch_size = 128
```

에폭의 개수는 5다.

```
n_epochs = 5
```

반복문 세션을 시작한다.

```
for epoch_i in range(n_epochs):
```

매 에폭마다 batch 집합과 trainbatch를 구한다.

```
for batch_i in range(mnist.train.num_examples // batch_size):
    batch_xs, _ = mnist.train.next_batch(batch_size)
    trainbatch = np.array([img - mean_img for img in batch_xs])
```

더 나은 학습을 보장하기 위해 노이즈 제거 오토인코더와 임의의 잡음 기능을 적용한다.

```
    trainbatch_noisy = trainbatch + 0.3*np.random.randn(
        trainbatch.shape[0], 784)
    sess.run(optm, feed_dict={x: trainbatch_noisy\
                                , y: trainbatch, keepprob: 0.7})
print ("[%02d/%02d] cost: %.4f" % (epoch_i, n_epochs
    , sess.run(cost, feed_dict={x: trainbatch_noisy
                                , y: trainbatch, keepprob: 1.})))
```

개별 학습용 에폭마다 5개의 학습용 예제를 랜덤하게 선택한다.

```
if (epoch_i % 1) == 0:
    n_examples = 5
    test_xs, _ = mnist.test.next_batch(n_examples)
    test_xs_noisy = test_xs + 0.3*np.random.randn(
        test_xs.shape[0], 784)
```

다음으로 약간의 서브 집합을 이용해 학습시킨 모델을 테스트한다.

```
recon = sess.run(pred, feed_dict={x: test_xs_noisy,
                                   keepprob: 1.})
fig, axs = plt.subplots(2, n_examples, figsize=(15, 4))
for example_i in range(n_examples):
    axs[0][example_i].matshow(np.reshape(
        test_xs_noisy[example_i, :], (28, 28))
        , cmap=plt.get_cmap('gray'))
```

마지막으로 matplotlib를 이용해 입력과 학습한 집합을 표시할 수 있다.

```
    axs[1][example_i].matshow(np.reshape(
        np.reshape(recon[example_i, ...], (784,))
        + mean_img, (28, 28)), cmap=plt.get_cmap('gray'))
plt.show()
```

실행 결과는 다음과 같다.

```
>>>
Extracting data/train-images-idx3-ubyte.gz
Extracting data/train-labels-idx1-ubyte.gz
Extracting data/t10k-images-idx3-ubyte.gz
Extracting data/t10k-labels-idx1-ubyte.gz
Packages loaded
Network ready
Functions ready
Start training..
[00/05] cost: 8049.0332
[01/05] cost: 3706.8667
[02/05] cost: 2839.9155
[03/05] cost: 2462.7021
[04/05] cost: 2391.9460
>>>
```

각 에폭에 대해 이전에 보여줬던 경우와 동일하게 입력 집합과 해당 학습 집합을 가시화한다.

첫 번째 에폭에서는 어떤 이미지를 학습했는지 알 수가 없는 수준이다.

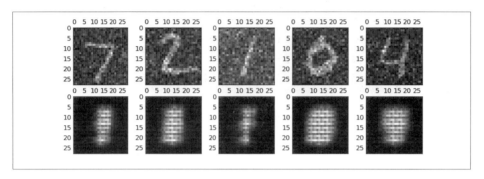

첫 번째 에폭 이미지

두 번째 에폭에서는 학습한 내용이 보다 명확해졌다.

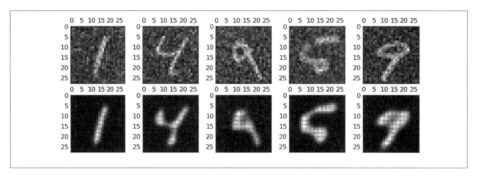

두 번째 에폭 이미지

세 번째 에폭은 다음과 같다.

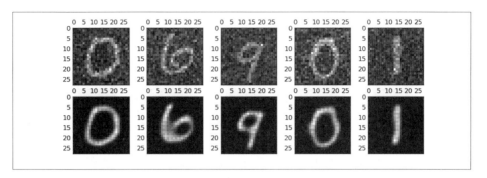

세 번째 에폭 이미지

네 번째 에폭에서는 좀 더 괜찮아졌다.

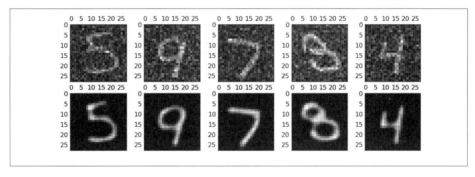

네 번째 에폭 이미지

아마도 이전 에폭에서 멈출 수도 있었다. 하지만 마지막 다섯 번째 에폭 결과는 다음과 같다.

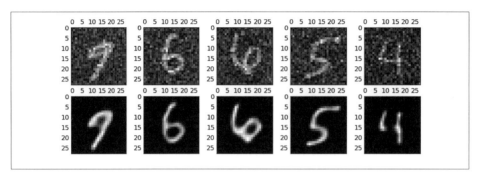

다섯 번째 에폭 이미지

컨볼루션 오토인코더 소스 코드

앞에서 설명한 예제에 대한 소스 코드는 다음과 같다.

```python
import matplotlib.pyplot as plt
import numpy as np
import math
import tensorflow as tf
import tensorflow.examples.tutorials.mnist.input_data as input_data

# 데이터 집합 불러오기
mnist = input_data.read_data_sets("data/", one_hot=True)
trainimgs = mnist.train.images
trainlabels = mnist.train.labels
testimgs = mnist.test.images
testlabels = mnist.test.labels
ntrain = trainimgs.shape[0]
ntest = testimgs.shape[0]
dim = trainimgs.shape[1]
nout = trainlabels.shape[1]
```

```python
print ("Packages loaded")

# 가중치와 바이어스
n1 = 16
n2 = 32
n3 = 64
ksize = 5
weights = {
    'ce1': tf.Variable(tf.random_normal\
                ([ksize, ksize, 1, n1],stddev=0.1)),
    'ce2': tf.Variable(tf.random_normal\
                ([ksize, ksize, n1, n2],stddev=0.1)),
    'ce3': tf.Variable(tf.random_normal\
                ([ksize, ksize, n2, n3],stddev=0.1)),
    'cd3': tf.Variable(tf.random_normal\
                ([ksize, ksize, n2, n3],stddev=0.1)),
    'cd2': tf.Variable(tf.random_normal\
                ([ksize, ksize, n1, n2],stddev=0.1)),
    'cd1': tf.Variable(tf.random_normal\
                ([ksize, ksize, 1, n1],stddev=0.1))
}
biases = {
    'be1': tf.Variable\
    (tf.random_normal([n1], stddev=0.1)),
    'be2': tf.Variable\
    (tf.random_normal([n2], stddev=0.1)),
    'be3': tf.Variable\
    (tf.random_normal([n3], stddev=0.1)),
    'bd3': tf.Variable\
    (tf.random_normal([n2], stddev=0.1)),
    'bd2': tf.Variable\
    (tf.random_normal([n1], stddev=0.1)),
    'bd1': tf.Variable\
    (tf.random_normal([1], stddev=0.1))
}
def cae(_X, _W, _b, _keepprob):
    _input_r = tf.reshape(_X, shape=[-1, 28, 28, 1])
    # 인코더
```

```python
_ce1 = tf.nn.sigmoid\
        (tf.add(tf.nn.conv2d\
                (_input_r, _W['ce1'],\
                strides=[1, 2, 2, 1],\
                padding='SAME'),\
                _b['be1']))

_ce1 = tf.nn.dropout(_ce1, _keepprob)

_ce2 = tf.nn.sigmoid\
        (tf.add(tf.nn.conv2d\
                (_ce1, _W['ce2'],\
                strides=[1, 2, 2, 1],\
                padding='SAME'),\
                _b['be2']))
_ce2 = tf.nn.dropout(_ce2, _keepprob)

_ce3 = tf.nn.sigmoid\
        (tf.add(tf.nn.conv2d\
                (_ce2, _W['ce3'],\
                strides=[1, 2, 2, 1],\
                padding='SAME'),\
                _b['be3']))
_ce3 = tf.nn.dropout(_ce3, _keepprob)

# 디코더
_cd3 = tf.nn.sigmoid\
        (tf.add(tf.nn.conv2d_transpose\
                (_ce3, _W['cd3'],\
                tf.pack([tf.shape(_X)[0], 7, 7, n2]),\

                strides=[1, 2, 2, 1],\
                padding='SAME'),\
                _b['bd3']))

_cd3 = tf.nn.dropout(_cd3, _keepprob)

_cd2 = tf.nn.sigmoid\
        (tf.add(tf.nn.conv2d_transpose\
```

```
                        (_cd3, _W['cd2'],\
                        tf.pack([tf.shape(_X)[0], 14, 14, n1]),\
                        strides=[1, 2, 2, 1],\
                        padding='SAME'),\
                        _b['bd2']))
        _cd2 = tf.nn.dropout(_cd2, _keepprob)

        _cd1 = tf.nn.sigmoid\
            (tf.add(tf.nn.conv2d_transpose\
                    (_cd2, _W['cd1'] ,\
                    tf.pack([tf.shape(_X)[0], 28, 28, 1]),\
                    strides=[1, 2, 2, 1],\
                    padding='SAME'),\
                    _b['bd1']))
        _cd1 = tf.nn.dropout(_cd1, _keepprob)
        _out = _cd1
        return _out

print ("Network ready")

x = tf.placeholder(tf.float32, [None, dim])
y = tf.placeholder(tf.float32, [None, dim])
keepprob = tf.placeholder(tf.float32)
pred = cae(x, weights, biases, keepprob)#['out']
cost = tf.reduce_sum\
    (tf.square(cae(x, weights, biases, keepprob)\
        - tf.reshape(y, shape=[-1, 28, 28, 1])))
learning_rate = 0.001
optm = tf.train.AdamOptimizer(learning_rate).minimize(cost)
init = tf.global_variables_initializer()
print ("Functions ready")

sess = tf.Session()
sess.run(init)
mean_img = np.zeros((784))
#네트워크 훈련 파라미터 설정
batch_size = 128
n_epochs = 5
```

```python
print("Strart training..")
for epoch_i in range(n_epochs):
    for batch_i in range(mnist.train.num_examples // batch_size):
        batch_xs, _ = mnist.train.next_batch(batch_size)
        trainbatch = np.array([img - mean_img for img in batch_xs])
        trainbatch_noisy = trainbatch + 0.3*np.random.randn(\
            trainbatch.shape[0], 784)
        sess.run(optm, feed_dict={x: trainbatch_noisy, \
                                  , y: trainbatch, keepprob: 0.7})
    print ("[%02d/%02d] cost: %.4f" % (epoch_i+1, n_epochs
        , sess.run(cost, feed_dict={x: trainbatch_noisy \
                                    , y: trainbatch, keepprob: 1.})))

    if (epoch_i % 1) == 0:
        n_examples = 5
        test_xs, _ = mnist.test.next_batch(n_examples)
        test_xs_noisy = test_xs + 0.3*np.random.randn(\
            test_xs.shape[0], 784)
        recon = sess.run(pred, feed_dict={x: test_xs_noisy,\
                                          keepprob: 1.})
        fig, axs = plt.subplots(2, n_examples, figsize=(15, 4))
        for example_i in range(n_examples):
            axs[0][example_i].matshow(np.reshape(\
                test_xs_noisy[example_i, :], (28, 28) \
                , cmap=plt.get_cmap('gray'))
            axs[1][example_i].matshow(np.reshape(\
                np.reshape(recon[example_i, ...], (784,)) \
                + mean_img, (28, 28)), cmap=plt.get_cmap('gray'))
        plt.show()
```

▌ 요약

5장에서는 오토인코더라는 최적화 네트워크를 구현했다. 오토인코더는 기본적으로 데이터 압축망data-compression network 모델이다.

이 모델은 입력 데이터를 더 작은 차원의 표현으로 인코딩하는 데 사용한다. 다음으로 디코더를 사용해 인코딩된 버전에서 원래 입력으로 복구시켜봤다. 우리가 구현한 모든 오토인코더는 인코딩과 디코딩 부분을 포함한다.

또한 오토인코딩 프로그램의 성능을 개선시키기 위해 네트워크 학습 과정에서 노이즈를 적용하고 제거하는 방법을 살펴봤다. 마지막으로 4장, '컨볼루션 신경망에 텐서플로 사용하기'에서 소개한 CNN의 개념을 컨볼루션 오토인코더의 구현으로 적용해봤다.

6장에서는 순환 신경망에 대해 살펴본다. 이 신경망의 기본 원리를 설명하고, 구조와 관련한 예제 응용 프로그램을 구현해본다.

06

순환 신경망

최근 들어 널리 사용되는 딥러닝 중 하나로 순환 신경망Reverse Neural Networks, RNN이 있다. RNN의 기본 아이디어는 입력으로 순차적인 형태의 정보를 사용한다는 점이다.

이 네트워크는 모든 순차적 입력 요소에 대해 동일한 계산을 하기 때문에 순환적recurrent 이라고 한다. 더욱이 각 요소의 출력은 현 입력 외에도 모든 이전 계산에 영향을 받는다.

RNN은 단어에서 다음 문자를 예측하는 문제와 같은 경우에 뛰어난 성능을 보여주고 있다. 또한 문장 내에서 다음 단어를 예측하는 능력이 뛰어나다.

RNN은 기계 번역Machine Translation, MT과 같은 복잡한 문제에도 사용한다. 기계 번역 문제에서는 번역 대상 단어를 순차적으로 입력받아 목표로 하는 언어로 번역한다. RNN이 널리 사용되는 중요한 응용 분야는 음성 인식과 이미지 인식이다.

6장의 구성은 다음과 같다.

- RNN의 기본 개념
- RNN의 실행 메커니즘
- RNN을 펼쳐보기^{unfolding}
- 그레이디언트 소멸^{Vanishing gradient} 문제
- LSTM 네트워크
- RNN을 이용한 이미지 분류기
- 양방향 RNN
- 텍스트 처리

▌ RNN 기본 개념

인간의 사고방식은 간단하지 않다. 인간은 기억 능력이 있어 과거의 정보를 최근 정보와 연결하는 능력을 갖고 있다. 기존의 신경망은 과거 사건을 무시한다. 영화의 장면 분류기를 예로 들면, 일반적으로 신경망은 현재 장면을 분류하기 위해 과거 장면을 고려하지 않는다.

이러한 문제를 해결하기 위해 RNN이 개발됐다. CNN 대비 RNN은 해당 정보를 계속 유지하기 위한 루프를 가진 네트워크다.

RNN은 한 번에 1개의 순차적 입력값을 처리하며, 일련의 모든 과거 데이터를 포함하고 있는 벡터를 갱신한다.

다음 그림은 입력값으로 Xt를 취하고, 출력값으로 Ot를 취하는 신경망이다.

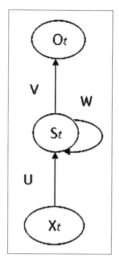

내부 루프를 갖는 RNN

St는 시스템의 메모리로 고려할 수 있는 신경망 벡터다. 이것은 이전 입력 시퀀스의 모든 요소에 대한 정보를 갖는다. 그림에서 원은 정보 네트워크의 각 단계에서 다음 단계까지 이동할 수 있도록 하는 역할을 한다.

▌ RNN 실행 메커니즘

상태 벡터 St는 현 입력과 이전 시점의 상태 벡터에 대해 각각 U와 W 행렬을 곱해 계산한다.

$$S_t = f\left(U \cdot x_t + W \cdot s_{t-1}\right)$$

f는 tanh나 ReLU와 같은 비선형 활성화 함수이다. 보다시피 이 함수에서 함수 자체가 처리되기 전에 두 행렬 인자가 함께 추가됐다.

마지막으로 O_t는 네트워크 출력으로 행렬 V를 이용해 계산한다.

$$O_t = V \cdot S_t$$

▍ RNN의 펼쳐진 버전

다음 그림은 RNN이 펼쳐진 버전이다. 다른 이산형 시간에 전체 입력 시퀀스의 네트워크 구조를 펼쳐서unrolling 획득할 수 있다. 이것이 각 단계에서 다른 파라미터를 사용하는 일반적인 다층 신경망과 다른 점이다. RNN은 각 시점에서 동일한 파라미터 U, V, W를 사용한다.

실제로 RNN은 동일한 순서의 서로 다른 입력값에 대해 매 순간 동일한 계산을 실행한다. 동일한 파라미터를 공유하므로 RNN은 학습 기간 동안 학습해야 하는 파라미터의 개수를 상당히 줄여준다. 또한 학습 시간도 줄여준다.

이러한 펼쳐진unfolded 버전을 통해 역전파 알고리즘이 어떻게 작은 변화를 해당 네트워크에서 학습시킬 수 있는지 알 수 있다.

사실 해당 파라미터는 매번 공유되기 때문에 계산한 경사gradient는 현계산은 물론, 이전 계산에서 영향을 받는다.

예를 들어, t=4에서 경사gradient를 계산하기 위해 3개의 이전 시간에 대해 계산한 경사를 역전파한 후 해당 경사gradient를 합산한다. 사실 전체 입력 순차는 학습 집합의 개별 요소가 되도록 고려해야 한다. 따라서 전체 오류를 입력 순차의 개별 요소에 대한 매 순간 오류의 합이라고 하면, 각 순간별 오류 그레이디언트는 해당 오류 그레이디언트의 합이다.

이러한 과정은 시간에 대한 역전파Backpropagatin Through Time, BPTT라고 한다.

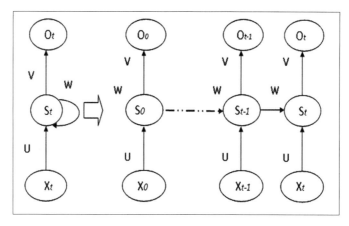

RNN의 펼쳐진 버전

▌ 그레이디언트 소멸 문제

역전파 알고리즘에서 가중치는 그레이디언트 오차에 비례해 조정되며, 이러한 방법으로 그레이디언트가 계산된다. 다음 사항을 확인해보자.

- 가중치가 작다면 그레이디언트 신호가 매우 작아 학습이 매우 느리거나 모두 중단되는 그레이디언트 소멸 문제가 발생한다.
- 가중치가 크면 그레이디언트 신호가 너무 커서 학습이 분기될 수 있는 상황이 발생할 수 있다. 이를 종종 그레이디언트 폭발 문제exploding gradients라고 한다.

그레이디언트 소멸–폭발 문제는 RNN에도 영향을 미친다. 사실 BPTT는 RNN을 전개해 매우 깊은 순방향 신경망을 만든다. 그레이디언트가 몇 개의 층에서 소멸되거나 폭발하면 네트워크는 데이터 간의 높은 시간적 거리 관계를 학습할 수 없기 때문에 RNN에 의한 장기적인 상황정보를 가질 수 없다.

다음 그림은 발생하는 상황을 개략적으로 보여준다. 계산된 역전파 그레이디언트는 매 순간마다 감소하는(또는 증가하는) 경향이 있고, 특정 순간 이후에 0으로 수렴하는 경향(또는 무한대로 폭발하는 경향)이 있다.

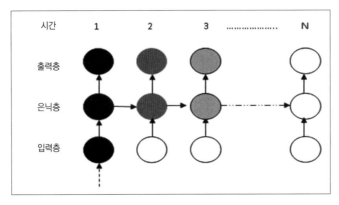

RNN에서 소멸되는 그레이디언트 문제

소실−폭발 문제를 극복하기 위해 기본 RNN 모델의 다양한 확장이 제안됐으며, 그중 하나는 다음 섹션에서 소개할 LSTM[Long Short Term Memory] 네트워크다.

▌LSTM 네트워크

LSTM은 1997년 호이체르이터[Hochreiter]와 슈미트후버[Schmidhuber]가 처음 생각한 특수한 순환 신경망 구조다. 이러한 유형의 신경망은 최근 딥러닝 측면에서 재발견되고 있다. 그레이디언트의 소멸 문제가 없기 때문에 뛰어난 결과와 성능을 제공한다. LSTM 기반의 네트워크는 시간 순서의 예측 및 분류에 이상적이며, 딥러닝에 대한 많은 전통적인 접근 방식보다 성능이 좋다.

LSTM은 서로 연결된 셀(LSTM 블록)로 구성된 네트워크다. 각 LSTM 블록에는 세 가지 유형의 게이트인 Input gate, Output gate, Forget gate가 포함돼 있어 셀 메모리에 쓰기,

읽기 및 재설정 기능을 구현한다. 이 게이트는 2진수가 아니지만 유추(일반적으로 [0, 1] 범위에 매핑된 시그모이드형 활성화 함수로 관리된다. 여기서 0은 완전한 억제를 나타내고, 1은 완전한 활성화를 나타낸다)는 할 수 있다.

이 게이트의 존재는 LSTM 셀이 정보를 무한정 기억할 수 있게 한다. 실제로 다음 입력 게이트가 활성화 임계값이면 셀은 이전 상태를 유지하고, 현재 상태가 활성화되면 입력값과 결합된다. 이름에서 알 수 있듯이 Forget gate는 셀의 현재 상태(값이 0으로 설정될 때)를 재설정하고, Output gate는 셀의 값이 실행 여부를 결정한다.

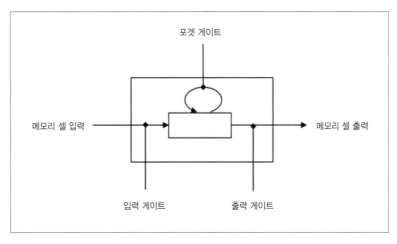

LSTM 셀의 블록 다이어그램

▌ RNN을 이용한 이미지 분류기

이 시점에서 이미지 분류 문제에 대해 LSTM 블록을 포함한 순환 모델을 구현해보겠다. 우리가 사용한 데이터 집합은 잘 알려진 MNIST이다. 구현된 모델은 다음 그림에서와 같이 단일 LSTM층 다음에 평균 연산 축소 작업과 소프트맥스층으로 구성된다.

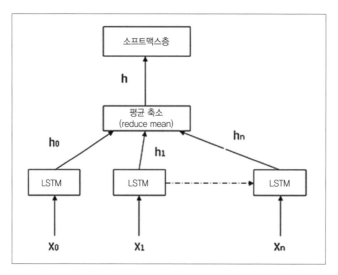

RNN 구조의 데이터 흐름

다음 코드는 텐서의 차원에 걸쳐 요소의 평균을 계산하고 축에 주어진 차원을 따라 input_tensor를 줄인다. keep_dims가 true가 아닌 한, 텐서의 순위는 축의 각 엔트리마다 1씩 감소한다. keep_dims가 true이면, 축소된 차원은 길이가 1로 유지된다.

```
tf.reduce_mean(input_tensor, axis=None,
keep_dims=False, name=None, reduction_indices=None)
```

축(axis) 파라미터값이 없으면 모든 차원이 축소되고 단일 요소가 있는 텐서가 반환된다.

예를 들면 다음과 같다.

```
# 'x' is [[1., 1.]
# [2., 2.]]
tf.reduce_mean(x)==> 1.5
tf.reduce_mean(x,0)==> [1.5,1.5]
tf.reduce_mean(x,1)==> [1.,2.]
```

따라서 입력 순차 $x0$, $x1$, ..., xn으로부터 시작해, LSTM층의 메모리 셀은 표현 순차 $h0$, $h1$, ... hn을 생성할 것이다.

이 표현 순차는 모든 시간 단계에 걸쳐 평균화돼 최종 표현 h가 된다. 마지막으로, 이 표현은 입력 순차와 연관된 클래스 레이블인 타깃을 가진 소프트맥스 레이어에 제공된다.

필요한 라이브러리를 임포트하는 방법으로 구현을 시작한다.

```
import tensorflow as tf
from tensorflow.contrib import rnn
```

가져온 rnn 및 rnn_cell은 텐서플로 클래스이며, 다음과 같다.

rnn_cell 모듈은 LSTM과 입력에 드롭아웃, 투영projection 또는 삽입embedding을 추가할 수 있는 다수의 연산자와 LSTM과 같이 기본으로 많이 사용되는 기본 RNN 셀을 제공한다.

다음 라이브러리를 사용해 MNIST 데이터 집합을 로드한다.

```
from tensorflow.examples.tutorials.mnist import input_data
mnist = input_data.read_data_sets("/tmp/data/", one_hot=True)
```

인터넷에서 데이터 집합을 다운로드하는 데는 몇 분이 걸릴 수 있다.

재귀 신경망Recurrent Neural Network을 사용해 이미지를 분류하려면, MNIST 이미지 구조가 28×28픽셀이기 때문에 모든 이미지 행을 픽셀 시퀀스로 간주해야 한다. 따라서 모든 샘플에 대해 28개 타임 스탬프의 28개 시퀀스를 처리한다.

다음으로 파라미터를 정의한다.

```
# MNIST 데이터 입력(이미지 모양: 28 × 28)
n_input = 28
# 타임 단계 설정
n_steps = 28
# 은닉층에서 특징의 개수 설정
n_hidden = 128
```

```
# MNIST의 전체 클래스(0-9숫자)
n_classes = 10
```

다음으로 학습 과정에서 사용할 파라미터를 정의한다.

```
learning_rate = 0.001
training_iters = 100000
batch_size = 128
display_step = 10
```

입력 데이터(이미지)를 x로 정의한다. 이 텐서의 데이터 유형은 float로 설정하고, 구조는 [None, n_steps, n_input]으로 설정한다. None 파라미터는 텐서가 임의의 여러 이미지를 보유할 수 있다는 것을 나타낸다.

```
x = tf.placeholder("float", [None, n_steps, n_input])
```

다음으로 플레이스홀더 변수 x에 입력된 이미지와 연결된 실제 레이블에 대한 플레이스홀더 변수가 있다. 이 플레이스홀더 변수의 구조는 [None, n_classes]이다. 즉, 임의 개수의 레이블을 포함할 수 있으며, 각 레이블은 길이가 n_classes의 벡터다. 이 경우에는 10이다.

```
y = tf.placeholder("float", [None, n_classes])
weights = {

     'out': tf.Variable(tf.random_normal([n_hidden, n_classes]))
}
biases = {
     'out': tf.Variable(tf.random_normal([n_classes]))
}
```

RNN 함수를 이용해 네트워크를 정의한다.

```
def RNN (x, weights, biases):
```

입력 x 데이터 구조를 RNN 함수 요구 사항과 정확하게 일치하도록 설정한다. 다음 사항에 유의한다.

- 현재 입력 데이터는 (batch_size, n_steps, n_input)이 된다.
- 필요한 구조는 (batch_size, n_input)인 n_steps 텐서 리스트다.

이렇게 하려면 x 입력 텐서에 대해 몇 가지 변환을 수행해야 한다. 첫 번째 연산은 현재 입력 데이터의 전치transposition를 순열화하는 것이다.

```
x = tf.transpose(x, [1, 0, 2])
```

이 연산은 현재 입력인 (128, 28, 28) 데이터에서 (28, 28, 128) 텐서를 반환한다.

다음으로 x의 구조를 변경한다.

```
x = tf.reshape(x, [-1, n_input])
```

이것은 n_steps × batch_size, n_input 텐서를 반환한다. 구조가 (batch_size, n_input)인 n_steps 텐서 리스트를 얻기 위해 x 텐서를 나눈다.

```
x = tf.split(axis=0, num_or_size_splits=n_steps, value=x)
```

순환 신경망을 정의하려면 다음 단계를 수행해야 한다.

1. **단일 LSTM 셀 정의**: BasicLSTMCell 메서드는 LSTM 순차 네트워크 셀을 정의한다. forget_bias 파라미터는 학습 시작 시 잊어버리는 정도를 줄이기 위해 **1.0**으로 설정한다.

   ```
   lstm_cell = rnn_cell.BasicLSTMCell(n_hidden, forget_bias=1.0)
   ```

2. **네트워크 구축**: rnn( ) 연산은 주어진 시간 간격 동안 계산 노드를 생성한다.

   ```
   outputs, states = rnn. static_rnn (lstm_cell, x,
   dtype=tf.float32)
   ```

이 연산은 LSTM 셀 출력을 반환한다.

- 여기서 outputs은 길이이고, n_steps는 출력 리스트(각 입력에 대해 한개씩)다.
- states는 셀의 최종 상태다.

RNN 함수의 결과 텐서는 입력 이미지가 속하는 **10**개의 클래스를 결정하기 위한 길이가 **10**인 벡터다.

```
return tf.matmul(outputs[-1], weights['out']) + biases['out']
```

predictor에 대한 비용 함수와 최적화 함수를 정의한다.

```
pred = RNN(x, weights, biases)
```

성능 척도로 soft_cross_entropy_with_logits를 사용했고, 모든 이미지 분류에 대해 교차 엔트로피의 평균을 취하기 위해 reduce_mean을 사용한다.

```
cost =
tf.reduce_mean(tf.nn.softmax_cross_entropy_with_logits(logits=pred,
labels=y))
```

다음으로 교차 엔트로피를 최소화하는 AdamOptimizer 알고리즘을 적용해 네트워크층의
변수를 변경해 가능한 0에 근사하게 만든다.

```
optimizer = tf.train.AdamOptimizer\
            (learning_rate=learning_rate).minimize(cost)
```

계산 기간 동안 표시될 정확도를 정의한다.

```
correct_pred = tf.equal(tf.argmax(pred,1), tf.argmax(y,1))
accuracy = tf.reduce_mean(tf.cast(correct_pred, tf.float32))
```

다음으로 변수를 초기화한다.

```
init = tf.global_variables_initializer()
```

이제 학습 세션을 시작할 시간이다. 가장 먼저 세션을 만들어 계산을 수행한다.

```
with tf.Session() as sess:
    sess.run(init)
    step = 1
```

최대 훈련 반복 회수에 도달할 때까지 배치 집합을 작성한다.

```
while step * batch_size < training_iters:
    batch_x, batch_y = mnist.train.next_batch(batch_size)
```

28개 요소로 구성된 28개 순차를 얻기 위해 데이터를 변경한다.

```
batch_x = batch_x.reshape((batch_size, n_steps, n_input))
```

데이터를 순차적으로 실행한다. 해당 데이터를 부분으로 나누고, 모든 부분을 이미 정의한 배치 크기로 설정한다. 다음으로 모든 부분을 가져와 최적화 도구에 제공하고, 정확도와 오류를 계산한다. 다음으로 신규 데이터를 제공해 반복한다. 이 과정에서 보다 많은 것을 제공할수록 정확도가 높아진다.

```
sess.run(optimizer, feed_dict={x: batch_x, y: batch_y})
        if step % display_step == 0:
```

다음 코드를 사용해 정확도를 계산한다.

```
acc = sess.run(accuracy, feed_dict={x: batch_x, y: batch_y})
```

반면, 손실값은 다음과 같이 계산한다.

```
loss = sess.run(cost, feed_dict={x: batch_x, y: batch_y})
```

다음으로 정확도와 손실값은 다음과 같이 표시한다.

```
print("Iter " + str(step*batch_size) + ", Minibatch Loss= " +\
        "{:.6f}".format(loss) + ", Training Accuracy= " +\
    "{:.5f}".format(acc))
    step += 1
  print("Optimization Finished!")
```

마지막으로 이미지 부분 집합(또는 배치 집합)을 대상으로 RNN 모델을 테스트한다.

```
test_len = 128
test_data = mnist.test.images[:test_len]\
                    .reshape((-1, n_steps, n_input))
test_label = mnist.test.labels[:test_len]
print("Testing Accuracy:",\
sess.run(accuracy, feed_dict={x: test_data, y: test_label}))
```

결과 출력물은 다음과 같다.

```
>>>
Extracting /tmp/data/train-images-idx3-ubyte.gz
Extracting /tmp/data/train-labels-idx1-ubyte.gz
Extracting /tmp/data/t10k-images-idx3-ubyte.gz
Extracting /tmp/data/t10k-labels-idx1-ubyte.gz
Iter 1280, Minibatch Loss= 1.861236, Training Accuracy= 0.35156
Iter 2560, Minibatch Loss= 1.457468, Training Accuracy= 0.51562
Iter 3840, Minibatch Loss= 1.092437, Training Accuracy= 0.64062
Iter 5120, Minibatch Loss= 0.857512, Training Accuracy= 0.73438
Iter 6400, Minibatch Loss= 0.678605, Training Accuracy= 0.78125
Iter 7680, Minibatch Loss= 1.139174, Training Accuracy= 0.61719
Iter 8960, Minibatch Loss= 0.797665, Training Accuracy= 0.75781
Iter 10240, Minibatch Loss= 0.640586, Training Accuracy= 0.81250
Iter 11520, Minibatch Loss= 0.379285, Training Accuracy= 0.90625
Iter 12800, Minibatch Loss= 0.694143, Training Accuracy= 0.72656

. . . . . . . . . . . . . . . . . . . . . . . . . . . . . . . . . .
Iter 85760, Minibatch Loss= 0.110027, Training Accuracy= 0.96094
Iter 87040, Minibatch Loss= 0.042054, Training Accuracy= 0.98438
Iter 88320, Minibatch Loss= 0.110460, Training Accuracy= 0.96875
Iter 89600, Minibatch Loss= 0.098120, Training Accuracy= 0.97656
Iter 90880, Minibatch Loss= 0.081780, Training Accuracy= 0.96875
Iter 92160, Minibatch Loss= 0.064964, Training Accuracy= 0.97656
Iter 93440, Minibatch Loss= 0.077182, Training Accuracy= 0.96094
Iter 94720, Minibatch Loss= 0.187053, Training Accuracy= 0.95312
Iter 96000, Minibatch Loss= 0.128569, Training Accuracy= 0.96094
```

```
Iter 97280, Minibatch Loss= 0.125085, Training Accuracy= 0.96094
Iter 98560, Minibatch Loss= 0.102962, Training Accuracy= 0.96094
Iter 99840, Minibatch Loss= 0.063063, Training Accuracy= 0.98438
Optimization Finished! Testing Accuracy: 0.960938
>>>
```

RNN 이미지 분류 프로그램의 소스 코드

앞에서 설명한 예제의 소스 코드는 다음과 같다.

```python
import tensorflow as tf
from tensorflow.contrib import rnn

from tensorflow.examples.tutorials.mnist import input_data
# MNIST다운로드
mnist = input_data.read_data_sets("/tmp/data/", one_hot=True)

# 신경명 훈련 파라미터 설정
learning_rate = 0.001
training_iters = 100000
batch_size = 128
display_step = 10

# 신경망 구조 파라미터 설정
n_input = 28
n_steps = 28
n_hidden = 128
n_classes = 10

# 플레이스홀더 설정
x = tf.placeholder("float", [None, n_steps, n_input])
y = tf.placeholder("float", [None, n_classes])

# 가중치, 바이어스 설정
weights = {
```

```python
        'out': tf.Variable(tf.random_normal([n_hidden, n_classes]))
}
biases = {
        'out': tf.Variable(tf.random_normal([n_classes]))
}

# RNN 정의
def RNN(x, weights, biases):
    x = tf.transpose(x, [1, 0, 2])
    x = tf.reshape(x, [-1, n_input])
    x = tf.split(axis=0, num_or_size_splits=n_steps, value=x)
    lstm_cell = rnn.BasicLSTMCell(n_hidden, forget_bias=1.0)
    outputs, states = rnn.static_rnn(lstm_cell, x, dtype=tf.float32)
    return tf.matmul(outputs[-1], weights['out']) + biases['out']

# 예측값 변수 설정
pred = RNN(x, weights, biases)

# 손실함수, 최적화 방법 설정
cost = tf.reduce_mean(tf.nn.softmax_cross_entropy_with_logits(logits=pred,
labels=y))
optimizer = tf.train.AdamOptimizer(learning_rate=learning_rate).minimize(cost)

# 정확도 계산
correct_pred = tf.equal(tf.argmax(pred,1), tf.argmax(y,1))
accuracy = tf.reduce_mean(tf.cast(correct_pred, tf.float32))

# 변수초기화
init = tf.global_variables_initializer()

with tf.Session() as sess:
    sess.run(init)
    step = 1
    while step * batch_size < training_iters:
        batch_x, batch_y = mnist.train.next_batch(batch_size)
        batch_x = batch_x.reshape((batch_size, n_steps, n_input))
        sess.run(optimizer, feed_dict={x: batch_x, y: batch_y})
        if step % display_step == 0:
```

```
            acc = sess.run(accuracy, feed_dict={x: batch_x, y: batch_y})
            loss = sess.run(cost, feed_dict={x: batch_x, y: batch_y})
            print("Iter " + str(step*batch_size) + ", Minibatch Loss= " + \
                    "{:.6f}".format(loss) + ", Training Accuracy= " + \
                    "{:.5f}".format(acc))
        step += 1
    print("Optimization Finished!")

    test_len = 128
    test_data = mnist.test.images[:test_len].reshape((-1, n_steps, n_input))
    test_label = mnist.test.labels[:test_len]
    print("Testing Accuracy:", \
sess.run(accuracy, feed_dict={x: test_data, y: test_label}))
```

▌ 양방향 RNN

양방향 RNN^{Bidirectional Recurrent Neural Network}은 시간 t에서 출력이 시퀀스의 과거 및 미래 요소에 영향을 받을 수 있다는 생각에 근거한다. 이를 구현하려면 두 RNN의 출력을 혼합해야 한다. 첫 번째 프로세스를 한 방향으로 실행하고, 두 번째 프로세스는 반대 방향으로 실행한다.

네트워크는 정규 RNN의 뉴런을 양의 시간 방향(순방향 상태)과 음의 시간 방향(역방향 상태)의 두 방향으로 분리한다. 이 구조에 의해 출력층은 과거와 미래 상태로부터 정보를 얻을 수 있다.

B-RNN의 펼친 구조는 다음 그림과 같다.

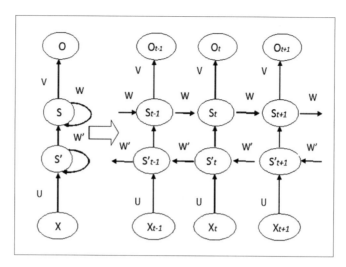

펼친 양방향 RNN

이제 이미지 분류 문제를 위한 B-RNN을 구현하는 방법을 살펴본다. 먼저 필요한 라이브러리를 가져온다. rnn 및 rnn_cell은 텐서플로 라이브러리임을 알아두자.

```
import tensorflow as tf
from tensorflow.contrib import rnn
```

네트워크는 MNIST 이미지를 분류할 것이므로 해당 이미지를 가져와야 한다.

```
from tensorflow.examples.tutorials.mnist import input_data
mnist = input_data.read_data_sets("/tmp/data/", one_hot=True)
```

다음으로 학습 파라미터를 정의한다.

```
learning_rate = 0.001
training_iters = 100000
batch_size = 128
display_step = 10
```

다음으로 네트워크 파라미터를 구성한다.

```
n_input = 28
n_steps = 28
n_hidden = 128
n_classes = 10
```

네트워크에 값을 제공하는 데 사용한 플레이스홀더를 설정한다. 먼저 입력 이미지에 대한 플레이스홀더 변수를 정의한다. 이를 통해 텐서플로 그래프에 입력된 이미지를 변경할 수 있다. 데이터 유형은 float로 설정되며, 텐서의 구조는 [None, n_steps, n_input]으로 설정된다. None은 임의의 이미지 개수를 보유할 수 있는 텐서를 의미한다.

```
x = tf.placeholder("float", [None, n_steps, n_input])
```

다음으로 플레이스홀더 변수 x에 입력된 이미지와 연관된 레이블에 대해 두 번째 플레이스홀더 변수를 수정한다. 이 플레이스홀더 변수의 구조는 [None, n_classes]로 설정된다. 즉, 임의의 수의 레이블을 포함할 수 있고, 각 레이블은 길이가 num_classes의 값이 10인 벡터다.

```
y = tf.placeholder("float", [None, n_classes])
```

최적화돼야 하는 첫 번째 변수는 가중치이며, 여기서 임의의 균일한 값으로 초기화되고 구조가 [2 * n_hidden, n_classes]인 텐서플로 변수로 정의된다.

가중치 정의는 다음과 같다.

```
weights = {
    'out': tf.Variable(tf.random_normal([2*n_hidden, n_classes]))
}
```

다음으로 해당 바이어스biases를 정의한다.

```
biases = {
    'out': tf.Variable(tf.random_normal([n_classes]))
}
```

다음 BiRNN 함수를 사용해 가중치와 네트워크의 바이어스를 정의한다.

```
def BiRNN(x, weights, biases):
```

이 목적을 실행하려면 다음과 같은 일련의 텐서 변환을 적용한다.

```
x = tf.transpose(x, [1, 0, 2])
x = tf.reshape(x, [-1, n_input])
x = tf.split(axis=0, num_or_size_splits=n_steps, value=x)
```

순방향과 역방향 셀인 LSTM 셀의 두 가지 유형을 정의한다.

```
lstm_fw_cell = rnn_cell.BasicLSTMCell(n_hidden, forget_bias=1.0)
lstm_bw_cell = rnn_cell.BasicLSTMCell(n_hidden, forget_bias=1.0)
```

다음으로 가져온 클래스 rnn.bidirectional_rnn( )을 사용해 양방향 네트워크를 구축한다. 단방향의 경우와 마찬가지로 rnn.bidirectional_rnn( )은 입력으로 2개의 LSTM셀을 가져와 독립적인 순방향 및 역방향 RNN을 빌드하며, 최종 순방향 및 역방향 출력은 깊이–연결depth-concatenated을 갖는다.

```
try:
        outputs, _, _ = rnn. static_bidirectional_rnn
                (lstm_fw_cell, lstm_bw_cell, x,dtype=tf.float32)
    except Exception:
```

```
outputs = rnn. static_bidirectional_rnn
          (lstm_fw_cell, lstm_bw_cell, x,dtype=tf.float32)
```

순방향 및 역방향 셀의 input_size는 일치해야 한다. 출력 형식은 다음과 같은 형식을 갖고 있어야 한다.

```
[time][batch][cell_fw.output_size + cell_bw.output_size]
```

BiRNN 함수는 입력 이미지가 속하는 클래스 10개를 결정하기 위해 출력 텐서를 반환한다.

```
return tf.matmul(outputs[-1], weights['out']) + biases['out']
```

BiRNN 함수에 의해 반환된 값은 pred 텐서로 전달된다.

```
pred = BiRNN(x, weights, biases)
```

각 이미지에서 모델이 얼마나 잘 작동하는지 측정해야 하기 때문에 각 분류 이미지의 교차 엔트로피 값을 계산해야 한다.

교차 엔트로피를 사용해 네트워크의 최적화 절차를 실행하려면 단일 스칼라 값이 필요하므로 모든 분류 이미지에 대해 계산한 교차 엔트로피의 평균(tf.reduce_mean)을 취한다.

```
cost =
tf.reduce_mean(tf.nn.softmax_cross_entropy_with logits v2(logits=pred,
labels=y))
```

얻은 비용 측정값은 최적화 파라미터에 의해 최소화된다. AdamOptimzier는 최적화 성능이 우수한 경사 하강gradient descent 방법이다.

272

```
optimizer = tf.train.AdamOptimizer\
            (learning_rate=learning_rate).minimize(cost)
```

학습 단계에서 진행 상황을 표시할 수 있도록 성능 측정값을 추가한다.

예측 클래스가 각 이미지의 실제 클래스와 같은지의 여부는 불린^{boolean} 벡터로 계산한다.

```
correct_pred = tf.equal(tf.argmax(pred,1), tf.argmax(y,1))
```

correct_pred 변수는 불린 벡터를 먼저 부동 소수점형으로 캐스팅해 false가 0이 되고 true가 1이 되도록 분류 정확도를 계산하기 위해 사용되며, 해당 값의 평균을 계산한다.

```
accuracy = tf.reduce_mean(tf.cast(correct_pred, tf.float32))
```

모든 변수는 최적화를 시작하기 전에 초기화해야 한다.

```
init = tf.global_variables_initializer()
```

다음으로 그래프를 실행할 세션을 만든다.

```
with tf.Session() as sess:
    sess.run(init)
    step = 1
```

이 세션 기간 동안 일련의 학습 예제를 가져온다.

```
    while step * batch_size < training_iters:
```

batch_x 변수는 학습용 이미지의 하위 집합을 갖고, batch_y는 해당 이미지의 실제 레이블에 대한 하위 집합을 갖는다.

```
batch_x, batch_y = mnist.train.next_batch(batch_size)
batch_x = batch_x.reshape((batch_size, n_steps, n_input))
```

placeholder 변수에 대한 적절한 이름을 갖는 feed_dict에 배치 집합을 넣은 후 sess.run
을 통해 최적화 프로그램을 실행한다.

```
sess.run(optimizer, feed_dict={x: batch_x, y: batch_y})
if step % display_step == 0:
```

이 집합에 대한 정확도와 손실값을 계산한다.

```
    acc = sess.run(accuracy,\
            feed_dict={x: batch_x, y: batch_y})
    loss = sess.run(cost,\
            feed_dict={x: batch_x, y: batch_y})
    print("Iter " + str(step*batch_size) +\
                ", Minibatch Loss= " +\
        "{:.6f}".format(loss) + ", Training Accuracy= " +\
        "{:.5f}".format(acc))
    step += 1
print("Optimization Finished!")
```

학습 세션이 끝나는 시점에서 일련의 테스트 데이터를 가져온다.

```
test_len = 128
test_data = mnist.test.images\
                [:test_len].reshape((-1, n_steps, n_input))
test_label = mnist.test.labels[:test_len]
```

마지막으로 이러한 테스트 집합에 대한 정확도를 계산하고 표시한다.

274

```
    print("Testing Accuracy:",\
sess.run(accuracy, feed_dict={x: test_data, y: test_label}))
```

출력의 일부만 보여준다. 배치 집합에서 계산한 손실값과 정확도를 가시화한다.

```
Successfully downloaded train-images-idx3-ubyte.gz 9912422 bytes.
Extracting /tmp/data/train-images-idx3-ubyte.gz
Successfully downloaded train-labels-idx1-ubyte.gz 28881 bytes. Extracting
/tmp/data/train-labels-idx1-ubyte.gz
Successfully downloaded t10k-images-idx3-ubyte.gz 1648877 bytes. Extracting
/tmp/data/t10k-images-idx3-ubyte.gz
Successfully downloaded t10k-labels-idx1-ubyte.gz 4542 bytes. Extracting
/tmp/data/t10k-labels-idx1-ubyte.gz Iter 1280,
Minibatch Loss= 1.877825, Training Accuracy= 0.34375
Iter 2560, Minibatch Loss= 1.582133, Training Accuracy= 0.45312
Iter 3840, Minibatch Loss= 1.172375, Training Accuracy= 0.53125
Iter 5120, Minibatch Loss= 0.942408, Training Accuracy= 0.67188
Iter 6400, Minibatch Loss= 0.678984, Training Accuracy= 0.73438
Iter 7680, Minibatch Loss= 1.089620, Training Accuracy= 0.64844
Iter 8960, Minibatch Loss= 0.658389, Training Accuracy= 0.79688
Iter 10240, Minibatch Loss= 0.576066, Training Accuracy= 0.82031
Iter 11520, Minibatch Loss= 0.404379, Training Accuracy= 0.92188
Iter 12800, Minibatch Loss= 0.627313, Training Accuracy= 0.79688
Iter 14080, Minibatch Loss= 0.447121, Training Accuracy= 0.87500

· · · · · · · · · · · · · · · · · · · · · · · · · · · · · ·
Iter 90880, Minibatch Loss= 0.048776, Training Accuracy= 1.00000
Iter 92160, Minibatch Loss= 0.096100, Training Accuracy= 0.98438
Iter 93440, Minibatch Loss= 0.059382, Training Accuracy= 0.98438
Iter 94720, Minibatch Loss= 0.088342, Training Accuracy= 0.97656
Iter 96000, Minibatch Loss= 0.083945, Training Accuracy= 0.98438
Iter 97280, Minibatch Loss= 0.077618, Training Accuracy= 0.97656
Iter 98560, Minibatch Loss= 0.141791, Training Accuracy= 0.93750
Iter 99840, Minibatch Loss= 0.064927, Training Accuracy= 0.98438
Optimization Finished!
```

최종적으로 테스트 집합에 대해 계산한 정확도는 다음과 같다.

Testing Accuracy: 0.984375

양방향 RNN 소스 코드

구현한 양방향 RNN을 위한 전체 소스 코드는 다음과 같다.

```python
import tensorflow as tf
from tensorflow.contrib import rnn

from tensorflow.examples.tutorials.mnist import input_data
mnist = input_data.read_data_sets("/tmp/data/", one_hot=True)

# 학습 parameter 설정
learning_rate = 0.001
training_iters = 100000
batch_size = 128

# 신경망 구조 parameter 설정
n_input = 28
n_steps = 28
n_hidden = 128
n_classes = 10

x = tf.placeholder("float", [None, n_steps, n_input])
y = tf.placeholder("float", [None, n_classes])

# 가중치와 바이어스 설정
weights = {
    'out': tf.Variable(tf.random_normal([2*n_hidden, n_classes]))
}
biases = {
    'out': tf.Variable(tf.random_normal([n_classes]))
}

# BiRNN 정의
```

```python
def BiRNN(x, weights, biases):
    x = tf.transpose(x, [1, 0, 2])
    x = tf.reshape(x, [-1, n_input])
    x = tf.split(axis=0, num_or_size_splits=n_steps, value=x)
    lstm_fw_cell = rnn.BasicLSTMCell(n_hidden, forget_bias=1.0)
    lstm_bw_cell = rnn.BasicLSTMCell(n_hidden, forget_bias=1.0)
    try:
        outputs, _, _ = rnn.static_bidirectional_rnn(lstm_fw_cell, lstm_bw_cell, x,
                                            dtype=tf.float32)
    except Exception: # Old TensorFlow version only returns outputs not states
        outputs = rnn.static_bidirectional_rnn(lstm_fw_cell, lstm_bw_cell, x,
                                    dtype=tf.float32)
    return tf.matmul(outputs[-1], weights['out']) + biases['out']


# 예측값, 손실함수, 최적화방법, 정확도 설정
pred = BiRNN(x, weights, biases)
cost = tf.reduce_mean(tf.nn.softmax_cross_entropy_with_logits(logits=pred,
labels=y))
optimizer = tf.train.AdamOptimizer(learning_rate=learning_rate).minimize(cost)
correct_pred = tf.equal(tf.argmax(pred,1), tf.argmax(y,1))
accuracy = tf.reduce_mean(tf.cast(correct_pred, tf.float32))
# 변수초기화
init = tf.global_variables_initializer()

with tf.Session() as sess:
    #변수초기화
    sess.run(init)
    step = 1
    while step * batch_size < training_iters:
        batch_x, batch_y = mnist.train.next_batch(batch_size)
        batch_x = batch_x.reshape((batch_size, n_steps, n_input))
        sess.run(optimizer, feed_dict={x: batch_x, y: batch_y})
        if step % display_step == 0:
            acc = sess.run(accuracy, feed_dict={x: batch_x, y: batch_y})
            loss = sess.run(cost, feed_dict={x: batch_x, y: batch_y})
            print("Iter " + str(step*batch_size) + ", Minibatch Loss= " + \
                    "{:.6f}".format(loss) + ", Training Accuracy= " + \
                    "{:.5f}".format(acc))
        step += 1
```

```
    print("Optimization Finished!")

    test_len = 128
    test_data = mnist.test.images[:test_len].reshape((-1, n_steps, n_input))
    test_label = mnist.test.labels[:test_len]
    print("Testing Accuracy:", \
sess.run(accuracy, feed_dict={x: test_data, y: test_label}))
```

텍스트 예측

최근 RNN을 기반으로 한 언어 연산 모델은 통계적 언어 모델링에서 가장 성공적인 기술 중 하나다. 이것은 자동 음성 인식 및 기계 번역을 비롯한 다양한 작업에 쉽게 적용할 수 있다.

이 섹션에서는 일련의 텍스트에서 다음 단어를 추측해 어려운 언어 처리 작업을 수행하는 RNN 모델을 살펴본다.

 여러분은 다음 페이지에서 관련 예제에 대한 상세한 참고 자료를 찾아볼 수 있다. https://www.tensorflow.org/versions/r0.8/tutorials/recurrent/index.html.

이 예제의 소스 코드는 다음 웹사이트(공식 텐서플로 프로젝트 깃허브 페이지)에서 다운로드할 수 있다.

https://github.com/tensorflow/models/tree/master/tutorials/rnn/ptb.

다운로드할 파일은 다음과 같다.

- ptb_word_lm.py: 이 파일은 PTB 데이터 집합에서 해당 모델을 학습시키는 코드를 포함한다.
- reader.py: 이 파일에는 데이터 집합을 읽는 코드가 있다. 여기서는 주요한 아이

디어만을 제공한다.

데이터 집합

사용된 데이터 집합은 Tomas Mikolov의 웹 페이지(http://www.fit.vutbr.cz/~imikolov/rnnlm/simple-examples.tgz)에서 다운로드해 여러분의 데이터 폴더에서 추출해야 하는 Penn Tree Bank^PTB 언어 모델링 데이터 집합이다. 데이터 집합은 929k 학습 단어, 73k 유효 단어 및 82k 테스트 단어로 구성된다. 이 데이터 집합은 문장의 종료 표시 부호와 희귀한 단어에 대해 특별한 기호 <unk>를 포함한 1만 개의 단어를 갖고 있다.

일반적으로 말하자면, 트리뱅크^treebank는 언어학적 텍스트 구조를 기계가 읽을 수 있도록 하는 통사적 주석 스키마에 따라 수집된 문장의 모음이다.

혼잡도

네트워크의 장점을 측정하는 데 사용되는 측정값은 혼잡도^plexity다. 정확한 정의를 하려면 여러 수학적인 지식이 필요하지만, 대략 각 단어 다음에 모델이 갖는 평균 선택 개수다. 영어(약 1백만 개의 단어)를 고려한다면, 현재 최상의 네트워크 모델은 각 단어마다 매우 많은 수의 선택 개수인 혼잡도 247을 갖는다.

PTB 모델

PTB 모델은 ptb_word_lm.py 파일에서 찾을 수 있는 **PTBModel** 클래스로 구현한다. 여기서는 기본적인 의사코드를 분석한다.

네트워크 모델은 **BasicLSTMCell** 셀로 이뤄져 있다.

```
lstm = rnn_cell.BasicLSTMCell(lstm_size)
```

네트워크의 메모리 상태는 0 벡터로 초기화한다. 데이터는 미니 배치 집합인 batch_size 로 처리한다.

```
state = tf.zeros([batch_size, lstm.state_size])
```

분석 대상 단어에 대해 연속 문장의 확률은 다음과 같이 계산한다.

```
probabilities = []
for current_batch_of_words in words_in_dataset:
```

각 단어를 배치한 후 상태값을 업데이트한다.

```
output, state = lstm(current_batch_of_words, state)
```

LSTM은 다음 단어를 예측하는 데 사용한다.

```
logits = tf.matmul(output, softmax_w) + softmax_b
probabilities.append(tf.nn.softmax(logits))
loss += loss_function(probabilities, target_words)
```

loss_function 함수는 대상 단어^{target words}의 평균 음의 로그확률을 최소화한다. 즉, 개별 단어에 대해 혼잡도 평균을 계산한다.

예제 실행하기

PTB 모델은 소형, 중형, 대형 데이터 집합 구성을 지원한다. 소형 모델은 테스트 집합에 서 120 미만의 혼잡도에 도달할 수 있어야 하고, 대규모 모델은 80 미만에 도달할 수 있어 야 한다. 물론 대규모 모델은 학습하는 데 몇 시간이 걸린다.

소형 데이터 집합으로 모델을 실행하기 위해 명령 프롬프트에 다음 내용을 입력했다.

```
python ptb_word_lm --data_path=/tmp/simple-examples/data/ --model small
```

이 경로는 앞에서 다운로드한 /tmp/simpleexamples/data/에 있는 PTB 데이터 집합을 추출한 곳이다.

8시간의 학습과 13개의 학습 에폭epoch을 실행한 결과, 혼잡도는 다음과 같다.

```
Epoch: 1 Learning rate: 1.000
0.004 perplexity: 5263.762 speed: 391 wps
0.104 perplexity: 837.607 speed: 429 wps
0.204 perplexity: 617.207 speed: 442 wps
0.304 perplexity: 498.160 speed: 438 wps
0.404 perplexity: 430.516 speed: 436 wps
0.504 perplexity: 386.339 speed: 427 wps
0.604 perplexity: 348.393 speed: 431 wps
0.703 perplexity: 322.351 speed: 432 wps
0.803 perplexity: 301.630 speed: 431 wps
0.903 perplexity: 282.417 speed: 434 wps
Epoch: 1 Train Perplexity: 268.124
Epoch: 1 Valid Perplexity: 180.210
Epoch: 2 Learning rate: 1.000
0.004 perplexity: 209.082 speed: 448 wps
0.104 perplexity: 150.589 speed: 437 wps
0.204 perplexity: 157.965 speed: 436 wps
0.304 perplexity: 152.896 speed: 453 wps
0.404 perplexity: 150.299 speed: 458 wps
0.504 perplexity: 147.984 speed: 462 wps
0.604 perplexity: 143.367 speed: 462 wps
0.703 perplexity: 141.246 speed: 446 wps
0.803 perplexity: 139.299 speed: 436 wps
0.903 perplexity: 135.632 speed: 435 wps
Epoch: 2 Train Perplexity: 133.576
Epoch: 2 Valid Perplexity: 143.072

. . . . . . . . . . . . . . . . . . . . . .
Epoch: 12 Learning rate: 0.008
```

```
0.004 perplexity: 57.011 speed: 347 wps
0.104 perplexity: 41.305 speed: 356 wps
0.204 perplexity: 45.136 speed: 356 wps
0.304 perplexity: 43.386 speed: 357 wps
0.404 perplexity: 42.624 speed: 358 wps
0.504 perplexity: 41.980 speed: 358 wps
0.604 perplexity: 40.549 speed: 357 wps
0.703 perplexity: 39.943 speed: 357 wps
0.803 perplexity: 39.287 speed: 358 wps
0.903 perplexity: 37.949 speed: 359 wps
Epoch: 12 Train Perplexity: 37.125
Epoch: 12 Valid Perplexity: 123.571
Epoch: 13 Learning rate: 0.004
0.004 perplexity: 56.576 speed: 365 wps
0.104 perplexity: 40.989 speed: 358 wps
0.204 perplexity: 44.809 speed: 358 wps
0.304 perplexity: 43.082 speed: 356 wps
0.404 perplexity: 42.332 speed: 356 wps
0.504 perplexity: 41.694 speed: 356 wps
0.604 perplexity: 40.275 speed: 357 wps
0.703 perplexity: 39.673 speed: 356 wps
0.803 perplexity: 39.021 speed: 356 wps
0.903 perplexity: 37.690 speed: 356 wps
Epoch: 13 Train Perplexity: 36.869
Epoch: 13 Valid Perplexity: 123.358
Test Perplexity: 117.171
```

▍ 요약

6장에서는 RNN에 대해 알아봤다. 유닛 간의 연결이 직접적인 사이클을 형성하는 신경망 클래스가 있다. 따라서 시간적 순서가 있는 데이터를 관리할 수 있다. 여기서는 LSTM 구조에 대해 설명했다. 이 구조의 기본 아이디어는 RNN을 개선해 명시적 메모리로 해당 기능을 제공할 수 있도록 하는 것이다.

LSTM 네트워크는 메모리 셀^{memory cells}이라고 하는 특별한 은닉층 유닛을 갖는다. 이 메모리 셀은 이전 단계의 입력값을 장기간 기억한다. 메모리 셀은 매 순간마다 이전 상태 및 현재 상태값을 입력받는다. 메모리의 현재 내용과 결합하고, 다른 유닛에 의한 게이팅 메커니즘에 의해 메모리에서 유지 및 삭제할 대상을 결정하므로 LSTM은 학습 대상이 장기간 영향을 받는 경우, 매우 적합하고 효과적인 학습을 할 수 있다.

지금까지 MNIST 데이터 집합에서 이미지를 분류하는 목적으로 LSTM 신경망 모델 2개를 구현해봤다.

마지막으로 문장에서 다음 단어를 예측하는 복잡한 알고리즘을 텐서플로로 구현해봤다.

7장에서 GPU 연산의 기본 이슈사항을 소개한다. 최근 들어 GPU 연산 기술은 딥러닝 기술 개발의 메인 아키텍트다. 메인 GPU의 특징을 설명하고, GPU을 사용하기 위해 텐서플로를 구성하는 방법을 살펴본다.

07

GPU 연산

딥 뉴럴 네트워크는 네트워크의 각층에 있는 수천 여 개의 인공 뉴런이 동일한 계산을 수행하는 것과 같이 매우 획일적인uniform 구조를 갖는다. 따라서 CNN의 구조는 GPU가 효율적으로 실행할 수 있는 연산을 갖는다.

GPU는 CPU 대비 별도의 장점을 갖는다. GPU는 보다 많은 계산 유닛이 있고, 메모리에서 데이터를 가져오기 위한 상대적으로 높은 밴드 폭을 갖는다.

더욱이 상당한 계산 능력이 필요한 많은 딥러닝 적용 사례에서 그래픽에 특화한 GPU 처리 능력은 계산 속도를 향상시키는 데 사용할 수 있다.

7장의 구성은 다음과 같다.

- GPGPU 연산
- GPGPU 이력
- CUDA 구조
- GPU 프로그래밍 모델
- 텐서플로 GPU 설정
- 텐서플로 GPU 관리
- 단일 GPU를 멀티 − GPU 시스템에 배정하기
- 멀티 GPU 사용하기

▌ GPGPU 연산

최근 몇십 년 동안 머신 러닝 분야에서 딥러닝이 개발되고 주목받게 된 몇 가지 이유
가 있다.

주요 이유 중 하나로 그래픽 처리 유닛의 도입과 같은 신규 프로세서의 개선이다. GPU는
신경망 학습에 필요한 시간을 10/20까지 획기적으로 줄였다.

실제로 개별 뉴런 사이의 연결에는 추정해야 하는 가중치가 필요하고, 해당 가중치를 적
절히 조정해 학습해야 하므로 컴퓨팅 파워의 상당한 증가가 필요하다. 이러한 문제에 대
응하기 위해 그래픽 프로세서를 사용하게 됐다.

GPGPU 역사

범용 그래픽 처리 장치 계산General Purpose Computing on Graphics Processing Unit, GPGPU은 그래픽이 아닌 응용 프로그램에 GPU 기술을 적용하고 싶어한다는 것을 알게 됐다. 2006년까지 그래픽 API OpenGL 및 DirectX 표준이 GPU로 프로그래밍할 수 있는 유일한 방법이었다. GPU에서 임의의 계산을 실행하려는 시도는 해당 API 프로그래밍 제약을 받았다.

GPU는 픽셀 셰이더pixel shader라는 프로그램할 수 있는 산술 유닛을 사용해 스크린상의 각 픽셀들의 색을 계산하고 최종적으로 픽셀이 어떻게 보일지를 결정하도록 설계됐다. 프로그래머들은 입력값이 픽셀 색상과 다른 의미를 지닌 숫자 데이터라면 픽셀 셰이더가 임의의 계산을 하는 프로그램을 개발할 수 있다는 것을 알게 됐다.

GPU는 렌더링 작업을 통해 색을 보여줌으로써 사람의 눈을 속였다. 이 속임수는 지능적이지만 매우 복잡했다.

프로그램은 입력 데이터로 소수의 입력 색상 및 텍스처 유닛만 수신할 수 있기 때문에 메모리 제한이 있었다. GPU가 부동 소수점 데이터를 처리하는 방법을 예측하는 것은 거의 불가능했다. 따라서 많은 과학 계산에서 GPU를 사용하는 것이 불가능했다.

또한 수치적인 문제를 해결하고자 하는 사람은 GPU와 통신할 수 있는 유일한 방법인 OpenGL 또는 DirectX를 배워야 했다.

CUDA 구조

2016년에 NVIDIA는 DirectX 10을 지원하는 최초의 GPU를 발표했다. GeForce 8800GTX는 CUDA 구조를 사용하는 최초의 GPU이기도 하다. 이 구조에는 GPU 컴퓨팅을 위해 특별히 설계된 몇 가지 새로운 구성 요소가 포함돼 있으며, 기존의 GPU가 그래픽이 아닌 계산에 사용되는 것을 방지하는 제약을 제거하기 위한 것이다. 실제로 GPU의 실행 유닛은 임의의 메모리를 읽고 쓸 수 있을 뿐 아니라 공유 메모리shared memory라는 소프트웨어에서 유지 관리되는 캐시에 접근할 수 있다. 이러한 구조 기능이 추가됨으로 인해 일반적인 그래픽 작업뿐만 아니라 일반 계산에서도 탁월한 CUDA GPU를 만들 수 있다.

다음 그림은 그래픽 처리 장치GPU와 중앙 처리 장치CPU의 다양한 구성 요소 간의 공간 분할을 요약한 것이다. GPU는 더 많은 트랜지스터를 데이터 처리에 사용한다. 또한 GPU는 병렬적이고 멀티 스레드이며, 많은 코어 프로세서를 갖고 있다.

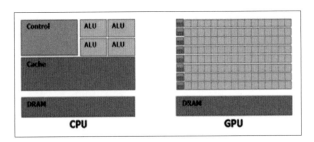

CPU 대 GPU 구조

ⓘ GPU 칩의 거의 모든 공간은 캐시와 제어를 제외하고는 산술 논리 연산 장치(ALU) 전용이므로 많은 양의 데이터를 반복적으로 계산하는 데 적합하다. GPU는 로컬 메모리에 접근하고 시스템에 연결한다. 즉, 버스를 통해 CPU에 연결한다. 현재 이런 버스는 주변 장치 연결 익스프레스(Peripheral Component Interconnect Express, PCI Express)이다.

그래픽 칩은 일련의 복수 프로세서인 스트리밍 멀티 프로세서Streaming Multiprocessor, SM로 구성돼 있다.

멀티 프로세서의 개수는 각 GPU의 개별 특성과 성능 등급에 따라 다르다.

각각의 멀티 프로세서는 차례로 스트림 프로세서(코어)로 구성된다. 각각의 프로세서는 정수 및 부동 소수점 수에 대한 기본 산술 연산을 싱글single과 더블double 정확도로 실행할 수 있다.

▎ GPU 프로그래밍 모델

이제 CUDA 프로그래밍 모델을 이해하기 위한 몇 가지 기본 개념을 소개할 시점이다. 첫 번째 구분은 호스트host와 장치device 사이다.

호스트 측에서 실행되는 코드는 CPU에서 실행되는 코드의 일부이며, RAM 및 하드 디스크에서 실행되는 코드의 일부이기도 하다.

그러나 장치에서 실행되는 코드는 그래픽 카드에 자동으로 로드돼 이후에 실행된다. 또 다른 중요한 개념은 커널이다. 이 개념은 호스트에서 런칭돼 장치에서 실행되는 기능을 말한다.

커널에 정의한 코드는 스레드 배열에 의해 병렬로 실행된다. 다음 그림은 GPU 프로그래밍 모델의 작동 방식을 요약한 것이다.

- 실행 프로그램은 CPU에서 실행하기 위한 소스 코드와 GPU에서 실행하기 위한 코드를 갖고 있다.
- CPU와 GPU는 별도의 메모리를 갖는다.
- 연산을 위해 데이터는 CPU에서 GPU로 전달된다.
- GPU 계산 결과 데이터는 CPU 메모리로 다시 복사된다.

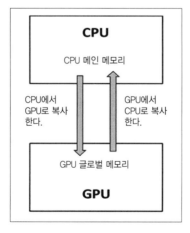

GPU 프로그래밍 모델

▌ 텐서플로 GPU 설정

NVIDIA 딥러닝 SDK는 Caffe, CNTK, TensorFlow, Theano 및 Torch와 같은 딥러닝 프레임워크의 개발을 위한 강력한 도구 및 라이브러리를 제공한다. NVIDIA 딥러닝 SDK는 GPU 가속화된 딥러닝 응용 프로그램을 설계하고 배포하기 위한 강력한 도구 및 라이브러리를 제공한다. 여기에는 딥러닝 기초 요소, 추론, 비디오 분석, 선형 대수학, 희소 행렬 및 복수 GPU 통신을 위한 라이브러리가 포함돼 있다. 현 버전은 다음 SDK를 지원한다.

- **딥러닝 기본 요소**(https://developer.nvidia.com/cudnn): 컨볼루션, 활성화 함수 및 텐서 변환을 비롯한 딥뉴럴 네트워크 응용 프로그램을 위한 고성능 빌딩 블록이다.

- **딥러닝 추론 엔진**(https://developer.nvidia.com/tensorrt): 개발 배치용 고성능 딥러닝 추론 런타임이다.

- **비디오 분석을 위한 딥러닝**(https://developer.nvidia.com/deepstream-sdk): GPU 가속 트랜스 코딩과 딥러닝 추론용 고급 C ++ API 및 런타임이다.

- **선형 대수학**(https://developer.nvidia.com/cublas): CPU 전용 BLAS 라이브러리보다 6배에서 17배 빠른 성능을 제공하는 GPU 가속 BLAS 기능이다. XLA(https://www.tensorflow.org/performance/xla/)는 텐서플로 계산을 최적화하는 선형 대수학 작업에 특화한 컴파일러이다. 아직 실험(즉, 활발한 개발) 중에 있지만, 서버 및 모바일 플랫폼에서의 속도, 메모리 사용 및 이식성 개선을 예상할 수 있다.

- **희소 행렬 연산**(https://developer.nvidia.com/cusparse): GPU는 자연어 처리와 같은 응용 프로그램에 이상적인 CPU BLAS(MKL)보다 최대 8배 빠른 성능을 제공하는 희소 행렬용 선형 대수 서브 루틴을 가속화했다.

- **멀티 GPU 통신**(https://github.com/NVIDIA/nccl): 최대 8개의 GPU까지 멀티-GPU 딥러닝 학습을 가속화하는 전체 수집, 축소 및 브로드 캐스트와 같은 공동 통신 루틴이다.

그러나 딥러닝 SDK에는 새로운 GPU 가속 학습 알고리즘을 구축하고 기존 응용 프로그램의 성능을 크게 향상시킬 수 있는 포괄적인 개발 환경을 제공하는 CUDA 툴킷(https://developer.nvidia.com/cuda-toolkit)이 필요하다.

NVIDIA GPU에서 텐서플로를 사용하려면 먼저 CUDA 툴킷을 설치해야 한다.

 자세한 내용은 https://developer.nvidia.com/cuda-downloads를 참조한다.

CUDA 툴킷이 설치되면 Linux용 https://developer.nvidia.com/cudnn에서 cuDNN v5.1 라이브러리를 다운로드해야 한다.

 cuDNN을 사용한 GPU 계산을 위한 텐서플로와 Bazel을 포함한 보다 자세한 설치는 http://www.nvidia.com/object/gpu-accelerated-applications-tensorflow-installation.html을 참조한다.

cuDNN은 텐서플로나 Theano와 같은 심화 학습 프레임워크를 가속화하는 데 사용하는 라이브러리다. 다음은 NVIDIA 웹 사이트의 간단한 설명이다.

NVIDIA CUDA® Deep Neural Network library[cuDNN]는 DNN을 위한 GPU 가속화 기본 라이브러리다. cuDNN은 순방향 및 역방향 컨볼루션, 풀링, 정규화 및 활성화 레이어와 같은 표준 루틴을 위해 고도로 튜닝한 구현기능을 제공한다. cuDNN은 NVIDIA 딥러닝 SDK의 일부다.

설치하기 전에 NVIDIA의 Accelerated Computing Developer Program에 등록해야 한다. 등록되면 CudNN 5.1에 로그인해 로컬 컴퓨터에 다운로드한다.

이 책을 쓰는 시점의 cuDNN 버전은 5.1이고, 2017년 1월 20일에 CUDA 8.0 버전으로 출시됐다. 자세한 내용은 https://developer.nvidia.com/rdp/cudnn-download을 참조한다. 다운로드 페이지에서는 다음 그림과 같은 옵션을 볼 수 있다.

cuDNN Download

NVIDIA cuDNN is a GPU-accelerated library of primitives for deep neural networks.

☑ I Agree To the Terms of the cuDNN Software License Agreement
Please check your framework documentation to determine the recommended version of cuDNN.
If you are using cuDNN with a Pascal (GTX 1080, GTX 1070), version 5 or later is required.

Download cuDNN v5.1 (Jan 20, 2017), for CUDA 8.0

cuDNN User Guide

cuDNN Install Guide

cuDNN v5.1 Library for Linux

cuDNN v5.1 Library for Power8

cuDNN v5.1 Library for Windows 7

cuDNN v5.1 Library for Windows 10

cuDNN v5.1 Library for OSX

cuDNN v5.1 Release Notes

cuDNN v5.1 Runtime Library for Ubuntu14.04 (Deb)

cuDNN v5.1 Developer Library for Ubuntu14.04 (Deb)

cuDNN v5.1 Code Samples and User Guide (Deb)

cuDNN v5.1 Runtime Library for Ubuntu16.04 Power8 (Deb)

cuDNN v5.1 Developer Library for Ubuntu16.04 Power8 (Deb)

cuDNN v5.1 Code Samples and User Guide Power8 (Deb)

Download cuDNN v5.1 (Jan 20, 2017), for CUDA 7.5

Download cuDNN v5 (May 27, 2016), for CUDA 8.0

Download cuDNN v5 (May 12, 2016), for CUDA 7.5

앞의 그림에서와 같이 여러분은 플랫폼/OS 유형을 선택해야 한다. 다음은 Linux용 설치 방법이다. 다운로드가 완료되면 파일 압축을 풀고 CUDA 툴킷 디렉터리(여기서는 /usr/local/cuda/에 있다고 가정)에 파일을 복사한다.

```
$ sudo tar -xvf cudnn-8.0-linux-x64-v5.1-rc.tgz -C /usr/local
```

텐서플로 업데이트

여러분이 텐서플로를 사용해 DNN 모델을 만든다고 가정해보자. upgrade 플래그와 pip 를 이용해 간단히 텐서플로를 업데이트한다.

이 책에서는 여러분이 현재 텐서플로 1.0.1을 사용한다고 가정한다.

```
pip install --upgrade tensorflow
```

이제 GPU를 사용해 모델을 실행하는 데 필요한 모든 것을 갖춰야 한다.

 다른 버전의 운영 체제, Python 버전 또는 CPU만 사용하는 경우 대비 GPU를 사용하는 경우에 대한 비교 설명은 다음 URL을 참조하기 바란다.

https://www.tensorflow.org/install/install_linux#the_url_of_the_tensorflow_python_package

▌ 텐서플로 GPU 관리

텐서플로에서 지원되는 장치는 문자로 표시된다. 예를 들어,

- /cpu:0: CPU만 보유한 경우
- /gpu:0: GPU 1개만 보유한 경우
- /gpu:1: 두 번째 GPU를 보유한 경우

실행 흐름은 GPU 장치에 연산을 언제 할당할지 우선순위를 제공한다.

프로그래밍 예제

텐서플로 프로그램에서 GPU를 사용하려면 다음을 입력한다.

```
with tf.device("/gpu:0"):
```

다음으로 설정 작업을 한다. 이 코드는 텐서플로 GPU에서 작업을 수행하도록 알려주는 새로운 컨텍스트 관리자를 만든다.

여기서는 2개 행렬의 합인 $A^n + B^n$을 연산하는 예제를 살펴보자.

기본 라이브러리를 가져온다.

```
import numpy as np
import tensorflow as tf
import datetime
```

연산과 텐서가 할당된 장치를 찾기 위한 프로그램을 구성할 수 있다. 이를 위해 다음 log_device_placement 파라미터를 True로 설정해 세션을 만든다.

```
log_device_placement = True
```

다음으로 n에 대해 실행하고자 하는 곱의 회수를 설정한다.

```
n=10
```

다음으로 2개의 랜덤 이미지 행렬을 만든다. NumPy rand 함수를 사용해 이 연산을 실행한다.

```
A = np.random.rand(10000, 10000).astype('float32')
B = np.random.rand(10000, 10000).astype('float32')
```

A와 B는 각각 10000x10000 크기다.

다음 배열은 결과를 저장하는 데 사용된다.

```
c1 = []
c2 = []
```

여기에서는 GPU가 수행할 커널 행렬 곱셈 함수를 정의한다.

```
def matpow(M, n):
    if n < 1:
        return M
    else:
        return tf.matmul(M, matpow(M, n-1))
```

앞에서 설명한 바와 같이 수행할 연산으로 GPU를 설정해야 한다.

GPU는 A^n과 B^n 연산을 계산해 결과를 c1에 저장한다.

```
with tf.device('/gpu:0'):
a = tf.placeholder(tf.float32, [10000, 10000])
b = tf.placeholder(tf.float32, [10000, 10000])
c1.append(matpow(a, n))
c1.append(matpow(b, n))
```

 위의 코드가 작동하지 않는 경우, GPU 장치로 /work:localhost/replica:0/task:0/cpu:0을 사용한다(CPU를 사용해 실행됨).

c1의 모든 요소, 즉 $A^n + B^n$의 추가는 CPU에서 수행하므로 다음과 같이 정의한다.

```
with tf.device('/cpu:0'):
    sum = tf.add_n(c1)
```

datetime 클래스는 연산에 소요되는 시간을 계산할 수 있도록 해준다.

```
t1_1 = datetime.datetime.now()
with tf.Session(config=tf.ConfigProto\
        (log_device_placement=log_device_placement)) as sess:
    sess.run(sum, {a:A, b:B})
t2_1 = datetime.datetime.now()
```

계산 시간은 다음과 같이 표시한다.

```
print("GPU computation time: " + str(t2_1-t1_1))
```

GeForce 840M 그래픽 카드를 사용하면, 계산 결과는 다음과 같다.

```
GPU computation time: 0:00:13.816644
```

GPU 계산을 위한 소스 코드

앞에서 설명한 예제에 대한 전체 코드는 다음과 같다.

```python
import numpy as np
import tensorflow as tf
import datetime

log_device_placement = True
n = 10
A = np.random.rand(10000, 10000).astype('float32')
B = np.random.rand(10000, 10000).astype('float32')
c1 = []
c2 = []

def matpow(M, n):
    if n < 1: #Abstract cases where n < 1
        return M
    else:
        return tf.matmul(M, matpow(M, n-1))

with tf.device('/gpu:0'): # For CPU use /cpu:0
    a = tf.placeholder(tf.float32, [10000, 10000])
    b = tf.placeholder(tf.float32, [10000, 10000])
    c1.append(matpow(a, n))
    c1.append(matpow(b, n))

# 아래 코드는 GPU장치로 '/job:localhost/replica:0/task:0/cpu:0'을 사용하지 않는다.
with tf.device('/cpu:0'):
  sum = tf.add_n(c1) #C1에 있는 모든 요소의 합, i.e. A^n + B^n
```

```
t1_1 = datetime.datetime.now()
with tf.Session(config=tf.ConfigProto\
            (log_device_placement=log_device_placement)) as sess:
    sess.run(sum, {a:A, b:B})

t2_1 = datetime.datetime.now()
```

 TIP 코드가 작동하지 않거나 장치에 GPU 지원이 없는 경우, CPU 장치로 /job:localhost/replica:0/task:0/cpu:0을 사용한다.

▌ GPU 메모리 관리

어떤 경우에는 프로세스가 사용할 수 있는 메모리의 하위 집합만 할당하거나 프로세스에서 필요로 할 때만 메모리 사용량을 늘리는 것이 좋다. 텐서플로는 이를 제어하기 위해 세션에 두 가지 구성 옵션을 제공한다. 첫 번째는 allow_growth 옵션으로, 런타임 할당에 따라 GPU 메모리를 많이 할당하려고 할 때 메모리를 거의 할당하지 않고 세션이 실행되고 GPU 메모리가 더 많이 필요할 때마다 텐서플로에 필요한 GPU 메모리 영역을 확장한다.

우리는 메모리를 단편화^{fragmentation}시킬 수 있으므로 메모리를 해제하지 않도록 한다. 이 옵션을 켜려면, 다음과 같이 ConfigProto 옵션을 설정해야 한다.

```
config = tf.ConfigProto()
config.gpu_options.allow_growth = True
session = tf.Session(config=config, ...)
```

두 번째 방법은 per_process_gpu_memory_fraction 옵션으로 각각의 가시적인 GPU가 할당돼야 하는 전체 메모리 양의 비율을 결정한다.

예를 들어, 텐서플로가 각 GPU의 전체 메모리 중 40%만 할당하도록 다음과 같이 지정할 수 있다.

```
config = tf.ConfigProto()
config.gpu_options.per_process_gpu_memory_fraction = 0.4
session = tf.Session(config=config, ...)
```

이는 텐서플로 프로세스에서 사용할 수 있는 GPU 메모리의 양을 실제로 연결하려는 경우에 유용하다.

▍ 복수 GPU 시스템에서 단일 GPU 할당

시스템에 둘 이상의 GPU가 있는 경우, 가장 낮은 ID를 가진 GPU가 기본적으로 선택된다. 다른 GPU에서 실행하려면, 명시적으로 설정해야 한다.

예를 들어, 이전 코드에서 GPU 할당을 변경할 수 있다.

```
with tf.device('/gpu:1'):
    a = tf.placeholder(tf.float32, [10000, 10000])
    b = tf.placeholder(tf.float32, [10000, 10000])
    c1.append(matpow(a, n))
    c1.append(matpow(b, n))
```

이와 같은 방법으로 GPU에 커널 함수를 실행한다.

만약, 설정한 장치가 존재하지 않는다면, 해당 커널이나 터미널에서 다음과 같은 메시지를 보게 된다.

```
InvalidArgumentError :
InvalidArgumentError (see above for traceback): Cannot assign a device to
```

```
node 'Placeholder_1': Could not satisfy explicit device specification
'/device:GPU:1' because no devices matching that specification are
registered in this process; available devices:
/job:localhost/replica:0/task:0/cpu:0
[[Node: Placeholder_1 = Placeholder[dtype=DT_FLOAT, shape=[100,100],
_device="/device:GPU:1"]()]]
```

텐서플로가 기존 장치와 지원 장치를 자동으로 선택해 지정된 장치가 없는 경우 연산을 실행하려면, 해당 세션을 만들 때 구성 옵션에서 allow_soft_placement를 True로 설정할 수 있다.

다시 다음 노드를 /gpu:1로 수정한다.

```
with tf.device('/gpu:1'):
    a = tf.placeholder(tf.float32, [10000, 10000])
    b = tf.placeholder(tf.float32, [10000, 10000])
    c1.append(matpow(a, n))
    c1.append(matpow(b, n))
```

다음으로 allow_soft_placement를 True로 설정하는 세션을 만든다.

```
with tf.Session(config=tf.ConfigProto\
    (allow_soft_placement=True,\
    log_device_placement=log_device_placement))\
    as sess:
```

이런 방법으로 세션을 실행하면 InvalidArgumentError가 표시되지 않고, 약간 시간이 지난 후 올바른 결과가 표시된다.

```
GPU computation time: 0:00:15.006644
```

소프트 배치로 GPU에 대한 소스 코드

보다 잘 이해할 수 있게 전체 소스 코드를 보여주면 다음과 같다.

```python
import numpy as np
import tensorflow as tf
import datetime

log_device_placement = True
n = 10

A = np.random.rand(10000, 10000).astype('float32')
B = np.random.rand(10000, 10000).astype('float32')

c1 = []

def matpow(M, n):
    if n < 1: #Abstract cases where n < 1
        return M
    else:
        return tf.matmul(M, matpow(M, n-1))

with tf.device('gpu:0'): # CPU만을 위해서는 /cpu:0을 사용한다.
    a = tf.placeholder(tf.float32, [10000, 10000])
    b = tf.placeholder(tf.float32, [10000, 10000])
    c1.append(matpow(a, n))
    c1.append(matpow(b, n))

with tf.device('gpu:1'): # CPU만을 위해서는 /cpu:0을 사용한다.
    sum = tf.add_n(c1)
    print(sum)

t1_1 = datetime.datetime.now()
with tf.Session(config=tf.ConfigProto\
            (log_device_placement=log_device_placement)) as sess:
    sess.run(sum, {a:A, b:B})

t2_1 = datetime.datetime.now()
```

복수 GPU 사용하기

복수 개의 GPU에서 텐서플로를 실행하려면 특정 코드 묶음을 GPU에 할당해 모델을 구성할 수 있다. 예를 들어, 2개의 GPU를 사용하면 다음과 같이 첫 번째 행렬 계산을 첫 번째 GPU에 할당해 이전 코드를 분할할 수 있다.

```python
with tf.device('/gpu:0'):
    a = tf.placeholder(tf.float32, [10000, 10000])
    c1.append(matpow(a, n))
```

두 번째 GPU에 대한 두 번째 행렬 계산은 다음과 같다.

```python
with tf.device('/gpu:1'):
    b = tf.placeholder(tf.float32, [10000, 10000])
    c1.append(matpow(b, n))
```

마지막으로 CPU가 결과를 관리한다. 또한 결과를 수집하기 위해 공유된 c1 배열을 사용했다.

```python
with tf.device('/cpu:0'):
    sum = tf.add_n(c1)
    print(sum)
```

복수 GPU 관리를 위한 소스 코드

전체 소스 코드는 다음과 같다.

```python
import numpy as np
import tensorflow as tf
import datetime
```

```
log_device_placement = True
n = 10

A = np.random.rand(10000, 10000).astype('float32')
B = np.random.rand(10000, 10000).astype('float32')

c1 = []

def matpow(M, n):
    if n < 1: #n < 1인 경우 실행
        return M
    else:
        return tf.matmul(M, matpow(M, n-1))

#첫 번째 GPU
with tf.device('/gpu:0'):
    a = tf.placeholder(tf.float32, [10000, 10000])
    c1.append(matpow(a, n))

#두 번째 GPU
with tf.device('/gpu:1'):
    b = tf.placeholder(tf.float32, [10000, 10000])
    c1.append(matpow(b, n))


with tf.device('/cpu:0'):
    sum = tf.add_n(c1)
    print(sum)

t1_1 = datetime.datetime.now()
with tf.Session(config=tf.ConfigProto\
                (allow_soft_placement=True,\
                log_device_placement=log_device_placement))\
                as sess:
    sess.run(sum, {a:A, b:B})

t2_1 = datetime.datetime.now()
```

▌ 요약

GPU는 특정 하드웨어 부품으로 원래는 그래픽 처리를 위해 개발됐다. 하지만 GPU가 DNN 구조의 계산을 실행하는 데 사용될 수 있다는 것을 알게 됐다. 7장의 두 번째 부분에서는 GPU가 가능한 텐서플로의 설치 방법과 GPU 장치를 관리하는 방법을 설명했다.

8장에서는 케라스, PrettyTensor과 TFLearn과 같은 서드파티와 통합해 텐서플로를 이용한 몇 가지 고급 프로그래밍 특징을 논의한다. 이 밖에 몇 가지 텐서플로 기반 프레임워크인 케라스, PrettyTensor, TFLearn의 개요를 설명한다.

이러한 프레임워크의 주요 토픽을 흥미로운 응용 예제와 함께 설명한다.

08

고급 텐서플로 프로그래밍

딥러닝 네트워크를 개발하는 경우, 특히 새로운 모델을 테스트할 때 신속한 프로토타이핑이 필요하다. 이러한 배경하에서 많은 프로그래밍 기반 개념을 추상화하고, 더 높은 수준의 빌딩 블록을 제공하는 텐서플로 기반 라이브러리가 개발됐다.

8장에서는 Keras, Pretty Tensor, TFLearn과 같은 라이브러리를 살펴본다.

8장의 구성은 다음과 같다.

- 케라스 소개
- 딥러닝 모델 만들기
- 영화 평론 내용 분류(감정 분류)
- 컨볼루션층 추가
- 프리티 텐서Pretty Tensor

- 숫자 분류기
- TFLearn
- 타이타닉 생존 예측기

▌케라스 소개

케라스는 텐서플로를 기반으로 실행할 수 있는 최소 수준의 신경망 라이브러리다. 이 라이브러리는 쉽고 빠른 프로토타이핑과 실험을 가능하게 하는 데 중점을 두고 개발됐다. 케라스는 Python 2.7 또는 3.5에서 실행되며, 기본 프레임워크가 있는 GPU 및 CPU에서 원활하게 실행할 수 있다. 케라스는 MIT 라이선스에 근거해 배포한다.

케라스는 구글 엔지니어인 프랑수아 숄레이Francois Chollet가 다음과 같은 디자인 원칙에 근거해 개발했고, 개선하고 있다.

- **모듈화**Modularity: 모델은 가능한 제한을 두지 않고 함께 연결할 수 있는 독립적이고 완전히 구성할 수 있는 모듈의 시퀀스 그래프다. 신경망층, 비용 함수, 최적화 및 초기화 구성 및 활성화 함수는 모두 독립형 모듈로 신규 모델을 생성하기 위해 결합할 수 있다.
- **단순화**Minimalism: 각 모듈은 몇몇 행의 코드로 구성돼야 하며 단순해야 한다. 소스 코드는 판독 시 쉽게 이해할 수 있어야 한다.
- **확장성**Extensibility: 새로운 클래스와 함수로서 새로운 모듈을 추가하기 쉽고, 기존 모듈은 예제를 제공한다. 새로운 모듈을 쉽게 만들 수 있기 때문에 케라스가 고급 연구에 적합하도록 전체 표현력을 허용한다.
- Python: 선언 형태의 별도 모델 구성 파일은 없다. 모델은 파이썬 코드로 개발하며, 이는 간결하고 쉽게 디버그할 수 있으며 확장할 수 있다.

다음 화면은 케라스의 홈페이지다.

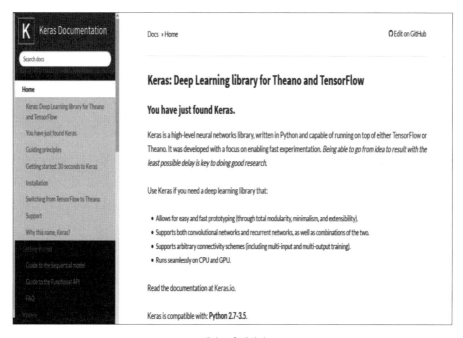

케라스 홈페이지

설치

케라스를 설치하려면 먼저 텐서플로를 설치해야 한다. 케라스는 다음과 같이 pip를 이용해 설치한다.

```
sudo pip install keras
```

Python3 이상의 버전은 다음 명령을 입력한다.

```
sudo pip3 install keras
```

이 책을 쓰는 시점에 케라스의 최신 버전은 2.0.2다. 여러분이 설치한 케라스 버전을 확인하려면 다음 스니펫을 입력한 후에 실행해야 한다.

```
python -c "import keras; print keras.__version__"
```

위에서 입력한 스크립트를 실행하면 케라스 버전 정보를 얻을 수 있다.

```
2.0.2
```

동일한 명령을 사용해 케라스를 업데이트할 수 있다.

```
sudo pip install --upgrade keras
```

▌ 딥러닝 모델 만들기

케라스의 핵심 데이터 구조는 모델이며, 이것은 층을 구성한다. 모델에는 두 가지 유형이 있다.

- **순서형**Sequential: 모델의 주요 유형으로 이것은 단순한 선형 스택이다.
- Keras 함수형 API: 보다 복잡한 구조에 사용된다.

순차적 모델 정의는 다음과 같다.

```
from keras.models import Sequential
model = Sequential()
```

모델이 정의되면 여러분은 1개 이상의 층을 추가할 수 있다. 스태킹 연산은 add( ) 명령으로 실행한다.

```
from keras.layers import Dense, Activation
```

예를 들어, 첫 번째 전 연결 NN층과 활성화 함수를 추가한다.

```
model.add(Dense(output_dim=64, input_dim=100))
model.add(Activation("relu"))
```

다음으로 두 번째 소프트맥스층을 추가한다.

```
model.add(Dense(output_dim=10))
model.add(Activation("softmax"))
```

모델 구성이 완성됐으면, 손실함수$^{loss\ function}$와 최적화 함수$^{optimization\ function}$를 설정한 다음 model.compile 함수를 이용해 컴파일한다.

```
model.compile(loss='categorical_crossentropy',\
            optimizer='sgd',\
            metrics=['accuracy'])
```

여러분은 최적화^{optimizer} 프로그램을 구성할 수 있다. 케라스는 프로그래밍을 매우 간단하게 만들어 사용자가 필요할 때 완전히 제어할 수 있도록 한다. 일단 컴파일한 다음, 데이터를 이용해 해당 모델을 훈련^{fit}시켜야 한다.

```
model.fit(X_train, Y_train, nb_epoch=5, batch_size=32
```

또는 수동으로 모델의 배치값을 설정할 수 있다.

```
model.train_on_batch(X_batch, Y_batch)
```

일단 모델을 학습시킨 후 해당 모델을 이용해 신규 데이터를 예측할 수 있다.

```
classes = model.predict_classes(X_test, batch_size=32)
proba = model.predict_proba(X_test, batch_size=32)
```

케라스의 딥러닝 모델 구축 과정은 다음과 같이 요약할 수 있다.

1. **모델 정의**: 계층의 순서를 정하고 층을 추가한다.
2. **모델 컴파일**: 손실 함수 및 최적화 함수를 설정한다.
3. **모델 훈련**: 데이터를 사용해 모델을 실행한다.
4. **모델 평가**: 학습 데이터 집합을 평가한다.
5. **예측 실행**: 모델을 사용해 새로운 데이터를 예측한다.

다음 그림은 앞의 프로세스를 보여준다.

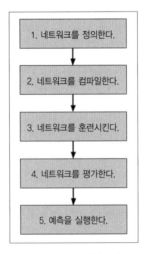

케라스 프로그래밍 모델

다음 섹션에서는 케라스 순차 모델을 사용해 영화 평론의 감정 분류 문제를 연구하는 방법을 살펴본다.

▌ 영화 평론 내용에 근거한 감정 분류

감정 분석sentiment analysis은 서면 또는 구어체 텍스트에 포함된 의견을 알아낼 수 있는 방법이다. 이 방법의 주된 목적은 중립적이거나, 긍정적이거나, 부정적인 의미를 지닌 어휘 표현의 감정(또는 극성)을 확인하는 것이다.

우리가 해결하려는 것은 IMDB 영화 평론에 대한 감정 분류 문제다. 각 영화 평론은 다양한 단어 순서로 돼 있으며, 이러한 영화 평론의 감정을 긍정적 또는 부정적으로 분류해야 한다.

시퀀스는 길이가 다를 수 있으므로 이 문제는 매우 복잡하다. 즉, 여러 시퀀스는 대량의 어휘로 이뤄진 입력기호의 일부분일 수 있다.

이 솔루션을 사용하려면 입력 순차의 기호 간에 장기 의존성long-term dependencies을 학습해야 하는 모델이 필요하다.

IMDB 데이터 집합에는 학습을 시키기 위한 양극화된 2만 5,000편의 영화 평론(좋거나 나쁨)이 들어 있다. 또한 모델의 성능을 테스트하기 위한 동일한 양의 데이터가 포함돼 있다. 이 데이터는 스탠포드 연구원이 수집했다. 그리고 2011년 논문에서 데이터를 50/50으로 분할해 학습과 테스트에 사용했다. 이 논문에서는 88.89%의 정확도가 달성됐다.

일단 문제를 정의하면 영화 평론의 감정을 분류하기 위한 LSTM 모델의 개발 준비가 된 것이다. IMDB 문제에 대한 LSTM을 신속하게 개발할 수 있으며, 높은 정확도를 달성할 수 있다.

먼저 이 모델에 필요한 클래스와 함수를 가져와 난수 생성기를 상수값으로 초기화해 결과를 쉽게 재현할 수 있도록 한다.

```
import numpy
from keras.datasets import imdb
from keras.models import Sequential
from keras.layers import Dense
from keras.layers import LSTM
from keras.layers.embeddings import Embedding
from keras.preprocessing import sequence
from keras.layers import Conv1D, GlobalMaxPooling1D

numpy.random.seed(7)
```

IMDB 데이터 집합을 불러온다. 데이터 집합을 상위 5,000개의 단어로 제한한다. 또한 데이터 집합을 학습(50%)과 테스트(50%) 집합으로 분리한다.

 케라스는 IMDB 데이터 집합(http://www.imdb.com/interfaces)에 대한 접근 기능을 제공한다. 또는 캐글 웹 사이트(https://www.kaggle.com/deepmatrix/imdb-5000-movie-dataset)에서 IMDB 데이터 집합을 다운로드할 수도 있다.

imdb.load_data( ) 함수를 사용하면 신경망 및 딥러닝 모델에 사용할 수 있는 형식으로 데이터 집합을 불러올 수 있다. 해당 단어는 정수로 대체됐다. 여기서 정수는 데이터 집합 내각 단어의 빈도를 나타낸다. 따라서 개별 평론 문장은 정수 순차로 구성된다.

해당 코드는 다음과 같다.

```
top_words = 5000\
(X_train, y_train), (X_test, y_test) = imdb.load_data(num_words=top_words)
```

다음으로, 입력 시퀀스를 잘라내고 패딩해 모델링을 위한 길이가 모두 같게 한다. 이 모델은 순차가 내용 면에서 동일한 길이는 아니지만, 케라스에서 계산을 수행하는 데 동일한 길이의 벡터가 필요하므로 정보가 없는 경우 0 값을 학습한다. 각 평론의 순차 길이는 다양하므로 개별 평론을 500개의 단어로 제한하고 긴 평론은 잘라내며, 짧은 평론은 0으로 채운다. 다음을 살펴보자.

```
max_review_length = 500
X_train = sequence.pad_sequences(X_train, maxlen=max_review_length)
X_test = sequence.pad_sequences(X_test, maxlen=max_review_length)
```

이제 LSTM 모델을 정의하고 컴파일해 적용할 수 있다.

감정 분류 문제를 해결하기 위해 연속적인 벡터 공간에서 단어를 나타내는 단어 삽입 기법을 사용한다. 즉, 벡터 공간은 의미상 유사한 단어가 인접한 점에 매핑되는 영역이다. 단어 삽입은 분포 가설에 기반을 둔다. 즉, 주어진 문맥에 나타나는 단어는 동일한 의미를 공유해야 한다. 각 영화 평론은 실제 벡터 도메인에 매핑된다. 여기서 단어의 유사성은 의미면에서 벡터 공간의 유사도로 변환된다. 케라스는 여러 개의 단어표현을 삽입계층에 의한 단어 삽입으로 변환하는 편리한 방식을 제공한다.

다음과 같이 삽입 벡터의 길이와 모델의 길이를 정의한다.

```
embedding_vector_length = 32
model = Sequential()
```

첫 번째 층은 삽입된 층으로 32 길이 벡터를 사용해 각 단어를 표현한다.

```
model.add(Embedding(top_words, \
embedding_vector_length, \
input_length=max_review_length))
```

다음 층은 100개의 메모리 단위를 갖는 LSTM층이다. 마지막으로, 이것이 분류 문제이므로 문제의 두 클래스(좋고 나쁜)에 대해 0 또는 1을 예측하기 위해 단일 뉴런과 시그모이드 활성화 함수로 조밀한 출력층을 사용한다.

```
model.add(LSTM(100))
model.add(Dense(1, activation='sigmoid'))
```

바이너리 분류 문제이므로 binary_crossentropy 함수가 손실 함수로 사용된다. 여기에서는 최적화 함수로 adam최적화 알고리즘을 사용한다.

```
model.compile(loss='binary_crossentropy', \
                optimizer='adam', \
                metrics=['accuracy'])

print(model.summary())
```

단지 3개의 에폭만으로 적합해 문제를 해결했다. 가중치 업데이트 간격을 설정하는 데 64개 평론의 배치 크기가 사용됐다.

```
model.fit(X_train, y_train,\
        validation_data=(X_test, y_test),\
                num_epoch=3, \
                batch_size=64)
```

다음으로 학습시키지 않은 평론에 대한 모델 성능을 추정한다.

```
scores = model.evaluate(X_test, y_test, verbose=0)

print("Accuracy: %.2f%%" % (scores[1]*100))
```

예제를 실행하면 다음과 같다.

```
Epoch 1/3
16750/16750 [==============================] - 107s - loss: 0.5570 - acc:
0.7149
```

```
Epoch 2/3
16750/16750 [==============================] - 107s - loss: 0.3530 - acc:
 0.8577
Epoch 3/3
16750/16750 [==============================] - 107s - loss: 0.2559 - acc:
0.9019
Accuracy: 86.79%
```

약간의 튜닝을 실행한 결과, 간단한 LSTM이 IMDB 문제에 대한 좋은 결과를 달성했다는 것을 알 수 있다. 중요한 것은 LSTM 네트워크를 순차 분류 문제에 적용하는 데 사용할 수 있는 템플릿이다.

케라스 영화 분류 프로그램의 소스 코드

다음은 완전한 소스 코드다. 여러분은 다음과 같이 코드 행 수가 얼마나 짧은지 알 수 있다. 그러나 keras.datasets 등의 모듈이 없다는 오류가 발생하면, 다음 명령을 사용해 케라스 패키지를 설치해야 한다.

```
$ sudo pip install keras
```

 또는 https://pypi.python.org/pypi/Keras에서 케라스 소스 코드를 다운로드하고 파일의 압축을 풀며 다음과 같이 케라스 폴더 내에서 Python 3을 사용해 소스 코드를 실행한다.
python keras_movie_classifier_1.py

```python
# 필요한 패키지를 불러온다.
import numpy
from keras.datasets import imdb
from keras.models import Sequential
from keras.layers import Dense
```

```python
from keras.layers import LSTM
from keras.layers.embeddings import Embedding
from keras.preprocessing import sequence

# 재현을 위한 랜덤 시드를 설정한다.
numpy.random.seed(7)

# 데이터 집합을 불러와 톱 n개의 단어만 보관하고, 나머지는 0으로 설정한다.
top_words = 5000
(X_train, y_train), (X_test, y_test) = imdb.load_data(nb_words=top_words)

# 입력 시퀀스를 최대길이 500으로 맞춘다.(부족한 경우 0으로 설정하여 패딩처리한다.)
max_review_length = 500
X_train = sequence.pad_sequences(X_train, maxlen=max_review_length)
X_test = sequence.pad_sequences(X_test, maxlen=max_review_length)

# 해당 신경망 모델을 생성한다.
embedding_vecor_length = 32
model = Sequential()
model.add(Embedding(top_words, embedding_vecor_length,\
                        input_length=max_review_length))
model.add(LSTM(100))
model.add(Dense(1, activation='sigmoid'))
model.compile(loss='binary_crossentropy',\
                optimizer='adam',\
                  metrics=['accuracy'])
print(model.summary())

model.fit(X_train, y_train,\
    validation_data=(X_test, y_test),\
        epochs=3, batch_size=64)

# 모델에 대한 최종 평가
scores = model.evaluate(X_test, y_test, verbose=0)

print("Accuracy: %.2f%%" % (scores[1]*100))
```

▌ 컨볼루션층을 추가하기

1차원 CNN과 최대 풀링층을 임베디드층 다음에 추가할 수 있다. 이것은 LSTM에 통합된 특징을 제공한다.

다음은 내장층이다.

```
model = Sequential()
model.add(Embedding(top_words,\
            embedding_vector_length,\
                input_length=max_review_length))
```

32개의 출력 특징(nb_filter)을 사용해 크기가 3인 작은 커널 필터(filter_length)로 컨볼루션층을 적용할 수 있다.

```
model.add(Conv1D (padding="same", activation="relu", kernel_size=3,\
num_filter=32))
```

다음으로 풀링 레이어를 추가한다. 최대 풀링이 적용되는 영역의 크기는 2가 된다.

```
model.add(GlobalMaxPooling1D ())
```

다음 층은 100개의 메모리 단위를 갖는 LSTM층이다.

```
model.add(LSTM(100))
```

마지막 층은 바이너리 분류 문제에서 두 클래스(좋음과 나쁨)에 대해 0 또는 1을 예측하기 위해 단일 뉴런과 시그모이드 활성화 함수를 갖는 조밀한 출력층이다.

```
model.add(Dense(1, activation='sigmoid'))
```

예제를 실행한 결과는 다음과 같다.

```
Epoch 1/3
16750/16750 [==============================] - 58s - loss: 0.5186 - acc:
0.7263
Epoch 2/3
16750/16750 [==============================] - 58s - loss: 0.2946 - acc:
0.8825
Epoch 3/3
16750/16750 [==============================] - 58s - loss:
0.2291 - acc: 0.9126
Accuracy: 86.36%
```

획득한 결과를 보면 모델의 정확도 측면에서 약간의 개선이 있다는 것을 알 수 있다.

컨볼루션층을 갖는 영화 분류기에 대한 소스 코드

이전 예제에 대한 전체 소스 코드는 다음과 같다.

```python
# 필요한 패키지를 불러온다.

import numpy
from keras.datasets import imdb
from keras.models import Sequential
from keras.layers import Dense
from keras.layers import LSTM
from keras.layers.embeddings import Embedding
from keras.preprocessing import sequence
from keras.layers import Conv1D, MaxPooling1D

# 재현을 위해 랜덤시드를 설정한다.
numpy.random.seed(7)

#데이터 집합을 불러와 최상위 n개의 단어만 보관하고, 나머지는 0으로 설정한다.
```

```
top_words = 5000
(X_train, y_train), (X_test, y_test) = imdb.load_data(num_words=top_words)

# 입력 시퀀스를 최대길이 500으로 맞춘다(부족한 경우 0으로 설정하여 패딩처리한다).
max_review_length = 500
X_train = sequence.pad_sequences(X_train, maxlen=max_review_length)
X_test = sequence.pad_sequences(X_test, maxlen=max_review_length)

# 임베딩 벡터길이를 32로 설정한다.
embedding_vector_length=32

# 해당 신경망 모델을 구성한다.
model = Sequential()
model.add(Embedding(top_words, embedding_vector_length, input_length=max_review_
length))
model.add(Conv1D(padding="same", activation="relu", kernel_size=3, filters=32)
model.add(MaxPooling1D(pool_size=2))
model.add(LSTM(32, input_dim=64, return_sequences=True))
model.add(LSTM(24, return_sequences=True))
model.add(LSTM(1,  return_sequences=False))

model.add(Dense(1, activation='sigmoid'))
model.compile(loss='binary_crossentropy', optimizer='adam', metrics=['accuracy'])
print(model.summary())

model.fit(X_train, y_train, validation_data=(X_test, y_test), nb_epoch=3, batch_
size=64)

# 모델에 대한 최종 평가
scores = model.evaluate(X_test, y_test, verbose=1)

print("Accuracy: %.2f%%" % (scores[1]*100))
```

Pretty Tensor

Pretty Tensor는 개발자가 텐서플로 작업을 래핑해 신경망을 정의하는 데 필요한 모든 층을 신속하게 연결할 수 있다.

다음은 Pretty Tensor 기능의 간단한 예다. 표준 텐서플로 객체인 pretty를 라이브러리와 호환되는 객체로 래핑한 후 완전히 연결된 3개의 층을 통해 제공하며 최종적으로 소프트맥스 분포를 출력한다.

```
pretty = tf.placeholder([None, 784], tf.float32)
softmax = (prettytensor.wrap(examples)
.fully_connected(256, tf.nn.relu)
.fully_connected(128, tf.sigmoid)
.fully_connected(64, tf.tanh)
.softmax(10))
```

Pretty Tensor 설치는 매우 간단하다. pip를 사용하면 된다.

```
sudo pip install prettytensor
```

층 연결

Pretty Tensor에는 세 가지 작동 모드가 있다. 이 모드는 체인 능력을 공유한다.

일반 모드

일반 모드에서, 메서드가 호출될 때마다 새로운 Pretty Tensor가 생성된다. 이렇게 하면 쉽게 연결할 수 있지만, 특정 객체를 여러 번 사용할 수 있다. 또한 네트워크를 쉽게 분기시킬 수 있다.

순차 모드

순차 모드에서 내부 변수인 head는 가장 최근의 출력 텐서를 추적하므로 콜 체인을 여러 문장으로 분리할 수 있다.

다음은 간단한 예제다.

```
seq = pretty_tensor.wrap(input_data).sequential()
seq.flatten()
seq.fully_connected(200, activation_fn=tf.nn.relu)
seq.fully_connected(10, activation_fn=None)
result = seq.softmax(labels, name=softmax_name))
```

분기 및 조인

복잡한 네트워크는 분기 및 결합의 첫 번째 클래스 메서드를 사용해 빌드할 수 있다.

- 분기Branch는 호출될 때 현재 헤드를 가리키는 별도의 Pretty Tensor 객체를 만든다. 이 객체를 사용하면 회귀 대상인 출력에서 끝나거나 네트워크를 재결합하는 별도의 타워를 정의할 수 있다. 재결합은 사용자가 인셉션inception과 같은 복합층을 정의할 수 있도록 한다.
- 조인은 여러 입력을 결합하거나 복합 레이어를 재결합하는 데 사용된다.

▌ 숫자 분류기

이 예제에서는 르넷^{LeNet} 5 스타일의 2층 모델이나 컨볼루션 모델을 정의하고 학습시킨다.

```
from six.moves import xrange
import tensorflow as tf
import prettytensor as pt
from prettytensor.tutorial import data_utils

tf.app.flags.DEFINE_string(
        'save_path', None, 'Where to save the model checkpoints.')
FLAGS = tf.app.flags.FLAGS

BATCH_SIZE = 50
EPOCH_SIZE = 60000 // BATCH_SIZE
TEST_SIZE = 10000 // BATCH_SIZE
```

데이터를 numpy 배열로 제공하기 때문에 그래프에 플레이스홀더를 생성해야 한다. 다음으로 이러한 플레이스홀더는 feed_dict을 사용해 제공돼야 한다.

```
image_placeholder = tf.placeholder\
                        (tf.float32, [BATCH_SIZE, 28, 28, 1])
labels_placeholder = tf.placeholder\
                        (tf.float32, [BATCH_SIZE, 10])

tf.app.flags.DEFINE_string('model', 'full',
                              'Choose one of the models, either
                                          full or conv')
FLAGS = tf.app.flags.FLAGS
```

다음 함수인 multilayer_fully_connected를 만들었다. 첫 번째 두 층은 완전히 연결돼 있으며(100개의 뉴런), 최종 레이어는 소프트맥스 결과층이다. 층을 연결하는 작업은 매우 간단한 연산이다.

```
def multilayer_fully_connected(images, labels):
images = pt.wrap(images)
    with pt.defaults_scope\
            (activation_fn=tf.nn.relu,l2loss=0.00001):

        return (images.flatten().\
                    fully_connected(100).\
                    fully_connected(100).\
                    softmax_classifier(10, labels))
```

다음에서는 다중 컨볼루션 네트워크를 구축할 것이다. 해당 구조는 LeNet 5에서 정의된 것과 유사하다. 다른 구조로 실험하기 위해 이것을 변경하라.

```
def lenet5(images, labels):
images = pt.wrap(images)
    with pt.defaults_scope\
                    (activation_fn=tf.nn.relu, l2loss=0.00001):

        return (images.conv2d(5, 20).\
                max_pool(2, 2).\
                conv2d(5, 50).\
                max_pool(2, 2). \
                flatten().\
                fully_connected(500).\
                softmax_classifier(10, labels))
```

데이터를 numpy 배열로 제공해야 하기 때문에 그래프에 플레이스홀더를 생성해야 한다. 데이터는 피드 사전을 사용해 제공돼야 한다.

```
def main(_=None):
    image_placeholder = tf.placeholder\
                                    (tf.float32, [BATCH_SIZE, 28, 28, 1])
    labels_placeholder = tf.placeholder\
                                    (tf.float32, [BATCH_SIZE, 10])
```

FLAGS.model에 따라 이전에 정의한 2층 분류기 또는 컨볼루션 분류기를 가질 수 있다.

```python
def main(_=None):

if FLAGS.model == 'full':
        result = multilayer_fully_connected\
                        (image_placeholder, labels_placeholder)
elif FLAGS.model == 'conv':
        result = lenet5(image_placeholder, labels_placeholder)
else:
        raise ValueError\
                        ('model must be full or conv: %s' % FLAGS.model)
```

다음으로 평가될 분류기에 대한 정확도 함수를 정의한다.

```python
accuracy = result.softmax.evaluate_classifier\
                                (labels_placeholder,phase=pt.Phase.test)
```

다음으로 학습용 및 테스트용 집합을 만든다.

```python
train_images, train_labels = data_utils.mnist(training=True)
test_images, test_labels = data_utils.mnist(training=False)
```

경사 하강 최적화 과정을 사용해 이를 그래프에 적용한다. pt.apply_optimizer 함수는 정규화 손실을 추가해 단계 카운터를 설정한다.

```python
optimizer = tf.train.GradientDescentOptimizer(0.01)\
train_op = pt.apply_optimizer
                                (optimizer,losses=[result.loss])
```

실행 중인 세션에서 save_path를 설정하면 모든 확인 지점을 자동으로 검사할 수 있다. 그렇지 않으면 세션이 끝날 때 모델이 손실된다.

```
runner = pt.train.Runner(save_path=FLAGS.save_path)
with tf.Session():
      for epoch in xrange(10):
```

학습용 데이터를 섞는다.

```
              train_images, train_labels =\
                      data_utils.permute_data\
                      ((train_images, train_labels))

              runner.train_model(train_op,result.\
                      loss,EPOCH_SIZE,\
                      feed_vars=(image_placeholder, \
                              labels_placeholder),\
                      feed_data=pt.train.\
                      feed_numpy(BATCH_SIZE,\
                              train_images,\
                              train_labels),\
                      print_every=100)

              classification_accuracy = runner.evaluate_model\
                      (accuracy,\
                      TEST_SIZE,\
                      feed_vars=(image_placeholder,\
                              labels_placeholder), \
                      feed_data=pt.train.\
                      feed_numpy(BATCH_SIZE,\
                              test_images,\
                              test_labels))
print('epoch' , epoch + 1)
print('accuracy', classification_accuracy )

if __name__ == '__main__':
      tf.app.run()
```

예제를 실행한 결과는 다음과 같다.

```
>>>
Extracting /tmp/data/train-images-idx3-ubyte.gz
Extracting tmp/data/train-labels-idx1-ubyte.gz
Extracting /tmp/data/t10k-images-idx3-ubyte.gz
Extracting /tmp/data/t10k-labels-idx1-ubyte.gz
epoch = 1
Accuracy [0.8994]
epoch = 2
Accuracy [0.91549999]
epoch = 3
Accuracy [0.92259997]
epoch = 4
Accuracy [0.92760003]
epoch = 5
Accuracy [0.9303]
epoch = 6
Accuracy [0.93870002]
epoch = 7
epoch = 8
Accuracy [0.94700003]
epoch = 9
Accuracy [0.94910002]
epoch = 10
Accuracy [0.94980001]
```

숫자 분류기용 소스 코드

다음은 앞에서 설명했던 숫자 분류기의 전체 코드다.

```
import tensorflow as tf
import prettytensor as pt
from prettytensor.tutorial import data_utils
```

```
tf.app.flags.DEFINE_string('save_path', None, 'Where to save the model
checkpoints.')
FLAGS = tf.app.flags.FLAGS

BATCH_SIZE = 50
EPOCH_SIZE = 60000 // BATCH_SIZE
TEST_SIZE = 10000 // BATCH_SIZE

image_placeholder = tf.placeholder(tf.float32, [BATCH_SIZE, 28, 28, 1])
labels_placeholder = tf.placeholder(tf.float32, [BATCH_SIZE, 10])

tf.app.flags.DEFINE_string('model', 'full','Choose one of the models, either full
or conv')
FLAGS = tf.app.flags.FLAGS
def multilayer_fully_connected(images, labels):
                          images = pt.wrap(images)
                              with pt.defaults_scope(activation_fn=tf.nn.relu,
l2loss=0.00001):
                                  return (images.flatten().fully_connected(100).
fully_connected(100).softmax_classifier(10, labels))


def lenet5(images, labels):
    images = pt.wrap(images)
    with pt.defaults_scope(activation_fn=tf.nn.relu, l2loss=0.00001):
        return (images.conv2d(5, 20).max_pool(2, 2).conv2d(5, 50).max_pool(2,
2).flatten().fully_connected(500).softmax_classifier(10, labels))


def main(_=None):
  image_placeholder = tf.placeholder(tf.float32, [BATCH_SIZE, 28, 28, 1])
  labels_placeholder = tf.placeholder(tf.float32, [BATCH_SIZE, 10])

if FLAGS.model == 'full':
    result = multilayer_fully_connected(image_placeholder, labels_placeholder)
elif FLAGS.model == 'conv':
  result = lenet5(image_placeholder, labels_placeholder)
else:
    raise ValueError\
```

```
                    ('model must be full or conv: %s' % FLAGS.model)

accuracy = result.softmax.evaluate_classifier(labels_placeholder,phase=pt.Phase.
test)

train_images, train_labels = data_utils.mnist(training=True)
test_images, test_labels = data_utils.mnist(training=False)
optimizer = tf.train.GradientDescentOptimizer(0.01)
train_op = pt.apply_optimizer(optimizer,losses=[result.loss])
runner = pt.train.Runner(save_path=FLAGS.save_path)


with tf.Session():
    for epoch in range(10):
        train_images, train_labels = \
                    data_utils.permute_data\
                    ((train_images, train_labels))

        runner.train_model(train_op,result.\
                        loss,EPOCH_SIZE,\
                        feed_vars=(image_placeholder,\
                                labels_placeholder),\
                        feed_data=pt.train.\
                        feed_numpy(BATCH_SIZE,\
                                train_images,\
                                train_labels),\
                        print_every=100)
        classification_accuracy = runner.evaluate_model\
                            (accuracy,\
                             TEST_SIZE,\
                             feed_vars=(image_placeholder,\
                                    labels_placeholder),\
                             feed_data=pt.train.\
                             feed_numpy(BATCH_SIZE,\
                                    test_images,\
                                    test_labels))

    print('epoch' , epoch + 1)
    print('accuracy', classification_accuracy )
```

```
if __name__ == '__main__':
  tf.app.run()
```

▌ TFLearn

TFLearn은 텐서플로의 많은 새로운 API를 멋지고 익숙한 scikit-learn API로 래핑한 라이브러리다.

텐서플로는 모두 그래프를 작성하고 실행하는 것이 전부다. 이는 매우 강력한 개념이지만, 시작하기에도 번거롭다.

TFLearn에 대해 3개 부분만 사용했다.

- **층**Layers: 완벽하게 연결된 층, 컨볼루션 및 배치 표준에서 손실 및 최적화에 이르기까지 복잡한 그래프를 쉽게 작성할 수 있는 고급 텐서플로 기능의 집합이다.
- **그래프 동작**Graph actions: 학습 및 평가를 수행하고 텐서플로 그래프에서 추론을 실행하는 일련의 도구다.
- **추정기**Estimator: scikit-learn 인터페이스를 따르는 클래스의 모든 것을 패키지화하고, 맞춤형 텐서플로 모델을 쉽게 작성하고 학습시킬 수 있는 방법을 제공한다. 선형 분류기, 선형 회귀 분석기, DNN 분류기 등과 같은 Estimator의 하위 클래스는 한 행에서 사용할 수 있는 scikit-learn 로지스틱 회귀 분석과 유사한 사전 패키지 모델이다.

TFLearn 설치

TFLearn을 쉽게 설치하려면 다음 과정을 따라 실행해야 한다.

```
pip install git+https://github.com/tflearn/tflearn.git
```

다음 명령을 실행해 최근에 개발된 안정된 버전을 설치한다.

```
pip install tflearn
```

또는 원본 폴더에서 다음을 실행해 설치할 수도 있다.

```
python setup.py install
```

 TIP TFLearn 설치를 위한 자세한 내용은 https://github.com/tflearn/tflearn에서 확인할 수 있다.

▌ 타이타닉 생존 예측기

이 튜토리얼에서는 TFLearn 및 TensorFlow를 사용해 개인 정보(sex, age 등)를 사용해 타이타닉 승객의 생존 확률을 모델링하는 방법을 학습한다. 이와같은 고전적인 머신 러닝 과제를 해결하기 위해 DNN 분류기를 만들 것이다.

데이터 집합을 살펴보자. 여러분을 위해 TFLearn은 해당 데이터를 자동으로 다운로드한다.

각 승객에 대해 다음 정보가 제공된다.

```
survivedSurvived (0 = No; 1 = Yes)
pclass                 Passenger Class (1 = st; 2 = nd; 3 = rd)
name Name
sex Sex
age Age
sibsp Number of Siblings/Spouses Aboard
parch Number of Parents/Children Aboard
ticket Ticket Number
fare Passenger Fare
```

다음은 데이터 집합에서 추출한 몇 가지 샘플이다.

생존함	좌석 등급	이름	성별	나이	동승한 형제/자매 (sibsp)	동승한 부모/자식 (parch)	티켓	요금
1	1	Aubart, Mme. Leontine Pauline	여자	24	0	0	PC 17477	69,3000
0	2	Bowenur, Mr. Solomon	남자	42	0	0	211535	13,0000
1	3	Baclini, Miss. Marie Catherine	여자	5	2	1	2666	19,2583
0	3	Youseff, Mr. Gerious	남자	45,5	0	0	2628	7,2250

분석 대상에는 2개의 클래스, 즉 생존(클래스 = 1)과 죽음(클래스 = 0)이 있으며, 승객 데이터는 8개의 특징 항목을 갖는다.

타이타닉 데이터 집합은 CSV 파일로 저장되어 있다. 따라서 TFLearn의 load_csv( ) 함수를 사용해 파이썬 리스트에 파일 데이터를 로드할 수 있다. ID가 0인 첫 번째 열에 위치한 레이블(생존 여부)을 표시하기 위해 target_column 인수를 설정한다. 이 함수는 튜플(데이터, 레이블)을 반환한다.

numpy와 TFLearn 라이브러리를 임포트하자.

```
import numpy as np
import tflearn
```

titanic 데이터 집합을 다운로드한다.

```
from tflearn.datasets import titanic
titanic.download_dataset('titanic_dataset.csv')
```

CSV 파일을 로드하고 첫 번째 열에 레이블labels을 표시하자.

```
from tflearn.data_utils import load_csv
data, labels = load_csv('titanic_dataset.csv', target_column=0,
                        categorical_labels=True, n_classes=2)
```

데이터 전처리 일부는 DNN 분류기에 사용되도록 준비할 필요가 있다. 사실, 분석에 도움이 되지 않는 열을 삭제해야 한다. 승객 이름과 티켓은 승객의 생존 기회와 관련되지 않은 것으로 추정되므로 name과 ticket 필드는 제거한다.

```
def preprocess(data, columns_to_ignore):
```

전처리 단계는 id와 삭제 열을 내림차순으로 시작한다.

```
for id in sorted(columns_to_ignore, reverse=True):
    [r.pop(id) for r in data]
for i in range(len(data)):
```

sex 필드는 float형으로 변환한다.

```
        data[i][1] = 1. if data[i][1] == 'female' else 0.
        return np.array(data, dtype=np.float32)
```

이미 설명했으므로 name과 ticket은 분석에서 생략한다.

```
to_ignore=[1, 6]
```

다음은 preprocess를 호출한다.

```
data = preprocess(data, to_ignore)
```

우선, 입력 데이터의 구조를 설정한다. 입력 샘플은 총 6개의 특징을 가지며, 메모리를 절약하기 위해 배치별로 샘플을 처리한다. 따라서 데이터 입력 구조가 [None, 6]이 된다. None 파라미터를 사용해 차원의 수를 고정하지 않았으므로 배치로 처리되는 샘플의 총 개수를 변경할 수 있다.

```
net = tflearn.input_data(shape=[None, 6])
```

마지막으로, 간단한 명령 순서를 갖는 3층 신경 네트워크를 구축한다.

```
net = tflearn.fully_connected(net, 32)
net = tflearn.fully_connected(net, 32)
net = tflearn.fully_connected(net, 2, activation='softmax')
net = tflearn.regression(net)
```

TFLearn는 자동으로 신경망 분류기 작업을 수행할 수 있는 모델을 제공한다.

```
model = tflearn.DNN(net)
```

16 배치 크기로, 10에폭 동안 실행한다.

```
model.fit(data, labels, n_epoch=10, batch_size=16, show_metric=True)
```

모델을 실행하면 다음과 같은 결과를 얻는다.

```
Training samples: 1309
Validation samples: 0
--
Training Step: 82 | total loss: 0.64003
| Adam | epoch: 001 | loss: 0.64003 - acc: 0.6620 -- iter: 1309/1309
--
Training Step: 164 | total loss: 0.61915
| Adam | epoch: 002 | loss: 0.61915 - acc: 0.6614 -- iter: 1309/1309
--
Training Step: 246 | total loss: 0.56067
| Adam | epoch: 003 | loss: 0.56067 - acc: 0.7171 -- iter: 1309/1309
--
Training Step: 328 | total loss: 0.51807
| Adam | epoch: 004 | loss: 0.51807 - acc: 0.7799 -- iter: 1309/1309
--
Training Step: 410 | total loss: 0.47475
| Adam | epoch: 005 | loss: 0.47475 - acc: 0.7962 -- iter: 1309/1309
--
Training Step: 492 | total loss: 0.51677
| Adam | epoch: 006 | loss: 0.51677 - acc: 0.7701 -- iter: 1309/1309
--
Training Step: 574 | total loss: 0.48988
| Adam | epoch: 007 | loss: 0.48988 - acc: 0.7891 -- iter: 1309/1309
--
Training Step: 656 | total loss: 0.55073
```

```
| Adam | epoch: 008 | loss: 0.55073 - acc: 0.7427 -- iter: 1309/1309
--
Training Step: 738 | total loss: 0.50242
| Adam | epoch: 009 | loss: 0.50242 - acc: 0.7854 -- iter: 1309/1309
--
Training Step: 820 | total loss: 0.41557
| Adam | epoch: 010 | loss: 0.41557 - acc: 0.8110 -- iter: 1309/1309
--
```

모델의 정확도는 81%이다. 따라서 전체 승객의 81%에 대해 정확히 생존 여부를 예측할 수 있다.

마지막으로, 최종 정밀도를 얻을 수 있는 모델을 평가한다.

```
accuracy = model.evaluate(data, labels, batch_size=16)
print('Accuracy: ', accuracy)
```

결과는 다음과 같다.

```
Accuracy: [0.78456837289473591]
```

타이타닉 분류기 소스 코드

구현한 분류기에 대한 전체 코드는 다음과 같다.

```
import tflearn
from tflearn.datasets import titanic
import numpy as np
titanic.download_dataset('titanic_dataset.csv')
from tflearn.data_utils import load_csv
data, labels = load_csv('titanic_dataset.csv', target_column=0,
                        categorical_labels=True, n_classes=2)
```

```python
def preprocess(data, columns_to_ignore):
    for id in sorted(columns_to_ignore, reverse=True):
        [r.pop(id) for r in data]
    for i in range(len(data)):
        data[i][1] = 1. if data[i][1] == 'female' else 0.
    return np.array(data, dtype=np.float32)

to_ignore=[1, 6]
data = preprocess(data, to_ignore)
net = tflearn.input_data(shape=[None, 6])

net = tflearn.fully_connected(net, 32)
net = tflearn.fully_connected(net, 32)
net = tflearn.fully_connected(net, 2, activation='softmax')
net = tflearn.regression(net)
model = tflearn.DNN(net)
model.fit(data, labels, n_epoch=10, batch_size=16, show_metric=True)

# 모델평가
accuracy = model.evaluate(data, labels, batch_size=16)
print('Accuracy: ', accuracy)
```

▌ 요약

이 장에서는 딥러닝 연구와 개발을 위해 텐서플로 기반 라이브러리를 알아봤다.

케라스는 모듈화 및 단순화를 위해 설계됐다. 따라서 사용자는 딥러닝 모델을 빠르게 정의할 수 있다.

IMDB 영화 평론 분류를 위해 케라스를 사용해 단일 레이어를 사용한 LSTM 모델 개발 방법을 알아봤다.

다음으로 Pretty Tensor를 간단히 소개했다. 개발자는 TensorFlow 연산을 래핑^{wrapping}해 여러 층에 연결할 수 있다.

LeNet 스타일의 컨볼루션 모델을 구현해 필기 분류 모델을 신속하게 해결했다.

이 밖에 TFLearn 라이브러리를 학습했다. 이 라이브러리는 많은 텐서플로 API를 포함하고 있다. 예제 응용 프로그램에서는 TFLearn을 사용해 타이타닉 승객의 생존 확률을 예측했다. 이 작업을 실행하기 위해 딥 신경망 분류기를 만들었다.

9장에서는 이미지와 비디오 분석 방법을 알아본다. 또한 텐서플로와 케라스의 통합 방법에 대해 알아보며, 안드로이드에서 딥러닝을 실행하는 방법에 대해서도 학습한다.

09

텐서플로를 이용한 고급 멀티미디어 프로그래밍하기

9장에서는 텐서플로를 이용한 고급 멀티미디어 프로그래밍을 설명한다. 예를 들어, 텐서플로를 사용해 안드로이드^{Android}에서 가변적인 객체 감지 및 딥러닝을 위한 딥 뉴럴 네트워크와 같은 새로운 연구 문제에 대해 논의한다.

9장의 구성은 다음과 같다.

- 멀티미디어 분석 소개
- 가변적인 객체 감지용 딥러닝
- 가속화한 선형 대수학
- 텐서플로와 케라스
- 안드로이드에서 딥러닝 실행

▌ 멀티미디어 분석 소개

이미지 및 비디오 분석은 이미지나 비디오에서 의미 있는 정보와 패턴을 추출하는 것이다. 엄청난 양의 이미지와 비디오가 매일 생성되고 있으며, 이 엄청난 양의 데이터를 분석할 수 있다는 것은 분석을 기반으로 하는 서비스를 제공할 수 있는 큰 잠재력을 가지고 있다는 것을 의미한다.

9장에서는 이미지 분석은 물론 비디오 분석(텐서플로 및 케라스의 통합 이후 비디오 분석 및 기타 복잡한 심층 학습 예제가 어떻게 생겼는지 보여주는 데모)을 다루는 딥러닝 예제를 살펴보고, 어떻게 하면 데이터에서 의미 있는 정보를 얻어낼 수 있을지 살펴본다.

▌ 가변적인 객체 감지를 위한 딥러닝

이 섹션에서는 텐서플로를 사용해 이미지를 인식할 수 있도록 하는 방법을 학습한다. 또한 ImageNet과 같은 대형 데이터 집합으로 학습시켜 얻어낸 모델의 네트워크 가중치를 사용하는 전이 학습transfer learning을 사용할 것이다. 일반적으로 사람들은 작은 데이터 집합이 있을 때 전이 학습을 사용한다. 따라서 사전 학습된 모델로 시작해 다른 문제에 사용할 것이다. 이 모델을 처음부터 다시 학습시킬 경우 상당한 시간이 소요될 것이므로 유사한 문제에 대해 이 모델을 재학습시키는 것이 좀 더 효율적이다.

그림 1 flower 데이터 집합

(텐서플로에 의한 이미지, 출처: https://www.tensorflow.org/images/daisies.jpg)

여러분이 사용할 수 있는 사전 학습된 네트워크는 많이 있으며, 이러한 네트워크는 이미 텐서플로를 사용해 패키지화됐다. 이 섹션에서는 ImageNet(http://image−net.org/)으로 학습한 Inception V3 네트워크를 사용할 것이다. 이 네트워크는 1,000개의 서로 다른 클래스class를 구분할 수 있다.

처음에는 새로운 클래스class를 신경망이 학습하기 위해서는 여러 개의 이미지가 필요하다. 텐서플로 팀은 초기에 사용할 수 있는 크리에이티브 커먼즈 라이선스 꽃 사진creative-commons licensed flower photo 보관소를 만들었다.

flower 데이터 집합의 디렉터리 내용을 다운로드하고 설정하려면, 다음 명령을 실행해야 한다.

```
# 홈 디렉터리로 되돌아간다.
cd $HOME
mkdir tensorflow_files
```

```
cd tensorflow_files
curl -O http://download.tensorflow.org/example_images/flower_photos.tgz
tar xzf flower_photos.tgz
```

대략 218MB인 flower 데이터 집합을 다운로드하면 홈 디렉터리에서 꽃 그림을 사용할
수 있다.

다음 명령을 실행해 텐서플로 저장소를 복제한다.

git clone https://github.com/tensorflow/tensorflow

텐서플로 저장소를 복제^{cloning}하면 여러분은 훈련기^{trainer}와 데이터를 갖게 될 것이다. 따라서 Inception V3 네트워크를 사용해 학습을 시작한다.

앞에서 언급했듯이 Inception V3 네트워크는 초기에 ImageNet에 대해 학습했으므로 1,000가지 클래스를 구분할 수 있다. 따라서 수백만 개의 파라미터가 제공되어 Inception V3 네트워크의 최종 층만 학습시키면 된다. 게다가 이 작업을 수행하는 데 있어 시간이 많이 걸리지는 않는다.

텐서플로의 루트 디렉터리에서 다음 명령을 실행해 재학습 프로세스를 시작한다.

```
# 텐서플로의 루트 디렉터리에서
python tensorflow/examples/image_retraining/retrain.py \
--bottleneck_dir=~/tensorflow_files/bottlenecks \
--model_dir=~/tensorflow_files/inception \
--output_graph=~/tensorflow_files/retrained_graph.pb \
--output_labels=~/tensorflow_files/retrained_labels.txt \
--image_dir ~/tensorflow_files/flower_photos
```

따라서 스크립트는 사전 학습된 Inception v3 모드를 로드하고 오래된 최종 레이어를 제거한 후 마지막으로 제공한 꽃 사진에 새 모델을 학습시킨다.

Inception V3 네트워크는 원래 이러한 꽃 종류를 학습한 것이 아니었지만, V3이 1,000

가지 클래스^{class}를 구분할 수 있는 정보의 종류는 다른 객체를 구별하는 데 유용하다. 미리 훈련시킨 신경망을 사용해 꽃 클래스를 구별하는 최종 분류 레이어의 입력으로 이 정보를 사용한다.

병목

이전 명령에서 병목^{Bottlenecks}이라는 것을 언급했다. 병목은 무엇인가?

재학습 모델을 얻기 위한 첫 번째 단계는 제공한 모든 이미지를 분석하고, 각 이미지에 대한 병목값을 계산하는 것이다.

앞에서 언급했듯이 사전 학습된 모델로 Inception V3을 사용하고 있다. Inception V3은 위에 놓여 있는 층이 많다. 이 층은 이미 사전 학습을 했으며, 이미지를 구별하는 데 사용할 수 있는 정보를 갖고 있다. 마지막으로 출력 레이어 바로 앞에 위치한 층인 전 연결층만 훈련시키고, 다른 모든 이전 층은 학습된 상태를 유지한다.

병목이란 무엇인가? 텐서플로가 분류 작업을 실제로 담당하는 최종 층 바로 앞에 있는 층을 가리키기 위해 사용하는 용어다. 훈련용 집합$^{training\ set}$의 모든 이미지는 훈련 중에 여러 번 사용되며, 병목 현상 뒤의 계층을 계산할 때 각 이미지에 많은 시간이 소요된다. 따라서 이러한 하위층의 출력을 디스크에 캐싱하면 상당한 시간 낭비를 피할 수 있다. 기본적으로 병목은 /tmp/bottleneck 디렉터리에 저장된다.

재학습 모델 사용

방금 사용했던 재훈련 스크립트는 flower 데이터 집합에 대해 재훈련시킨 최종 계층을 갖는 Inception V3 네트워크의 사용자 정의 버전을 tensorflow_files / output_graph.pb로 작성한다. 게다가 tensorflow_files / output_labels.txt의 레이블을 포함하는 텍스트

파일을 볼 수 있다.

다음은 이미지를 분류하는 단계다.

1. 이전 네트워크의 사용이 가능한 Python 스크립트를 작성해 이미지를 분류한다.

```
import tensorflow as tf, sys
```

2. 이미지를 파라미터로 분류해 보낸다.

```
provided_image_path = sys.argv[1]
```

3. 다음으로 이미지 데이터를 읽는다.

```
provided_image_data = tf.gfile.FastGFile(provided_image_path, 'rb').
read()
```

4. 레이블 파일을 로드한다.

```
label_lines = [line.rstrip() for line
    in tf.gfile.GFile("tensorflow_files/retrained_labels.txt")]

# 파일에서 무차별하게 그래프를 보기
with tf.gfile.FastGFile("tensorflow_files/retrained_graph.pb", 'rb') as
f:
    graph_def = tf.GraphDef()
    graph_def.ParseFromString(f.read())
    _ = tf.import_graph_def(graph_def, name='')

with tf.Session() as sess:
    # provided_image_data를 입력으로 그래프에 전달한다.
    softmax_tensor = sess.graph.get_tensor_by_name('final_result:0')

    netowrk_predictions = sess.run(softmax_tensor, \
```

```
                    {'DecodeJpeg/contents:0': provided_image_data})

    # 꽃 레이블을 표시하기 위해 신뢰도를 갖고 결과를 정렬한다.
      top_predictions = netowrk_predictions[0].argsort()[-len(netowrk_
predictions[0]):][::-1]

    for prediction in top_predictions:
        flower_type = label_lines[prediction]
        score = netowrk_predictions[0][prediction]
        print('%s (score = %.5f)' % (flower_type, score))
```

이전 Python 스크립트를 tensorflow_files 디렉터리에 만들 수 있다. 이를 classify_
image.py라고 부르자. 다음으로 데이지 사진을 분류하기 위해 tensorflow_files 디렉터
리에서 다음 명령을 실행할 수 있다.

```
python classify_image.py flower_photos/daisy/21652746_cc379e0eea_m.jpg
```

여러분은 다음과 같은 결과를 얻게 될 것이다.

```
daisy (score = 0.99071)
sunflowers (score = 0.00595)
dandelion (score = 0.00252)
roses (score = 0.00049)
tulips (score = 0.00032)
```

같은 데이터에 대해 하나의 알고리즘을 여러 번 학습시키면 약간 다른 결과가 나올 수 있
기 때문에 얻을 수 있는 출력 점수는 약간 다를 수 있다.

가속화한 선형 대수학

Accelerated Linear Algebra^{XLA}는 계산을 최적화하기 위해 텐서플로에서 개발한 도메인별 컴파일러다. 이를 통해 모바일 플랫폼에서 속도, 메모리 사용량 및 이식성을 향상시킬 수 있다.

초기에는 XLA가 아직 실험적이기 때문에 많은 이점을 얻지 못할 것이다. 하지만 JIT$^{just-in-time}$ 컴파일 또는 사전 컴파일을 사용해 시도해볼 수 있다.

우선, 텐서플로의 핵심 강점에 대해 간략히 언급하고, 텐서플로 팀이 어떻게 이러한 핵심 강점을 유지하고 향상시키는지를 알아볼 것이다.

텐서플로의 주요 강점

텐서플로의 주요 강점은 다음과 같다.

- **유연성**: 유연성은 텐서플로의 해석 특성에서 비롯된다. 또한 데이터 흐름 프로그래밍 모드를 사용하는 이름에서 이를 볼 수 있다. 텐서플로는 프로그램에 그래프를 제공하고 실행 준비가 된 그래프에서 노드를 찾은 후 이 노드를 가져와 실행한다. 이러한 일련의 연산이 끝나면 그래프의 또 다른 노드 집합이 실행될 준비가 된다. 따라서 텐서플로는 또 다른 노드를 실행한다. 실행 준비가 돼 있는 노드를 가져와 이를 실행하는 과정을 인터프리터 루프$^{Interpreter\ Loop}$라고 한다.
- **표현력**: 텐서플로는 일부분 파이썬과 관련돼 있기 때문에 동적인 특징을 갖고 있다. 따라서 사용자는 자신만의 그래프를 정의할 수 있는 완전한 표현력과 자유를 누릴 수 있으며, 표현에 제약이 없다. 또한 텐서플로는 다른 환경에서 프로그래밍하는 방식과 비슷하게 변수를 사용하는 것과 같은 저장형이다.
- **확장가능성**: 텐서플로의 큰 장점 중 하나는 블랙 박스 모듈 방식이라는 것이다. 따라서 완전히 새로운 데이터 흐름 연산에 대응할 수 있고, 이를 통합하는 데 어려움이 있는 텐서플로에 연결할 수 있다.

346

텐서플로의 핵심 강점 중 세 가지를 언급했으므로 어떻게 하면 텐서플로 팀이 XLA를 통해 Just-In-Time^{JIT} 컴파일로 이러한 강점을 유지하고 속도를 향상시킬 수 있을지를 알아보자.

XLA를 통한 Just-In-Time 컴파일

텐서플로가 프로그램 속도를 높이고 텐서플로를 실행할 수 있는 더 많은 장치를 통합하는 방법은 XLA를 통한 JIT 컴파일이다.

XLA가 작동하는 방식은 다음 그림에서와 같이 요약할 수 있다.

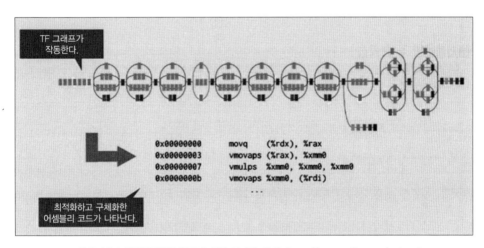

그림 2 XLA 생명주기(텐서플로에 의한 이미지, 출처: http://img.ctolib.com/uploadl
mg/20170307/20170307064228_586.png)

텐서플로 팀은 텐서플로 그래프를 제공하면 최적화하고 구체화한 어셈블리 코드를 제공하는 컴파일러 인프라를 개발했다.

이것은 텐서플로 팀이 텐서플로 그래프를 작성하고 해당 그래프에 대해 최적화하며 구체화한 어셈블리를 출력할 수 있도록 개발한 컴파일러 인프라다. 이 기능은 구조에 제한되지 않은 컴파일된 코드를 생성할 수 있기 때문에 사용 중인 기본 구조에 맞게 최적화하고 구체화할 수 있다.

컴퓨터에서 XLA를 작동시키려면 텐서플로를 구성하는 동안, 수동으로 이 기능을 지정해야 한다.

텐서플로의 최신 업데이트 저장소를 복제하려면 다음 명령을 실행한다.

```
$ git clone https://github.com/tensorflow/tensorflow
```

다음으로 아래 명령을 실행해 텐서플로를 구성해야 한다.

```
$ cd tensorflow
$ ./configure
```

구성하는 동안 XLA를 사용하도록 설정해야 하며, 다음 예에서 XLA를 사용하려면 이 질문에 "예"라고 대답해야 한다.

XLA가 작동하는 방법을 보여주기 위해 텐서플로 셸을 사용하겠다.

다음 코드 스니펫을 실행하려면 텐서플로 셸을 오픈해야 한다. 우선 다음 명령을 실행해 붙여 넣기 모드를 선택한다.

```
%cpaste
```

다음으로 아래 예제를 붙여 넣는다.

```python
with tf.Session() as sess:
    x = tf.placeholder(tf.float32, [4])
    with tf.device("device:XLA_CPU:0"):
        y = x*x
    result = sess.run(y,{x:[1.5,0.5,-0.5,-1.5]})
```

텐서플로 셸에 다음 파라미터를 전달해야 한다.

```
--xla_dump_assembly=true
```

여기에서 이 플래그를 전달해 생성된 XLA 어셈블리 코드를 출력한다.

이전 코드의 결과는 다음과 같다.

```
0x00000000    movq      (%rdx), %rax
0x00000003    vmovaps   (%rax), %xmm0
0x00000007    vmulps     %xmm0, %xmm0, %xmm0
0x0000000b    vmovaps    %xmm0, (%rdi)
0x0000000f    retq
```

이제 코드 스니펫과 어셈블리 출력을 이해하기 위해 이 예제에 대해 보다 자세히 설명할 것이다.

앞의 예는 4개의 부동 소수점 수를 가져와 서로 곱하는 것이다. 이 예제의 특별한 점은 컴파일러가 텐서플로 내부의 한 모드에서 장치로 노출되도록 XLA CPU 장치에 명시적으로 넣는다는 점이다.

이전 코드 스니펫을 실행한 후에는 몇 가지 어셈블리 코드만 나왔다. 우리는 XLA가 4개의 숫자를 곱하려고 한다는 것을 알고 있기 때문에 어셈블리 코드에 루프가 없다는 점을 알 수 있다. 따라서 어셈블리 코드는 텐서플로 표현식으로 입력한 그래프 또는 프로그램에 맞게 구체화되고 최적화됐음을 알 수 있다.

또한 이전 코드 스니펫을 명시적으로 XLA GPU 장치에 넣었지만, 여기서는 다루지 않을 것이다. XLA는 표준 텐서플로 셀의 형태로 CPU 및 GPU에서 작동할 수 있다.

JIT 컴파일

Just-in-time 컴파일을 언급했다. JIT란 무엇인지 알아보자.

JIT 컴파일의 가장 중요한 점은 런타임 과정에서 빌드할 프로그램을 얻는다는 것이다. 텐서플로 표현식을 입력하고 Enter를 누를 때 컴파일하느라 시간을 낭비하지 않음을 의미한다. 앞의 예에서 봤듯이 Enter를 누르면 생성된 어셈블리 명령을 실행한다.

JIT의 또 다른 장점은 나중에 코드에서 해당 변수를 바인딩할 수 있다는 점이다.

예를 들어, 코드의 시작 부분에 배치 크기를 지정할 필요가 없다는 것을 의미한다. 일반적으로 원하는 배치 크기를 알게 되는 시점에서야 해당 크기를 지정할 수 있다.

기본 텐서플로 레벨 블록 다이어그램을 살펴보면, 텐서플로 코어를 볼 수 있으며, XLA는 우측 하단의 텐서플로 에코 시스템에 포함돼 있다는 것을 알 수 있다.

그림 3 텐서플로 수준 블록 다이어그림(소스: TensorFlow Talk)

XLA의 존재와 장점

다음으로 텐서플로 애호가들이 XLA를 이용한 JIT 컴파일의 새로운 기능을 좋아하는 이유를 설명한다.

이 기능의 주요 장점은 다음과 같다.

- **서버측 속도 향상**: 언급한 JIT 컴파일 및 구체화를 통해 텐서플로팀이 60%까지 얻은 일부 인하우스 모델을 확인할 수 있다. 또한 SyntaxNet은 대기 시간을 약 200마이크로초에서 5마이크로초로 감소시킨다. 이렇게 하는 이유는 SyntaxNet이 그래프에서 소규모 연산을 많이 하기 때문이다. 인터프리터가 개별 소규모 연산을 실행하는 과정에서 몇몇 지연 시간이 발생하지만, 실제로는 모든 대기 시간 오버헤드를 제거할 수 있다.

- **메모리 사용 개선**: 텐서플로는 많은 중간 저장 버퍼를 제거함으로써 메모리 사용을 개선했다. 따라서 기능이 제한적인 모바일 구조와 같은 많은 구조를 대상으로 구현해볼 수 있다.

- **모바일 공간 저감**: 처음부터 해당 모델이 실행되도록 하고 싶다면, XLA의 사전 컴파일 기능을 이용해 빌드 프로세스가 해당 모델을 실행할 수 있도록 변환하면 된다. 이 실행 파일은 명령 라인에서 실행할 수 있으며, 텐서플로 런타임의 상당 부분을 제거할 수 있다. 즉, 여러분 프로그램의 바이너리 크기를 줄일 수 있다. 텐서플로 팀은 이와 같은 기능을 모바일용 LSTM^{long-term memory} 모델에서 시도했으며, 바이너리 크기를 2.6MiB에서 600KiB 미만으로 줄일 수 있었다. 이러한 성과는 XLA를 사용하고, 텐서플로 코드(https://www.tensorflow.org/performance/performance_guide)를 작성하기 위한 몇 가지 모범 사례를 따라했기 때문에 배포 공간이 차지하는 영역이 4배 줄어든 것이다.

- **전체 프로그램 분석이 쉬움**: XLA 접근 방식에서 흥미로운 점은 컴파일러 인프라로 전체 그래프 또는 프로그램을 쉽게 분석할 수 있다는 점이다. XLA의 고수준 최적화로 선형 대수학 수준의 그래프를 살펴볼 수 있고, 글로벌 최적화된 재사용할 수 있는 툴킷을 작성해 사용할 수 있다. 따라서 다양한 플랫폼 CPU, GPU 또는 기타 장치용으로 컴파일하더라도 텐서플로는 고급 수준의 최적화 도구 키트 수준으로

특정 플랫폼에 해당하는 사항을 파라미터화했다.

XLA의 후드 작업

XLA는 HLO IR, 즉 High-Level Optimizer[HLO]라는 입력 언어를 사용한다. 따라서 XLA 는 HLO에서 정의한 그래프를 취한 후 다른 구조의 기계 명령어로 컴파일해야 한다.

다음 다이어그램은 XLA에서 컴파일하는 프로세스다.

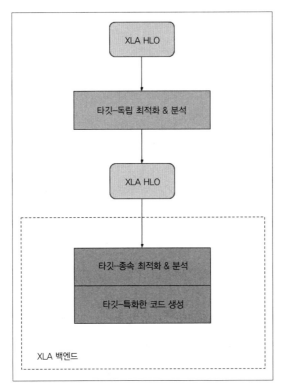

그림 4 XLA 컴파일 프로세스
(출처: https://www.tensorflow.org/images/how-does-xla-work.png)

이전에 논의했듯이 텐서플로는 타깃 독립적인 코드를 제공하기 위해 HLO를 사용하므로 이 단계에서 텐서플로는 타깃 제약 조건 없이 프로그램을 최적화만 한다. 다음으로 텐서플로는 타깃별 코드 생성을 위해 XLA 백엔드에 마지막으로 공급될 타깃 종속적인 최적화된 분석 코드를 내보내기 위해 또 다른 HLO를 사용한다.

여전히 실험적인 상태다

이 책을 저술할 당시 텐서플로의 상태는 XLA을 이용한 JIT 컴파일의 초기 단계였기 때문에 모든 텐서플로 작업이 컴파일되는 것이 아니었다. 텐서플로의 커뮤니티가 성장함에 따라 곧 이러한 기능이 완벽하게 작동하고 지원될 것으로 기대하고 있다.

지원 플랫폼

현재 XLA는 x86-64 및 NVIDIA GUP에서 JIT 컴파일을 지원하고 x86-64 및 ARM용 AOT 컴파일을 지원한다.

보다 실험적인 자료

XLA JIT 컴파일에 관한 더 많은 실험 자료와 세션 중 실험 자료를 켜는 방법은 다음 URL(https://www.tensorflow.org/performance/xla/jitby TensorFlow)을 참조한다.

▌ 텐서플로와 케라스

이 섹션에서는 모든 데이터 과학자와 머신 러닝 애호가에게 매우 중요한 기능인 텐서플로와 케라스의 통합을 다루도록 한다. 이 기능을 이용하면 소수의 코드만으로 매우 복잡한 딥러닝 시스템을 구축할 수 있다.

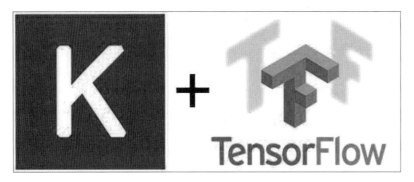

그림 5 텐서플로 및 케라스 통합(출처: https://blog.keras.io/img/keras-tensorflow-logo.jpg)

케라스는 무엇인가?

케라스는 딥러닝 모델을 보다 쉽고 빠르게 구축하기 위해 사용하는 API다. 따라서 케라스는 다음을 모두 가능하게 하는 딥러닝 툴킷이다.

- 사용하기 쉬움.

- 복잡성을 줄임.

- 코드를 이해하는 데 필요한 노력cognitive load을 줄여줌.

딥러닝을 보다 쉽게 사용할 수 있도록 하면 더 많은 사람들이 보다 쉽게 접근할 수 있도록 할 수 있다. 따라서 케라스의 핵심 설계 개념은 모든 사람들이 딥러닝을 손쉽게 사용할 수 있도록 하는 것이다.

케라스는 다양한 기능을 구현하는 데 사용하는 API와 같다. 원래 케라스와 함께 릴리스된 Theano 구현이 있고, 텐서플로 버전도 있으며, 앞으로 더 많은 기능이 제공될 것이다.

기존에 텐서플로가 실행해온 것은 케라스 API를 텐서플로 프로젝트에 포함시키는 것이다. 더욱이 텐서플로와 케라스의 장점을 혼합해 딥러닝을 모든 사람이 사용할 수 있도록 하는 것이다.

케라스의 효과

이미 언급했듯이 텐서플로는 케라스 API를 텐서플로 프로젝트로 가져왔다. 이렇게 함으로써 다음 기능이 가능해졌다.

1. 케라스 호환 모듈인 tf.keras는 텐서플로에 기본 설정으로 내장된 케라스 사양의 구현으로 텐서플로에 도입됐다.
2. 케라스는 레이어와 같은 코어 텐서플로의 신규 데이터 구조를 도입하고 있다.
3. 레이어의 그래프에 대한 컨테이너인 모델은 케라스 데이터 구조이며, 현재 코어 텐서플로와 tf.keras 모듈 간 공유될 것이다.
4. 마지막으로 실험 API와 같은 모든 텐서플로 고급 기능과 완벽하게 호환이 가능하다.

여러분이 케라스 또는 텐서플로 사용자라면, 이러한 움직임에 어떠한 영향을 받게 될까?

케라스를 텐서플로의 코어에 통합함으로써 케라스 사용자는 다음과 같은 이점을 얻게 된다.

- 텐서플로와 케라스의 본래의 기능을 쉽게 혼합하고 매칭할 수 있다.
- 다음과 같은 고급 및 강력한 특징에 접근할 수 있다.
  - 분산 학습
  - 클라우드 ML
  - 하이퍼파라미터 튜닝
  - 텐서플로 모델을 배포하기 위한 TF-서빙

물론 여러분이 텐서플로 사용자로서 얻을 수 있는 장점은 다음과 같다.

1. 케라스 API의 전체 범위에 액세스할 수 있으므로 기존의 텐서플로 워크플로를 벗어나지 않고도 손쉽게 개발할 수 있다.
2. 케라스 API를 그대로 사용할 수 있다. 케라스의 모든 것에 익숙해지거나 사용할 필요는 없기 때문에 단지 필요한 층을 채택하면 된다.

3. 텐서플로는 현존하는 모든 케라스 오픈 소스 코드에 대한 접근권을 제공한다. 따라서 케라스 일부 코드를 실행할 수 있고, 이를 여러분의 코드 기본에 넣을 수 있다. 더욱이 임포트를 변경함으로써 즉시 효과를 얻게 된다.

보다 명확하게 텐서플로로 케라스를 사용할 때 작업 흐름이 어떨지를 예제를 통해 설명한다.

비디오 질문 응답 시스템

다음 예제는 비디오 질문 응답 모델을 구축하는 데 초점을 맞춰 케라스를 사용하고 해당 모델을 정의한다.

이 문제를 해결하기 위해 분산 설정에서 고수준의 텐서플로 학습을 사용한다.

그림 6 비디오 질의 응답

초당 4프레임이고 비디오당 대략 10초이므로 비디오당 총 40프레임을 갖고 있다고 가정해보자. 그리고 [그림 6]에서와 같은 비디오 내용에 대해 질문한다고 하자.

따라서 입력값으로 비디오를 취하는 딥러닝 모델을 구현할 것이다.

- **비디오**: 일련의 프레임으로 표현되므로 40여 개의 프레임이 된다.
- **질문**: 비디오 내용에 대한 질문을 하기 위한 일련의 단어

모델은 이러한 질문에 대한 답을 출력해야 한다.

이는 매우 흥미롭고 도전해볼 만한 문제다. 왜냐하면 1개의 프레임만 가져와 CNN을 학습시키려고 하면, 이 프레임의 시각적 정보만 모델링하므로 전체 비디오를 대표하지 않을 수 있기 때문이다.

전체 비디오 프레임 또는 샘플을 사용해 이러한 프레임을 모델링하고 프레임인 다양한 정보 소스를 결합해 상황 정보를 이해할 수 있다. 따라서 질문에 정확하게 응답하기 위해 딥러닝 학습 모델을 활용할 수 있다.

몇 년 전만 해도 이러한 종류의 문제는 매우 어려워 많은 연구원들이 시도할 생각도 하지 못했다. 하지만 플랫폼으로 텐서플로와 API로 케라스를 이용하면, 이 문제는 기초 파이썬 스크립트 능력만으로도 누구나 해결할 수 있다.

다음은 우리가 보다 상세하게 설명할 모델이다.

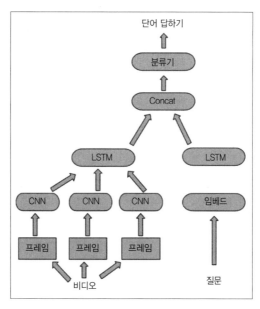

그림 7 일반 비디오 질문 응답 구조

상위 수준에서는 제안된 구조 내의 두 가지 주요 구분점^{branches}을 갖고 있다. 첫 번째 구분점은 비디오 프레임을 1개의 벡터로 인코딩하는 것이고, 두 번째 구분점은 일련의 단어로 구성된 질문을 인코딩해 1개의 벡터로 만드는 것이다. 따라서 전체 비디오에 대한 정보를 인코딩한 1개의 벡터를 갖고 있고, 전체 질문에 대한 정보를 인코딩한 또 다른 벡터를 갖고 있어야 한다. 이러한 2개의 벡터를 연결해 전체 문제에 대한 정보를 인코딩한 1개의 벡터를 제공한다.

딥러닝 구조에서 가장 흥미로운 점은 비디오를 입력받는다는 점이며, 질문에서 표현한 시맨틱한 의미를 입력값으로 받는다는 점이다. 다음으로 이러한 비디오와 시맨틱한 의미를 벡터로 변환해 공간상에서 표현하며, 딥러닝이 이러한 공간상의 흥미로운 변환을 학습한다. 다음으로 이 벡터를 사용해 비디오와 질문 모두에 대한 인코딩을 연결하고 사전 정의된 어휘에 대해 소프트맥스로 끝나는 완전히 연결된 네트워크에 전달한다. 다음으로 질문에 대한 답이 되는 어휘에서 가장 높은 확률을 갖는 단어를 선택한다.

다음은 제안된 인프라에 대한 보다 상세한 설명이다.

비디오 분류를 위해 RGB 이미지로 구성된 일련의 프레임을 만든다. 다음으로 각 프레임을 CNN에 전달해 이를 1개의 벡터로 변환한다. 이미 학습된 네트워크를 CNN의 기저로 사용한다. 따라서 모든 비디오 프레임을 일련의 CNN에 적용해 비디오를 일련의 벡터로 인코드하고 일련의 벡터를 취해 LSTM에서 실행해 비디오를 대표하는 1개의 벡터를 출력한다(LSTM은 순환 유형의 네트워크이며, 순서를 고려하는 모델이다).

매우 유사한 과정을 따르는 질문에 대해 해당 질문을 일련의 정수로 표현한 후, 각 정수가 단어를 나타내도록 하고 삽입 과정을 통해 각 단어를 단어 벡터에 매핑한다. 이러한 순서로 된 단어에서 1개의 벡터를 얻는다. 마지막으로 1개 벡터로 전체 질문을 인코딩할 서로 다른 LSTM에서 실행한다.

그럼 케라스로 이전 구조 내용을 살펴보자.

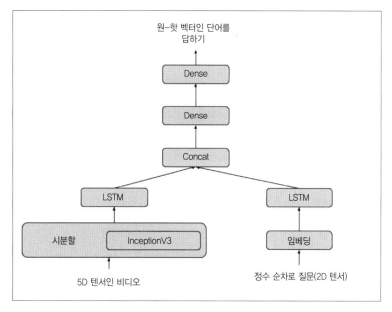

그림 8 케라스 비디오 질문 응답 구조

케라스 구조는 이전 버전과 매우 유사하다. 따라서 비디오 인코더를 위해 5D 텐서로 비디오를 표시함으로써 초기에는 첫 번째 차원/축이 배치의 축이 될 것이다. 다음으로 시간축을 가지며 마지막으로 해당 프레임을 인코딩하는 3D 텐서를 갖게 된다.

프레임별로 하나의 벡터를 추출하기 위해 5D의 텐서의 모든 프레임에 대해 ImageNet에서 미리 학습된 InceptionV3 네트워크를 적용한다. 이를 통해 공급될 일련의 특징 벡터를 얻어 LSTM층이 비디오에 대해 1개의 벡터를 생산하도록 한다.

질문 기능으로 간단히 삽입 층을 이용해 질문을 매핑하고 1개의 벡터를 생성하는 LSTM을 통해 이를 실행한다.

상단의 concat 연산을 사용해 두 벡터를 합친 후, 조밀한 층으로 만들고 마지막으로 소프트맥스를 사전에 정의한 어휘를 대상으로 적용한다. 또한 1개의 벡터로 인코드한 목표 단어로 학습시킨다.

어떤 모습으로 구현됐는지 살펴보자.

```
video = tf.keras.layers.Input(shape=(None, 150, 150, 3))
cnn = tk.keras.applications.InceptionV3(weights='imagenet',
                                        include_top=False,
                                        pool='avg')
cnn.trainable = False
encodedframes = tk.keras.TimeDistributed(cnn)(video)
encoded_vid = tf.layers.LSTM(256)(encoded_frames)
```

앞의 코드 스니펫은 단지 5행의 코드로 비디오 인코딩을 표현한다.

첫 행에서는 비디오 입력의 구조를 설정한다. 비디오 입력 구조는 shape 인수를 가진 5D 텐서이며, 실제로 배치 크기를 명시적으로 언급하지는 않는다. none으로 설정된 첫 번째 축은 시간축이며, 서로 다른 수의 프레임으로 비디오를 인코딩할 수 있도록 변수를 설정하기 원하므로 none으로 하였다. 다음으로 shape 인수는 150×150 RGB 이미지다.

두 번째 행에서는 사전 학습된 가중치(ImageNet 없이 학습시킴)를 자동으로 로드하는 Inception V3 네트워크를 인스턴스화하고, 해당 네트워크를 기능 추출 층으로 작동하도록 구성한다. 우리는 컨볼루션 기저만을 원하기 때문에 Inception V3 네트워크의 분류기 부분을 포함하지는 않을 것이다. 마지막으로 병목 층위에 평균 풀링을 적용한다. 이 행의 출력은 이미지/프레임당 하나의 벡터가 될 것이다.

아마도 누군가는 "우리가 왜 사전에 학습한 InceptionV3 모델을 사용하는가?"라고 질문할 것이다. 이러한 질문에 대한 답은 우리가 적은 양의 데이터 집합을 다루고 있어, 흥미로운 시각적 기능을 학습시키기 적합하지 않기 때문이다.

이 네트워크를 실제로 잘 작동시키기 위해서는 사전에 학습시킨 가중치를 잘 활용해야 한다.

세 번째 행에서, CNN을 학습 불가능한 것으로 설정했다. 이것은 미리 학습된 모델이기 때문에 학습 중에 가중치를 업데이트하지 않을 것임을 의미한다. 만약 가중치를 업데이트하면, 이 모델이 ImageNet에서 이미 배운 표현을 파괴할 것이다.

네 번째 행에서는 본질적으로 CNN을 취해 비디오의 시간 축의 모든 단계에 적용하기 위해 시간 분산층을 사용한다. 이것은 프레임에서 추출한 일련의 시각 벡터를 나타내는 3D 텐서다.

마지막으로 다섯 번째 행에서 LSTM층을 통해 이러한 순차 텐서를 실행하면 전체 비디오를 단일 벡터로 인코딩할 수 있다.

케라스 LSTM층을 인스턴스화하는 동안, 여러분은 단지 LSTM층에서 단위의 수인 파라미터를 지정하기만 하면 된다. 따라서 LSTMs의 복잡한 세부 사항까지 실행할 필요가 없다. 그리고 케라스 원리 중 하나는 모범 사례가 포함돼 있어 모든 케라스층이 모든 모범 사례를 고려한 최적화된 기본 구성을 갖는다는 점이다. 따라서 여러분은 케라스 기본값에 의존해도 좋은 결과를 얻을 수 있다.

이 경우, 우리는 다음 코드 세 줄로 해당 질문을 인코딩할 것이다.

```
question = tk.keras.layers.Input(shape=(100),dtype='int32')
x = tf.keras.layers.Embedding(10000,256,mask_zero=true)(question)
encoded_q = tf.keras.layers.LSTM(128)(x)
```

첫 번째 행에서, 우리는 질문을 위한 입력 텐서를 지정한다. 따라서 모든 질문은 일련의 100개 정수가 되고, 결과는 최대 100개 단어로 된 질문으로 제한된다.

두 번째 행에서, 삽입층을 통해 단어 벡터에 모든 정수를 삽입했다. 질문이 100개의 단어가 아닌 경우, 삽입층의 나머지를 0으로 채워 100에 도달하도록 했다.

세 번째 행에서, 우리는 LSTM층에 이를 전파해 단어 벡터 집합을 1개의 벡터로 인코드한다. 마지막으로 이것은 응답 단어로 마치는 방법이다.

```
x = tk.keras.layers.concat([encoded_vid, encoded_q])
x = tf.keras.layers.Dense(128, activation=tf.nn.relu)(x)
outputs = tf.keras.layers.Dense(1000)(x)
```

첫 번째 라인에 대해 여러분은 비디오 벡터와 질문 벡터를 취해 이를 concat 연산으로 연결하고 최종적으로 한 쌍의 조밀한 층을 적용한다. 또한 1,000개의 단위로 끝날 것이다. 따라서 1,000개의 단어로 구성된 어휘를 갖게 된다.

또한 학습 구성을 지정하는 단계는 다음과 같다.

```
model = tk.keras.models.Model(, ouputs)
model.compile(optimizer=tf.AdamOptimizer(),
              loss=tf.softmax_crossentropy_with_logits)
```

따라서 여러분은 층 그래프에 대한 컨테이너인 모델을 초기화하고 모델의 입력이 무엇인지, 출력이 무엇인지를 지정함으로써 인스턴스화를 실행한 것이다. 더욱이 여러분은 훈련 기간 동안 모델에 AdamOptimizer를 사용하고, logit으로 손실 소프트맥스 크로스 엔트로피loss softmax cross entropy를 사용해야 한다는 것을 설정한 것이다.

1,000개 단위로 분류된 레이어를 지정할 때 활성화를 지정하지 않았으므로 사실 순전히 선형 레이어임을 알 수 있다. 소프트맥스 활성화는 해당 손실 함수에 포함될 것이다.

요약하면 약 15행으로 구성된 전체 코드다. 이 코드는 매우 짧으므로 기본적으로 단 몇 줄의 코드로 사전 학습한 가중치를 로드하는 것을 포함해 매우 복잡한 구조로 만든다.

```
video = tf.keras.layers.Input(shape=(None, 150, 150, 3))
cnn = tk.keras.applications.InceptionV3(weights='imagenet',
                                        include_top=False,
                                        pool='avg')
```

```
cnn.trainable = False
encodedframes = tk.keras.TimeDistributed(cnn)(video)
encoded_vid = tf.layers.LSTM(256)(encoded_frames)

question = tk.keras.layers.Input(shape=(100),dtype='int32')
x = tf.keras.layers.Embedding(10000,256,mask_zero=true)(question)
encoded_q = tf.keras.layers.LSTM(128)(x)

x = tk.keras.layers.concat([encoded_vid, encoded_q])
x = tf.keras.layers.Dense(128, activation=tf.nn.relu)(x)
outputs = tf.keras.layers.Dense(1000)(x)

model = tk.keras.models.Model(, ouputs)
model.compile(optimizer=tf.AdamOptimizer(),
              loss=tf.softmax_crossentropy_with_logits)
```

이미 언급했듯이 케라스의 구현은 텐서플로의 초기 단계부터 적용됐기 때문에 1개의 행에서 여러분이 텐서플로 실험을 인스턴스화할 수 있도록 추정기와 실험 같은 것들과 완벽하게 호환된다. 여러분은 텐서플로 실험을 인스턴스화할 수 있으며, 이것은 Could ML 및기타 상황에서 학습을 위한 분산 학습에 대한 접근을 제공한다.

따라서 여러분은 pandas 데이터 프레임에서 질문 및 답변 데이터, 비디오 데이터를 읽는질문 응답 모델로 했던 것과 같이 실행을 시작할 수 있다. 또한 여러분은 단지 몇 개의 행으로 GPU의 클러스터에서 실행을 시작할 수 있다.

```
train_panda_dataframe = pandas.read_hdf(...)

train_inputs = tf.inputs.pandas_input_fn(
    train_panda_dataframe,
    batch_size=32,
    shuffle=True,
    target_column='answer')

eval_inputs=tf.inputs.pandas_input_fn(...)
exp = tf.training.Experiment(
```

```
        model,
        train_input_fn=train_inputs,
        eval_input_fn=eval_inputs)

exp.run(...)
```

실행 불가능한 코드!

우리가 언급한 이전의 모든 것은 순간적으로 실행할 수 있는 것이 아니지만, 해당 모듈 (tf.keras)은 즉시 사용할 수 있다. 또한 여러분은 단지 15행의 코드로 비디어 분석을 할 수 있다.

여러분은 케라스의 2017 1/4분기에 발표된 로드맵(https://github.com/fchollet/keras/issues/5299)을 참조해 tf.keras 및 tf.contrib의 가용성을 확인해볼 수 있다.

▌ 안드로이드에서 딥러닝

여러분은 왜 안드로이드에서 딥러닝을 알아야 하는지에 대한 의문을 가질 수도 있다. 안드로이드 딥러닝은 빅데이터 센터 내에 있는 거대한 GPU 머신 클러스터에서 실행할 수 있는 딥러닝과 텐서플로가 아니지 않는가? 분명히 그렇다. 하지만 모바일 기기상에서 인터랙티브하게 실행할 수 있도록 함으로써 예전에 실현할 수 없었던 기능을 사용자가 경험할 수 있도록 했다는 점은 상당히 멋진 일이 아닌가?

모바일 응용 프로그램은 매일 사용하기 때문에 많은 잠재력을 갖고 있다. 여러분은 실시간 번역부터 단어 입력 시 자동 완성 기능, 포토 스캔으로 오래된 사진을 스캔하는 작업, 실시간 스냅챗Snapchat에서 실시간으로 할 수 있는 나머지 모든 기능까지 딥러닝이 들어간 수많은 앱을 제공할 수 있다. 또한 질병 진단 등을 실행할 수 있는 모바일 응용 프로그램도 개발할 수 있다.

텐서플로가 모든 디바이스를 지원하지는 않지만, 현 시점에서 안드로이드, iOS, 라즈베리 파이 등을 지원한다. 이러한 기기 중에서 안드로이드를 다룬다. 하지만 텐서플로가 개선됨에 따라 지원할 수 있는 디바이스는 점점 증가할 것이라 기대해도 좋다.

텐서플로 데모 예제

텐서플로에 포함된 안드로이드 예제는 여러분이 실제로 텐서플로를 사용할 수 있는 몇 가지 다양한 것에 대해 생각할 수 있도록 설계됐다. 따라서 앱을 개선하기 위해 보다 많은 아이디어를 도출하기 원한다면, 이러한 예제는 시작하기 좋은 분야다.

텐서플로가 제공하는 데모는 모바일 앱에서 텐서플로를 사용하는 간단한 샘플을 제공하기 위한 목적으로 설계됐다. 다음은 안드로이드 장치에서 직접 사용할 수 있는 샘플이다.

- TF Classify: 이것은 분류 예제다. 이 작업은 라이브로 카메라를 촬영하고 InceptionV3 네트워크를 사용해 이미지에 레이블을 지정하려고 시도하는 것이다. 이 샘플은 ImageNet(http://www.image-net.org/)에 공지된 개체에서 잘 작동한다. 이에 대한 한 가지 중요한 사실은 실제로 관심 있는 이미지에서 Inception V3을 사용해 자신의 모델을 학습시키는 데 실제로 사용할 수 있다는 것이다. 다음으로 모델을 가져온 후 샘플에 직접 적용해 자신만의 이미지 인식 앱을 코딩하는 것이 거의 필요하지 않다. 만약, 여러분이 사람을 가리키면 ImageNet 클래스 집합에 사람 레이블이 없어 혼란스러운 결과를 얻게 된다. 따라서 종종 안전벨트와 같이 사람이 함께 있는 것을 보여줄 것이다. 하지만 사람을 인식하고 싶다면 다음 샘플을 사용할 필요가 있다.

그림 9 안드로이드에서 TF Classify를 실행한 결과(출처: https://github.com/tensorflow/tensorflow/blob/
master/tensorflow/examples/android/sample_images/classify1.jpg)

- **TF Detect**: TF 감지가 실행하는 것은 경계 상자를 카메라 뷰에 감지된 사람들 주
  위로 가져오는 것이다. 트래킹은 빠른 프레임 속도를 제공하고 객체 프레임–대–
  프레임을 식별하는 데 사용된다.

그림 10 안드로이드상에서 TF Detect를 실행해 얻어낸 샘플 결과(출처: https://github.com/tensorflow/
tensorflow/blob/master/tensorflow/examples/android/sample_images/detect1.jpg)

366

- TF Stylize: Magenta 그룹은 디자인과 스타일 이전에 관한 것이다. 여러분은 실제로 양식화한 예제를 사용해 전화기에서 라이브로 실행할 수 있으며, 슬라이더를 사용해 다른 스타일을 혼합할 수 있다. Magenta 모델 집합의 일부분이기 때문에 여러분이 모델을 직접 잡아 https://github.com/tensorflow/magenta/tree/master/magenta/models/에서 원하는 모든 스타일을 학습시킬 수 있다.

그림 11 안드로이드에서 TF stylize를 실행한 샘플 결과(source: https://github.com/tensorflow/tensorflow/raw/master/tensorflow/examples/android/sample_images/stylize1.jpg)

안드로이드 시작하기

우리는 안드로이드 부분만을 다룰 예정이라고 언급했다. 따라서 안드로이드 샘플을 실행하기 위해 따라야 할 일반적인 절차를 먼저 설명하고 구체적인 예를 살펴본다.

구조 요구 사항

텐서플로에서 공지한 대로 API 〉=14개 기기에서 운영할 수 있는 자체 라이브러리가 있음에도 불구하고 데모를 실행하려면 camera2 API를 사용해야 하므로 텐서플로 Android 5.0(API 21) 이상이 필요하다.

사전 빌드한 APK

곧바로 데모를 실행하고 싶은 경우라면, 직접 가장 최근에 개발한 버전 https://ci.tensorflow.org/view/Nightly/job/nightly-android/을 다운로드해 사용할 수 있다. Last Successful Artifacts로 이동한 후 tensorflow_demo.apk 파일을 찾기 위해 out 폴더로 이동한다. 또한 여러분은 응용 프로그램에서 사전 컴파일한 기존 라이브러리를 사용할 수 있다.

보다 자세한 내용은 다음 URL을 참조한다.

https://github.com/tensorflow/tensorflow/blob/master/tensorflow/contrib/android/README.md

데모 실행

다운로드한 앱을 설치한 후에는 해당 아이콘으로 시작할 수 있다(TF classify, TF detect 또는 TF stylize)

해당 활동을 실행하는 동안, 개발 목적에 유용한 화면에 추가 정보를 렌더링하는 것을 해제하기 위해 디버그 시각화를 on과 off로 토글할 수 있는 해당 기기의 볼륨 키를 누를 수 있다.

안드로이디 스튜디오로 구현하기

안드로이드 개발자라면, 아마도 안드로이드 스튜디오를 사용하고 있을 것이다. 텐서플로는 안드로이드 스튜디오를 직접 사용해 몇 가지 간단한 단계를 구축할 수 있다.

안드로이드 텐서플로의 모든 샘플은 해당 후드하에서 안드로이드를 구축하기 위해 텐서플로가 사용하는 기본 빌드 시스템인 Bazel에 의존한다.

안드로이드 스튜디오에서 안드로이드 샘플을 작동시키려면 다음을 실행해야 한다.

1. 빌드 스크립트 후 텐서플로에 Bazel의 위치를 알려줘야 한다. 이 빌드 스크립트의 이름은 build.gradle이고, tensorflow/examples/android/build.gradle에서 찾아볼 수 있다.
2. 다음으로 안드로이드 스튜디오에서 새로운 프로젝트로 샘플 폴더를 추가한 후, 이것을 빌드한다.

앞의 두 단계를 실행하면 안드로이드 스튜디오에서 .apk 파일을 얻게 될 것이다. 이 파일을 모든 안드로이드 장치에서 즉시 사용할 수 있다.

좀 더 시도해본다 – Bazel로 구축하기

.apk 파일을 갖는 것부터 시작해 장치에서 실행할 때까지 구체적인 예제를 실행해야 하는 시점이다. 이를 위해 Bazel 접근 방식을 따라 한다.

첫째, 여러분은 다음과 같은 명령을 실행해 텐서플로 저장소를 복제한다.

```
git clone --recurse-submodules
https://github.com/tensorflow/tensorflow.git
```

 컴파일하는 동안 몇 가지 문제를 방지하기 위해 recurse 서브 모듈이 필요하다.

그런 다음, 자신의 프로그램을 구축하기 위해 텐서플로가 사용하는 기본 빌드 시스템인 Bazel(https://bazel.build/)과 안드로이드 필수 구성 요소를 설치해야 한다.

1. URL: https://bazel.build/versions/master/docs/install.html에서 언급한 지침에 따라 Bazel의 최신 버전을 설치한다.

2. C++ 부분을 구축하기 위해 Android NDK가 필요하다. 권장 버전은 12b이며, 다음 URL에서 다운로드할 수 있다.
   https://developer.android.com/ndk/downloads/older_releases.html#ndk-12b-downloads

3. 또한 웹 사이트(https://developer.android.com/studio/release/build-tools.html)에서 얻을 수 있는 Android SDK와 빌드 도구를 설치할 필요가 있다. 안드로이드 스튜디오(https://developer.android.com/studio/index.html)의 일부로 이것을 사용할 수 있다. 비록 API〉=21 장치에서 실행되더라도 TF Android 데모를 구축하려면 빌드툴 API〉=23이 필요하다.

앞에서 언급한 바와 같이 작업 공간 파일을 편집해 SDK와 NDK에 대한 정보를 제공해야 한다(텐서플로의 루프 폴더에서 작업 공간을 찾아낼 수 있다). 또한 다음 행의 주석을 해제하고 해당 경로를 업데이트해야 한다.

```
## Android 데모를 구축하기 위해 다음 엔트리 내의 주석을 해제하고 해당 경로를 업데이트한다.
#android_sdk_repository(
# name = "androidsdk",
# api_level = 23,
## 주기적으로 업데이트할 때마다 SDK 관리자 내에 설치된 build_tools 버전이 있는지 확인한다.
# build_tools_version = "25.0.2",
# # 시스템상의 Android SDK 경로로 대체한다.
# path = "<PATH_TO_SDK>",
#)
#
## Android NDK r12b를 추천한다( 상위 버전은 Bazel과 여러 문제를 발생시켰다. )
```

```
#android_ndk_repository(
# name="androidndk",
# path="<PATH_TO_NDK>",
## 텐서플로를 컴파일하기 위해 14 이상의 버전이 필요하다.
## NDK 버전은 API 수준이 아니라는 것을 알아두자.
# api_level=14)
```

이와 같은 작업 공간에서 이전 행의 주석 처리를 제거하지 않은 경우, "The external label //external: android/sdk is not bound to anything"라는 오류가 발생할 것이다.

또한 작업 영역 파일 내에 SDK용 API 수준을 여러분의 SDK에 설치된 가장 높은 수준으로 편집해야 한다.

앞서 언급한 바와 같이 23보다 커야 하고, NDK API 수준이 14에 남아 있을 수 있어야 한다.

다음으로 작업 공간 루트에서 다음 명령을 실행해 APK를 구현해야 한다.

```
bazel build -c opt //tensorflow/examples/android:tensorflow_demo
```

텐서플로에서 언급한 바와 같이 프로토콜 버퍼에 대한 오류가 발생하면, git submodule update --init를 실행하고 작업 공간 파일을 instructed로 수정했는지 확인한 후에 다시 구축을 시도한다.

마지막으로 여러분은 .apk 파일을 설치할 수 있지만, 먼저 adb 디버깅이 Android 5.0(API 21) 이상의 장치에서 활성화돼 있는지 확인한다. .apk 파일을 설치하기 위해 작업 공간 루트에서 다음 명령을 실행한다.

```
adb install -r bazel-bin/tensorflow/examples/android/tensorflow_demo.apk
```

이제 플랫폼으로 텐서플로 사용해 안드로이드 모바일 장치에서 실행되는 딥러닝 알고리즘을 즐길 수 있다.

▌ 요약

9장에서 이미지와 비디오 분석 및 텐서플로와 케라스 간의 통합 방법을 학습했다. 이 밖에 안드로이드 기반의 모바일 장치에서 사용할 수 있는 플랫폼으로 텐서플로가 지원하는 딥러닝에 대해 학습했다.

10장에서는 강화학습을 소개한다. 강화학습에 대한 기본 원리 및 알고리즘을 살펴본다. 또한 강화학습 알고리즘을 비교하고 개발하기 위한 강력한 툴킷인 OpenAI Gym framework를 사용해 일부 응용 프로그램의 예를 살펴본다.

10

강화학습

강화학습은 다음과 같은 심리 이론에 기초한다.

> 응답 직후에 보상을 하면 재발생 확률이 증가하는 반면, 응답 직후에 처벌하면 재발
> 생 확률이 감소한다(Thorndike, 1911).

올바른 행동에 대해 보상을 주면 해당 행동을 반복할 가능성이 높아진다. 반면, 나쁜 행동에 대해 처벌을 가하면 해당 행동을 반복할 가능성은 낮아진다. 따라서 강화학습에서는 설정 목표에 부합하는 행동을 반복할 가능성을 높이기 위해 올바른 행동에 대한 보상을 최대화한다.

강화학습은 지도학습이 비효율적인 상황에서 자주 사용한다.

강화학습에 대한 간단한 예를 들면 다음과 같다.

- 광고는 새로운 상품에 대해 원샷 학습[one-shot learning][1]을 적용함으로써 고객이 고려 중인 여러 대안 중에 상위에 위치하도록 하는 역할을 한다. 또한 신규 고객이 보다 많은 돈을 지불하도록 한다.
- 사전 지식을 보유한 상태에서 로봇에게 새로운 과제를 가르친다.
- 체스 초반에 우세를 확보하기 위한 수를 두기[chess gambit]부터 주식 거래 전략에 이르기까지 복잡한 층 구조를 만들어낸다.
- 선적 차량 관리와 같은 라우팅 문제(예를 들어, 트럭/트럭 운전자에게 어느 화물을 할당할 것인지)를 해결한다.

지금 현재 우리가 목표로 하는 방법은 해당 작업에 대한 표현 이외에는 아무것도 필요 없는 알고리즘을 만드는 것이다. 이러한 유형의 목표를 달성할 수 있다면 거의 모든 분야에 적용해볼 수 있다. 10장에서는 강화학습의 기본 개념을 설명하고, 가장 보편적인 강화학습 알고리즘 중 하나인 Q-러닝 알고리즘에 대해 소개한다.

10장의 구성은 다음과 같다.

- 강화학습의 기본 개념
- Q-러닝 알고리즘
- OpenAI Gym 프레임워크 소개
- FrozenLake-v0 구현하기
- 텐서플로를 사용한 Q-러닝

---

1 일반적으로 이미지 분류를 위한 머신 러닝에서 수십 만 개의 데이터를 학습시켜 개발하는 것과는 달리 1개 또는 극소수의 데이터를 학습시켜 모델링을 완성하는 방법을 말한다.

강화학습의 기본 개념

강화학습은 수행한 작업에 대해 보상[reward]이라는 개념을 도입해 각 작업이 처한 환경 변화에 대한 학습과 적응이 가능한 시스템 개발을 목표로 한다.

이러한 방식으로 정보를 처리하는 소프트웨어 시스템을 지능형 에이전트[intelligent agent]라고 한다.

이 에이전트는 다음을 근거로 수행 대상 작업을 선정한다.

- 시스템의 상태
- 사용된 학습 알고리즘

시스템 상태를 변경하고 장기 보상을 최대화하기 위해 에이전트는 환경을 지속적으로 모니터링해 수행 대상 작업을 선택한다.

따라서 큰 보상을 얻고 강화학습 과정을 최적화하기 위해 에이전트는 기존에 좋은 보상을 얻었던 행동을 선호해야 한다.

좋은 보상을 주는 행동은 찾아낼 수 있지만, 항상 처음으로 선택할 수 있는 행동은 아니다. 따라서 에이전트는 이미 알고 있는 것을 최대한 활용해 보상을 극대화하고 장기적으로 최상의 조치를 찾아 선택해야 한다.

이를 위해 에이전트는 다양한 행동을 시도하고 점차 최선의 것으로 보이는 것을 선택해야 한다. 이 과정은 확률적으로 진행되며, 최대 보상을 얻기 위해 여러 번 시도해야 한다.

강화학습 시스템의 네 가지 기본 요소는 다음과 같다.

첫 번째 요소는 **정책**[policy]이다. 정책은 정해진 시간에 에이전트가 작동하는 방식을 정의한다. 즉, 정책은 어떠한 환경 상태에서 에이전트가 실행하는 동작을 매핑한 것이다. 이 정책은 에이전트가 취해야 하는 동작을 결정하므로 강화학습 에이전트의 핵심이다.

두 번째 요소는 강화학습의 목표에 해당하는 **보상**reward 함수다. 각 상태는 해당 상태에 있고자 하는 욕구에 해당하는 보상과 매핑해볼 수 있다. 앞서 언급했듯이 강화학습 에이전트의 목표는 장기적으로 얻는 보상의 총합을 최대화하는 것이다.

세 번째 요소는 **가치**value 함수다. 이 함수는 장기적으로 볼 때 바람직한 정도를 구체화한다. 즉, 어떠한 상태의 가치는 해당 상태에서 시작해 에이전트가 축적할 수 있을 것으로 예상되는 총 보상 금액이다. 보상은 해당 상태의 바람직한 정도를 결정하는 반면, 가치는 어떤 상태에 대해 가능한 보상과 따르게 될 상태를 고려해 계산한다. 가치 함수는 선택한 정책과 관련해 설정된다.

학습 단계에서 에이전트는 최대 가치를 갖는 상태를 결정하는 행동action을 시도한다. 이렇게 하는 근거는 장기적으로 최상의 보상을 얻을 수 있기 때문이다. 보상은 해당 환경에서 직접 유도할 수 있지만, 가치는 지속적으로 추정해야 하며 수명 기간 전반에 걸쳐 에이전트를 관찰해야 한다.

사실, 강화학습 알고리즘의 가장 중요한 구성 요소는 가치를 효율적으로 추정하는 방법이다.

마침내 마지막 주요 서브요소인 환경(모델)을 갖게 됐다. 이것은 특정 환경의 행동을 자극하는 에이전트 내부 표현이다. 예를 들어, 1개의 상태와 행동이 주어지면, 모델은 다음 결과 상태와 다음 보상이 무엇이 될지 예측한다.

다음 그림은 강화학습 사이클을 요약한 결과다.

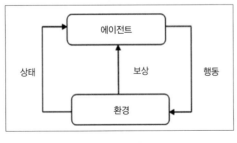

강화학습 사이클

에이전트는 환경 상태를 감지한 정보를 수신한다. 에이전트는 환경 상태 감지 정보와 선택한 정책에 근거해 해당 환경에서 활동을 수행한다. 수행 결과로는 보상 신호가 발생한다. 보상은 큰 특징 벡터일 수도 있는 환경environment 상태 감지 정보나 많은 구성 요소를 포함하는 행동action과 달리, 하나의 실제 값을 갖는 스칼라 유형의 숫자다.

또한 행동action은 환경environment을 변경시키고, 해당 에이전트가 새로운 행동action을 수행할 수 있도록 하는 새로운 상태state를 만들어낸다.

학습 목표는 보상의 최대화다. 즉각적인 보상을 최대화하는 것이 아니라 시간이 지남에 따라 누적된 보상을 최대화하는 것이다.

❚ Q-러닝 알고리즘

학습 과정에서 강화학습 문제를 해결하는 것은 평가 함수를 추정하는 것이다. 이 함수는 보상, 편의 또는 정책의 합을 통해 평가할 수 있어야 한다. Q-러닝의 기본 개념은 알고리즘이 상태state와 행동action의 전체 공간(SxA)에서 최적 계산 함수를 학습한다는 점이다.

이른바 Q 함수는 $Q: S \times A => V$ 형태를 제공한다. 여기서 V는 상태 s∈S에서 실행한 행동인 a∈A의 미래 보상값이다.

일단 최적 함수 Q를 학습했다면 에이전트는 당연히 상태 s에서 어떤 행동이 가장 높은 보상으로 이어질 것인지를 인지할 수 있다.

Q-러닝 알고리즘을 구현하는 데 가장 많이 사용되는 예제 중 하나는 테이블을 사용하는 것이다. 표의 각 셀은 값 $Q(s; a)=V$이고, 0으로 초기화된다.

에이전트는 모든 작업 a∈A를 수행할 수 있다. 여기서 A는 에이전트가 알고 있는 행동의 총 집합이다. 알고리즘의 기본 아이디어는 테이블 요소 Q(s ; a)를 업데이트하는 학습 규칙이다. 이 알고리즘은 다음 기본 단계를 따른다.

```
Initialize Q (s; a) arbitrarily
Repeat (for each episode)
Initialize s
Repeat (for each step of episode):
     Choose an action a I A from s I S using policy
          derived from Q
     Take an action a, observe r, s'
     Q(s; a) - Q(s; a) + a .( r + g . max Q(s'; a) - Q(s; a) )
     s' : s - s'
Until s is terminal
```

Q 값 업데이트 프로세스에서 사용되는 파라미터는 다음과 같다.

- a는 0과 1 사이의 값을 갖는 학습 비율learning rate이다. 이 값을 0으로 설정하면 Q 값이 업데이트되지 않으므로 아무것도 학습되지 않는다. 0.9와 같은 높은 값을 설정하면 학습이 신속하게 이뤄진다.

- g는 0과 1 사이의 값을 갖는 디스카운트 요인factor이다. 이 값은 시간이 지난 후 제공하는 지연 보상이 즉시 보상보다 가치가 없다는 사실을 모델링하는 데 사용한다. 수학적으로 알고리즘이 수렴하려면 디스카운트 요인을 1보다 작게 설정해야 한다.

- max Q(s'; a)는 현 상태에서 얻을 수 있는 최대 보상으로, 최적의 행동을 취함으로써 얻게 되는 보상이다.

이해를 돕기 위해 알고리즘을 표현하면 다음 그림과 같다.

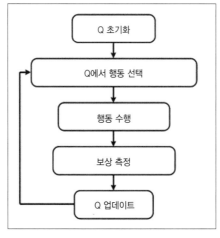

Q - 러닝 알고리즘

▌OpenAI Gym 프레임워크 소개

Q-러닝 알고리즘을 구현하기 위해 우리는 강화학습 알고리즘을 개발하고 비교분석하는 텐서플로 호환 툴킷인 OpenAI Gym 프레임워크를 사용할 것이다.

OpenAI Gym은 다음과 같이 두 가지 주요 부분으로 구분할 수 있다.

- **Gym 오픈 소스 라이브러리**: 강화학습 알고리즘을 테스트하는 데 사용할 수 있는 문제 및 환경 모음이다. 이러한 모든 환경에는 공유 인터페이스가 있어 RL 알고리즘을 작성할 수 있다.
- **OpenAI Gym 서비스**: 사람들이 학습한 에이전트의 성능을 비교할 수 있게 하는 사이트 및 API

자세한 내용은 https://gym.openai.com을 참조한다.

강화학습을 시작하려면 Python 2.7 또는 Python 3.5가 있어야 한다. 다음과 같이 pip 인
스톨러를 사용해 gym을 설치한다.

```
sudo pip install gym.
```

일단 설치되면 다음과 같이 패키지 gym 환경을 임포트할 수 있다.

```
>>>from gym import envs
>>>print(envs.registry.all())
```

출력 목록은 매우 길다. 다음은 일부분을 발췌한 내용이다.

```
[EnvSpec(PredictActionsCartpole-v0),
EnvSpec(AsteroidsramDeterministic-v0),
EnvSpec(Asteroids-ramDeterministic-v3),
EnvSpec(Gopher-ramDeterministic-v3),
EnvSpec(Gopher-ramDeterministic-v0),
EnvSpec(DoubleDunk-ramDeterministic-v3),
EnvSpec(DoubleDunk-ramDeterministic-v0),
EnvSpec(Carnival-v0),
EnvSpec(FrozenLake-v0),....,
EnvSpec(SpaceInvaders-ram-v3),
EnvSpec(CarRacing-v0), EnvSpec(SpaceInvaders-ram-v0), .....,
EnvSpec(Kangaroo-v0)]
```

각 EnvSpec은 해결 대상 작업을 정의한다. 예를 들어, FrozenLake-v0 표현은 다음 그림과
같다. 에이전트는 4x4 그리드 환경에서 캐릭터의 움직임을 제어한다(다음 그림 참조). 그리
드의 일부 타일은 걸을 수 있고, 나머지 타일은 물속에 빠지는 에이전트에 연결된다. 또한

에이전트의 이동 방향은 불확실하며, 선택한 방향에만 부분적으로 의존한다. 에이전트는 목표 타일까지 이동할 수 있는 경로를 찾음으로써 보상받는다.

얼은 호수 V0 그리드 단어의 표현

앞에서 보인 표면^{surface}은 다음과 같은 그리드를 사용해 표현한다.

```
SFFF (S: starting point, safe)
FHFH (F: frozensurface, safe)
FFFH (H: hole, fall to yourdoom)
HFFG (G: goal, where the frisbee islocated)
```

이 에피소드는 목표 지점에 도달하거나 얼음구멍에 빠지게 될 때 끝난다. 우리는 목표를 향해 나아가면 1을 보상받지만, 그렇지 않으면 0을 보상받는다.

▌ frozenlake-v0 구현 문제

이 섹션에서는 frozenlake-v0 문제에 대한 기본적인 Q-러닝 구현 내용을 소개한다.

우선 다음 두 가지 기본 라이브러리를 가져오자.

```
import gym
import numpy as np
```

다음으로 FrozenLake-v0 환경을 로드한다.

```
env = gym.make('FrozenLake-v0')
```

다음으로 Q–러닝 테이블을 작성한다. 이 테이블은 SxA의 차원을 갖는다. 여기서 S는 관측 공간 S의 차원이고, A는 행동 공간 A의 차원이다.

```
S = environment.observation_space.n
A = environment.action_space.n
```

frozenlake 환경은 각 블록에 대한 상태와 네 가지 행동(즉, 네 가지 행동 방향)을 제공해, 초기화하기 위한 Q 값의 16x4 테이블을 제공한다.

```
Q = np.zeros([env.observation_space.n,env.action_space.n])
```

다음으로 학습률과 디스카운트에 대한 파라미터 변수(lr, gamma)를 정의하고 값을 설정한다.

```
lr = .85
gamma = .99
```

총 에피소드 수(시도 회수)를 설정한다.

```
num_episodes = 2000
```

다음으로 rList를 초기화한다. 여기서 누적 보상을 추가해 알고리즘의 점수를 계산한다.

```
rList = []
```

마지막으로 Q−러닝 사이클을 시작한다.

```
for i in range(num_episodes):
```

환경 및 기타 파라미터를 초기화한다.

```
s = env.reset()
rAll = 0
d = False
j = 0

while j < 99:
    j+=1
```

공간A에서 무작위로 행동action을 취한다.

```
a=np.argmax(Q[s,:]+ \
        np.random.randn(1,env.action_space.n)*(1./(i+1)))
```

행동 a를 함수 environment.step( )로 평가한 후 보상reward과 상태state s1을 얻는다.

```
s1,r,d,_ = env.step(a)
```

학습 규칙을 이용해 Q(s;a) 테이블을 업데이트한다.

```
Q[s,a] = Q[s,a] + lr*(r + gamma *np.max(Q[s1,:]) - Q[s,a])
rAll += r
```

다음 학습 사이클을 위한 상태를 설정한다.

```
s = s1
If d == True:
    break
rList.append(rAll)
```

시간에 따른 점수와 결과 Q-테이블을 출력한다.

```
print("Score over time: " +  str(sum(rList)/num_episodes))
print("Final Q-Table Values")
print(Q)
```

다음 그림과 같이 100회 연속 시도를 통해 각각 평균 보상값을 얻어낼 수 있다.

```
[2017-03-23 12:22:49,913] Making new env: FrozenLake-v0
Score over time: 0.3585
Final Q-Table Values
[[ 4.90034838e-03   1.23733520e-02   5.04857351e-01   1.18572787e-02]
 [ 6.14009765e-04   1.34354386e-03   1.39327124e-03   5.88345699e-01]
 [ 2.42003179e-03   2.53712381e-03   1.27103632e-03   3.36417875e-01]
 [ 1.60332674e-03   6.60331077e-04   6.50987843e-04   1.96388199e-01]
 [ 6.38172447e-01   1.23434831e-03   1.35672865e-03   8.99709408e-05]
 [ 0.00000000e+00   0.00000000e+00   0.00000000e+00   0.00000000e+00]
 [ 1.78445198e-01   1.27421388e-04   2.70432817e-05   7.55201005e-12]
 [ 0.00000000e+00   0.00000000e+00   0.00000000e+00   0.00000000e+00]
 [ 5.85462465e-05   1.52400799e-03   6.22678642e-05   3.00741687e-01]
 [ 3.15488045e-03   6.66874039e-02   0.00000000e+00   4.21513681e-04]
 [ 7.99666157e-01   9.87928455e-04   2.11361272e-04   2.11179559e-04]
 [ 0.00000000e+00   0.00000000e+00   0.00000000e+00   0.00000000e+00]
 [ 0.00000000e+00   0.00000000e+00   0.00000000e+00   0.00000000e+00]
 [ 1.20525081e-04   0.00000000e+00   9.20956992e-01   0.00000000e+00]
 [ 0.00000000e+00   0.00000000e+00   9.91561828e-01   0.00000000e+00]
 [ 0.00000000e+00   0.00000000e+00   0.00000000e+00   0.00000000e+00]]
```

기술적으로, 이 문제를 해결했다고 볼 수 없다. 사실, frozenlake-v0은 100회 연속 시도에서 0.78의 평균 보상을 얻을 수 있다고 한다. 구성 파라미터를 튜닝해 이 결과를 개선시킬 수 있지만, 이 부분은 이 섹션의 범위를 벗어난다.

frozenlake-v0 문제에 대한 소스 코드

다음은 frozenlake-v0 문제에 대한 Q-러닝 알고리즘을 구현한 내용이다.

```
import gym
import numpy as np

env = gym.make('FrozenLake-v0')

# 강화학습 대상 테이블 초기화(0으로 설정)
Q = np.zeros([env.observation_space.n,env.action_space.n])

# 학습 파라미터 설정(학습률, 감마, 에피소드 개수)
# 감마 : discount factor으로 상태가치를 계산하는 데 있어 미래의 보상을 얼마나 가치있게 고려할지 설
정하는 값
# V(s)=E(R_t+1+gamma*R_t+2+gamma^2*R_t+3+ ...|S_t=s)
# 감마값은 0~1의 값을 부여함, 0(t+1만을 보상), 1(t+1을 포함한 전체 미래의 보상을 동일하게 보상)
lr = .85
# 감마값을 0.99로 설정함(t+1의 보상은 그대로, t+2의 보상은 0.99를 곱한 결과를 합산해 계산함 )
gamma = .99
num_episodes = 2000

# 에피소드별로 총 보상(rewards)와 단계(steps) 정보를 갖는 리스트를 만든다.
rList = []
# 2000 에피소드를 수행한다.
for i in range(num_episodes):

# 매 에피소드마다 환경을 재설정(reset)하고 첫번째 신규 관측값을 가져온다.
    s = env.reset()
    rAll = 0
    d = False
    j = 0

# Q-테이블 알고리즘
    while j < 99:
        j+=1
```

```
# Q-Table에서 탐욕적으로 한가지 행동을 선택한다.
        a=np.argmax(Q[s,:]+ \
                    np.random.randn(1,env.action_space.n)*(1./(i+1)))

    # 환경으로부터 신규 상태와 보상을 가져옴
    # 예) t에서 s(t)일때 a(t)실행시, t+1의 s(t+1)와 r(t+1)을 가져옴
        s1,r,d,_ = env.step(a)

        # 새로운 학습지식을 이용해 Q-Table을 업데이트한다.
        Q[s,a] = Q[s,a] + lr*(r + gamma *np.max(Q[s1,:]) - Q[s,a])
        rAll += r
        s = s1
        if d == True:
            break

    rList.append(rAll)

print("Score over time: " +  str(sum(rList)/num_episodes))
print("Final Q-Table Values")
print(Q)
```

▌ 텐서플로를 사용한 Q-러닝

앞의 예에서는 학습 과정의 각 단계에서 Q-테이블을 업데이트하기 위해 16x4 그리드를
사용하는 것이 상대적으로 간단하다는 것을 알았다. 이 테이블을 사용하면 간단한 문제에
도움이 될 수 있다고 생각하기 쉽지만, 실제 문제에서는 시스템 상태를 업데이트하기 위
해 더 복잡한 메커니즘이 필요하다. 이것이 딥러닝이 시작되는 지점이다. 신경망은 고도
로 구조화된 데이터에 대해 좋은 특징을 제공하는 능력을 갖고 있다.

마지막 섹션에서는 상태state와 행동action을 입력으로 취해 해당 Q 값을 출력하는 신경망을
사용해 Q-함수를 관리하는 방법을 살펴본다.

이를 위해 [1x16] 벡터로 인코딩된 상태를 취하는 최선의 이동^{행동, action}을 배우고 길이가 4인 벡터에서 가능한 행동을 매핑하는 단일 층 네트워크를 구축한다.

 Deep Q-네트워크의 최근 응용 프로그램은 전문가 수준의 Atari 2600 게임을 성공적으로 수행했다. 예비 결과는 2014년에 발표됐으며, 2015년 2월 Nature에 논문으로 발표됐다.

다음 섹션에서는 frozenlake-v0 문제에 대한 Q-러닝 신경망을 텐서플로로 구현한 내용을 설명한다.

다음 코드를 사용해 모든 라이브러리를 가져온다.

```
import gym
import numpy as np
import tensorflow as tf
```

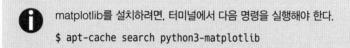 matplotlib를 설치하려면, 터미널에서 다음 명령을 실행해야 한다.
```
$ apt-cache search python3-matplotlib
```

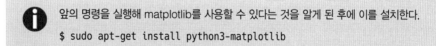 앞의 명령을 실행해 matplotlib를 사용할 수 있다는 것을 알게 된 후에 이를 설치한다.
```
$ sudo apt-get install python3-matplotlib
```

테스트하기 위한 환경을 불러와 설정한다.

```
env = gym.make('FrozenLake-v0')
```

입력 네트워크는 텐서 구조 [1,16]로 인코딩된 상태다. 이러한 이유로 다음과 같이

inputs1 플레이스홀더를 정의한다.

```
inputs1 = tf.placeholder(shape=[1,16],dtype=tf.float32)
```

네트워크 가중치는 처음에는 tf.random_uniform 함수를 이용해 임의로 선택한다.

```
W = tf.Variable(tf.random_uniform([16,4],0,0.01))
```

네트워크 출력은 inputs1 플레이스홀더와 가중치 행렬의 곱product으로 표시된다.

```
Qout = tf.matmul(inputs1,W)
```

Qout에 대해 계산한 argmax는 다음 예측값을 제공한다.

```
predict = tf.argmax(Qout,1)
```

최적 이동Qtarget은 [1,4] 텐서 구조로 인코딩된다.

```
Qtarget = tf.placeholder(shape=[1,4],dtype=tf.float32)
```

다음으로 역전파를 실행하기 위해 최적화 손실 함수를 정의해야 한다. 이 손실 함수는 다음과 같다.

$$손실 = \sum(Q\ 목표 - Q)^2$$

앞의 손실 함수에서는 예측한 Q-값과 목표값 간의 차이를 계산하고, 경사gradients는 네트워크를 통해 전달된다.

```
loss = tf.reduce_sum(tf.square(nextQ - Qout))
```

최적화 함수는 잘 알려진 경사 하강 최적화 함수^{GradientDescentOptimizer}이다.

```
trainer = tf.train.GradientDescentOptimizer(learning_rate=0.1)
updateModel = trainer.minimize(loss)
```

계산 그래프를 재설정하고 초기화한다.

```
tf.reset_default_graph()
init = tf.global_variables_initializer()
```

다음으로 Q-러닝 훈련 절차의 파라미터를 설정한다.

```
gamma = .99
e = 0.1
num_episodes = 6000
jList = []
rList = []
```

네트워크가 최상의 이동 순서를 학습하도록 실행 세션을 수행한다.

```
with tf.Session() as sess:
    sess.run(init)
    for i in range(num_episodes):
        s = env.reset()
        rAll = 0
        d = False
        j = 0
        while j < 99:
            j+=1
```

입력 상태는 네트워크에 제공하는 데 사용된다.

```
a,allQ = sess.run([predict,Qout],\
            feed_dict=\
            {inputs1:np.identity(16)[s:s+1]})
```

랜덤 상태는 출력 텐서 a에서 선택된다.

```
if np.random.rand(1) < e:
    a[0] = env.action_space.sample()
```

env.step( ) 함수를 사용해 행동 a[0]을 계산하고, 보상 r과 상태 s1을 얻는다.

```
s1,r,d,_ = env.step(a[0])
```

이 새로운 상태 s1은 Q-tensor를 갱신하는 데 사용된다.

```
Q1 = sess.run(Qout,feed_dict=\
            {inputs1:np.identity(16)[s1:s1+1]})
maxQ1 = np.max(Q1)
targetQ = allQ
targetQ[0,a[0]] = r + gamma *maxQ1
```

물론 역전파 과정에 대해 가중치를 갱신해야 한다.

```
_,W1 = sess.run([updateModel,W],\
            feed_dict=\
            {inputs1:np.identity(16)[s:s+1],nextQ:targetQ})
```

여기서 rAll 파라미터는 세션 중에 증가할 총 보상을 정의한다. 강화학습 에이전트의 목표는 장기적으로 받는 보상의 총액을 최대화하는 것이다.

```
rAll += r
```

다음 단계에 대한 환경 상태를 업데이트한다.

```
s = s1
if d == True:
    e = 1./((i/50) + 10)
    break
jList.append(j)
rList.append(rAll)
```

계산이 끝나면 성공적인 에피소드의 비율이 표시된다.

```
print("Percent of succesful episodes: " + str(sum(rList)/num_episodes) + "%")
```

모델을 실행하면 네트워크 파라미터를 조정해 개선할 수 있는 다음과 같은 결과를 얻을 수 있다.

```
>>>
[2017-03-23 12:36:19,986] Making new env: FrozenLake-v0
Percent of successful episodes: 0.558%
>>>
```

Q-러닝 신경망 소스 코드

다음은 이전에 표시한 예제의 전체 코드다.

```
import gym
import numpy as np
import tensorflow as tf

# frozenlake 환경을 정의한다.
env = gym.make('FrozenLake-v0')

# 텐서플로 플레이스홀더 및 변수를 설정한다.
tf.reset_default_graph()
inputs1 = tf.placeholder(shape=[1,16],dtype=tf.float32)
W = tf.Variable(tf.random_uniform([16,4],0,0.01))
Qout = tf.matmul(inputs1,W)
predict = tf.argmax(Qout,1)
nextQ = tf.placeholder(shape=[1,4],dtype=tf.float32)

# 손실 함수와 최적화 함수를 정의한다.
loss = tf.reduce_sum(tf.square(nextQ - Qout))
trainer = tf.train.GradientDescentOptimizer(learning_rate=0.1)
updateModel = trainer.minimize(loss)

# 변수를 초기화한다.
init = tf.global_variables_initializer()

# Q-Learning 파라미터를 정의한다.
gamma = .99
e = 0.1
num_episodes = 6000
jList = []
rList = []

# session실행 및 변수초기화 실시
with tf.Session() as sess:
    sess.run(init)
```

```python
# Q-러닝 과정을 시작한다.
for i in range(num_episodes):
    s = env.reset()
    rAll = 0
    d = False
    j = 0
    while j < 99:
        j+=1
            # 여러개의 처리되는 텐서(predict, Qout)를 List로 처리
            # session은 feed일 경우 feed_dict로 처리값을 할당해야 함
            a,allQ = sess.run([predict,Qout],feed_dict= \
                        {inputs1:np.identity(16)[s:s+1]})

        if np.random.rand(1) < e:
            a[0] = env.action_space.sample()
        s1,r,d,_ = env.step(a[0])
        Q1 = sess.run(Qout,feed_dict=\
                    {inputs1:np.identity(16)[s1:s1+1]})
        maxQ1 = np.max(Q1)
        targetQ = allQ
        targetQ[0,a[0]] = r + gamma *maxQ1
        _,W1 = sess.run([updateModel,W],\
                    feed_dict=\
                    {inputs1:np.identity(16)[s:s+1],nextQ:targetQ})
# 총 보상을 누적한다.
        rAll += r
        s = s1
        if d == True:
            e = 1./((i/50) + 10)
            break
    jList.append(j)
    rList.append(rAll)

# 결과를 출력한다.
print("Percent of succesful episodes: " + str(sum(rList)/num_episodes) + "%")
```

▌요약

10장에서는 강화학습의 원리와 Q-러닝 알고리즘 기초를 알아봤다.

Q-러닝의 차별화된 특징은 즉시 보상immediate rewards과 지연 보상delayed rewards 중에서 선택할 수 있다는 것이다. 가장 간단한 Q-러닝은 데이터를 보관하는 테이블을 사용하는 경우다. 따라서 모니터링/제어하는 시스템의 상태/행동state/action 공간이 증가함에 따라 실행 가능성이 급격하게 떨어지는 문제점이 있다.

이와 같은 문제는 신경망을 상태 및 행동을 입력받아 해당 Q 값을 출력하는 함수 근사기function approximator를 사용해 해결할 수 있다.

이 아이디어에 근거해 강화학습 알고리즘을 개발하고 비교하기 위해 텐서플로 프레임워크와 OpenAI Gym 툴킷을 사용하는 Q-러닝 신경망을 구현했다.

텐서플로를 이용한 딥러닝에 대한 여행은 여기까지다.

딥러닝은 매우 활발한 연구 분야다. 따라서 관련 이론과 프로그래밍을 학습하는 데 도움이 되는 도서, 교육과정, 온라인 자료 등을 쉽게 구할 수 있다.

이 밖에도 여러분이 텐서플로 커뮤니티의 일원이 되기를 희망한다. 이 커뮤니티는 매우 활동적인 모임으로 열정적인 분들이 참여해줄 것을 기대하고 있다.

찾아보기

에이콘출판의 기틀을 마련하신 故 정완재 선생님 (1935-2004)

텐서플로로 구현하는 딥러닝과 강화학습

초보자도 쉽게 배우는

발 행 | 2017년 10월 30일

지은이 | 잔카를로 자코네 · 레자울 카림 · 아메드 멘시
옮긴이 | 정 사 범

펴낸이 | 권 성 준
편집장 | 황 영 주
편 집 | 이 지 은
디자인 | 박 주 란

에이콘출판주식회사
서울특별시 양천구 국회대로 287 (목동)
전화 02-2653-7600, 팩스 02-2653-0433
www.acornpub.co.kr / editor@acornpub.co.kr

한국어판 ⓒ 에이콘출판주식회사, 2017, Printed in Korea.
ISBN 979-11-6175-068-2
ISBN 978-89-6077-210-6 (세트)
http://www.acornpub.co.kr/book/deep-learning-tensorflow

이 도서의 국립중앙도서관 출판시도서목록(CIP)은 서지정보유통지원시스템 홈페이지(http://seoji.nl.go.kr)와
국가자료공동목록시스템(http://www.nl.go.kr/kolisnet)에서 이용하실 수 있습니다.(CIP제어번호: CIP2017027107)

책값은 뒤표지에 있습니다.